JN441020

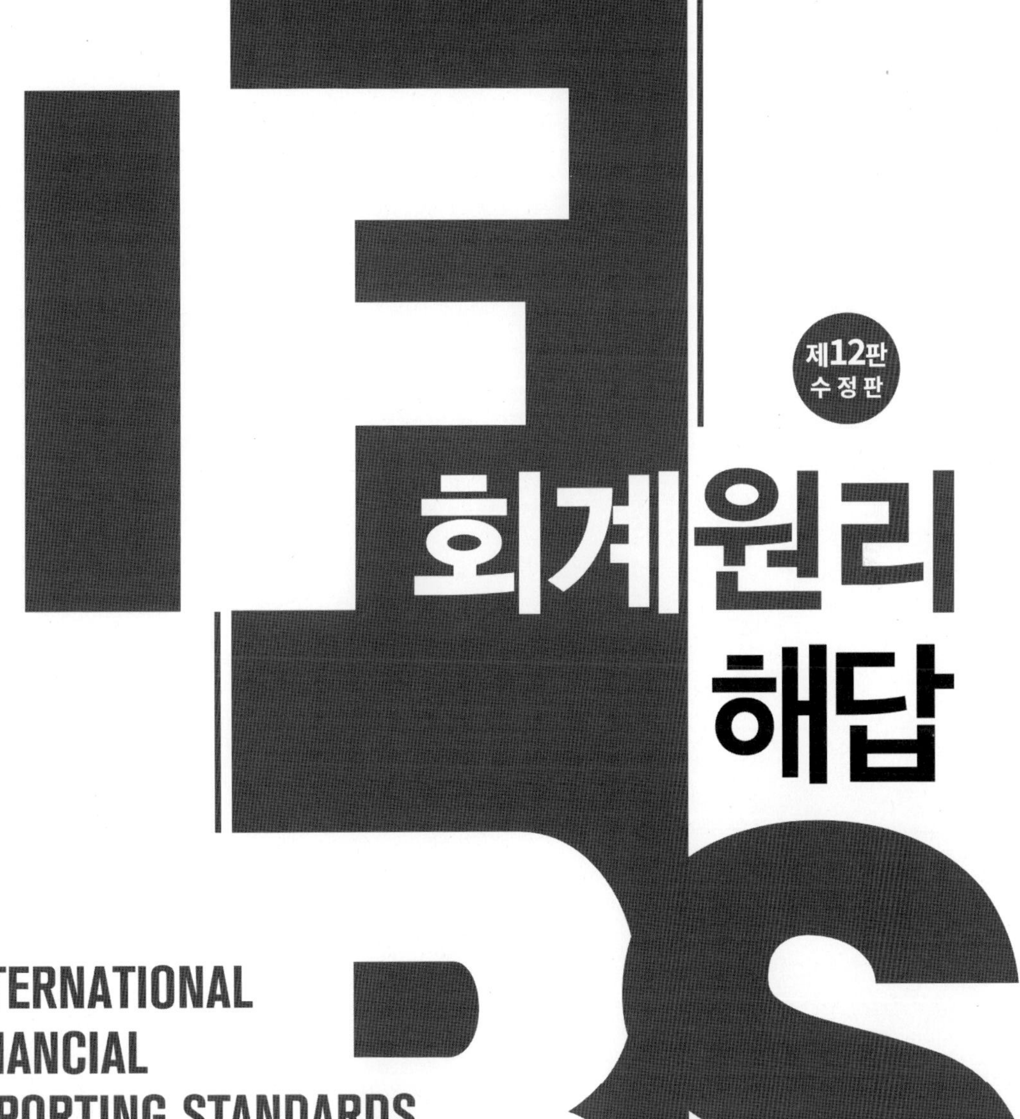

제12판
수정판

회계원리 해답

INTERNATIONAL
FINANCIAL
REPORTING STANDARDS

최관 · 백원선 · 최영수

신영사

머리말

제12판 수정판에서는 기존의 방향과 내용을 유지하면서, 보다 정확하고 충실한 강의 및 학습이 가능하도록 몇 가지 중요한 내용을 수정하고 보완하였습니다. 이번 수정판에서 중점적으로 다룬 부분은 다음과 같습니다.

첫째, 국제무역조건 CIF와 관련한 수익인식시점을 좀더 명확히 하고 제5장과 제9장의 관련 내용을 수정하였습니다.

둘째, 본문 내용과 관련된 'mark down'을 최신 내용으로 갱신하였습니다.

셋째, 최신 재무제표 데이터를 사용하여 '회계정보의 활용'을 모두 업데이트하였습니다.

넷째, 교재의 완성도를 높이기 위해 강의하면서 발견한 작은 오류들을 바로잡고 전체적인 문장을 가다듬었습니다.

매번 개정과 수정을 거듭할 때마다 최선의 노력을 기울인다고 하지만, 결국 최종적인 평가는 사용자 여러분의 몫이라는 생각에 여전히 마음이 무겁습니다. 본서를 사용하시면서 부족한 점이나 개선할 부분이 있다면 주저하지 마시고 출판사나 저자들에게 알려주시기 바랍니다. 여러분들의 기대에 어긋나지 않는 완성도 높은 교재로 계속해서 다듬어 갈 것을 약속드립니다.

본서에 지속적인 신뢰를 보내주시는 교수님들과 학생 여러분, 수험생, 그리고 기업 실무자분들께 진심으로 감사의 말씀을 드립니다. 또한 항상 본서가 더욱 빛날 수 있도록 멋진 디자인과 편집에 힘써 주신 신영사의 권영섭 사장님과 박지영 편집국장님, 그리고 관계자 여러분께도 깊은 감사를 표합니다.

2026년 1월

명륜동 연구실에서 저자들 씀

차 례

제Ⅰ부 재무제표와 회계정보의 처리

제Ⅱ부 회계정보의 계정별 처리

제Ⅲ부 회계정보의 활용

제 1 장 재무제표와 회계보고시스템

익힘문제

1. 전통적 회계에서 강조된 회계의 목적은 수탁책임이다. 수탁책임이란 자원을 제공한 이해관계자(주주, 채권자)들의 이익을 위하여 그들 대신에 경영자가 기업을 경영하고, 자신에게 부여된 책무를 완수했음을 보고해야 하는 책임을 말한다. 그런데 현대의 (재무)회계는 수탁책임의 이행여부에 대한 보고를 목적으로 하는 전통적 회계로부터 나아가 그 보고대상이 회계이용자 전반으로 범위가 확대되고 있으며 그들의 경제적 의사결정에 유용한 일반목적 재무정보의 제공을 강조하고 있다. 즉 현대회계에서 강조되는 회계의 기본목적은 기업의 경영자, 은행 등과 같은 금융기관, 투자자, 채권자 및 기타 일반이해관계자들의 의사결정에 유용한 재무정보를 제공하는 것이다.

2. 회계 또는 회계시스템은 회계거래를 인식·측정하고 처리절차를 거쳐 재무보고서를 만들어 정보이용자에게 유용한 정보를 제공하는 것이다.

3. 부기는 기업에서 발생하는 거래를 기록하는 기장기술을 지칭하며, 기업의 회계기록을 원초적으로 생성시키는 기초단계에서 활용된다. 회계는 부기보다 훨씬 광범위하고 복잡하다. 회계는 기업에서 발생하는 거래를 기록하는 일뿐만 아니라, 이 기록을 이용하고, 분석하고, 해석하는 과정까지 포함한다. 또한, 회계는 세무에 관한 사항, 예산, 제품원가결정, 회계감사, 재무분석, 내부통제 등과 같은 특수한 분야도 포괄한다.

4. 관리회계의 주 이용자는 기업 내부의 경영자 및 각 부문별 의사결정자이며, 재무회계의 주 이용자는 투자자, 채권자를 비롯한 외부이용자이다.

5. 기업의 재무정보에 관심을 갖고 있는 기업 외부의 **재무정보이용자**들은 주주와 채권자 외에도 미래의 잠재적인 투자자와 채권자, 관련 규제기관, 과세당국, 노동조합, 그리고 일반정보이용자가 있다. 미래의 잠재적인 투자자는 다양한 투자대상의 상대적 가치를 평가하고자 하며, 채권자는 기업의 재무상태와 현금흐름에 가장 큰 관심을 갖고 있다. 과세당국 및 관련 규제기관은 기업이 보고의무 및 법적 요구사항을 적정히 준수하고 있는지에 관심이 있다. 노동조합, 일반대중과 같은 기타 일반정보이용자들은 대종업원 및 대고객관계와 관련된 정보(소비자가격, 노동생산성, 임금수준, 부가가치정보 등)에 관심을 갖고 있다.

6. 기업의 이해관계자 각각이 필요로 하는 정보는 다를 수 있는데, 각각에게 필요한 세세한 정보를 각각에게 제공하는 일은 너무 방대하고 비용이 많이 들 수밖에 없다. 재무회계의 주 이용자인 투자자와 채권자가 필요로 하는 정보는 일반적으로 모든 이해관계자들에게도 유용한 정보이며, 따라서 기업은 일반목적의 재무보고서를 작성하여 보고한다.

7. **재무상태표**는 일정시점에서의 기업의 재무상태(자산, 부채, 자본)를 나타내기 위한 것이며, **손익계산서**는 일정기간 동안의 수익에서 비용을 차감한 재무성과를 보여주기 위한 것이다.

8. **자산**은 과거사건의 결과로 기업이 통제하고 있고 미래 경제적 효익이 기업에 유입될 것으로 기대되는 자원이다. **부채**는 과거사건에 의하여 발생하였으며 경제적 효익이 내재된 자원이 기업으로부터 유출됨으로써 이행될 것으로 예상되는 현재의무를 나타낸다. **자본**은 자산이 부채를 초과한 잔여지분으로서, 주주가 출자했거나 영업활동을 통해 누적된 이익유보액을 나타낸다.

9. **일반적으로 인정된 회계원칙**은 법률 등에 의해 회계원칙 제정권이 부여된 공공 혹은 민간기구가 제정하고, 나머지 부분은 오랜 기간 동안 광범위한 지지를 받아온 회계관습으로 구성된다. 우리나라에서의 회계원칙(기업회계기준)은 금융위원회에서 한국회계기준원에 위탁하여 제정하고 있으며, 미국에서는 민간단체인 재무회계기준위원회(FASB)에서, 그리고 국제회계기준(IFRS)은 국제회계기준위원회(IASB)가 제정하고 있다.

10. 최근까지 제정된 기업회계기준서

(1) 한국채택국제회계기준

기업회계기준서 제1101호 “한국채택국제회계기준의 최초채택”(2007.12.21 공표)을 시작으로 2025년말 현재 41개의 한국채택국제회계기준서가 제정되었다. 한국채택국제회계기준은 2011년부터 모든 상장기업 및 코스닥등록기업이 반드시 적용해야 하는 필수적 회계기준서이다.

(2) 일반기업회계기준

일반기업회계기준은「주식회사 등의 외부감사에 관한 법률」의 적용대상 기업 중에서 한국채택국제회계기준에 따라서 회계처리하지 않아도 되는 기업의 회계와 감사인의 감사에 통일성과 객관성을 부여하기 위하여 제정되었다. 따라서 주로 비상장기업을 대상으로 제정한 회계기준이다. 일반기업회계기준은 2009년 12월 제정·공표되었는데, 2025년말 현재 33개 장으로 구성되어 있다.

(3) 중소기업회계기준

중소기업회계기준은 외부감사 대상이 아닌 주식회사의 회계처리와 재무보고에 관한 기준으로서 2013년 2월 제정되어 2014년 1월 1일부터 시행되었다. 2025년말 현재 10개 장으로 구성되어 있다.

(4) 비영리조직회계기준

비영리조직이 사회적 보고책임을 충실히 이행하는 데, 도움을 주고자 2017년 7월 제정되어 2018년 1월 1일부터 임의적으로 적용되는 회계기준이다. 법률에 따라 의무적으로 적용되는 회계기준은 아니다. 2025년말 현재 6개 장으로 구성되어 있다.

한국회계기준원은 금융위원회의 위탁으로 기업회계기준을 제정, 개정, 해석하고, 국제회계기준(IFRS)의 제정에 직간접으로 참여하며, 회계 및 외부감사제도와 관련한 주요제도 및 정책 등에 관한 연구를 통하여 회계정보의 유용성을 제고함으로써 이해관계인의 합리적인 의사결정과 기업에 대한 공정한 평가가 이루어지도록 활동한다.

11. 1차시험은 경영학, 경제원론, 상법, 세법개론 및 회계학의 5과목을 치르며, 2차시험은 세법, 재무관리, 회계감사, 원가회계 및 재무회계의 5과목을 치른다.

12. 현재 세계적으로 168개국이 채택하고 있거나 장래 수용계획을 공표한 국제회계기준(IFRS)을 한국의 회계기준(K-IFRS)으로 채택할 경우, 우선 고품질의 회계정보가 국내 및 외국투자자에게 제공됨으로써 우리 기업의 회계투명성 및 대외신인도가 크게 향상될 것이다. 아울러 우리 기업과 외국기업의 재무제표 비교가능성을 제고시켜 주며, 국제자본시장에서 자본흐름을 촉진시킴으로써 우리 기업과 금융산업의 세계화를 앞당기게 될 것으로 기대하고 있다.

13. 상거래 혹은 경제활동과정에서 거래상대방을 신뢰할 수 없을 경우에는 기본적으로 거래가 성립될 수 없다. 특히 현대 경제활동의 근간이 되는 신용거래가 발생할 수 없고, 거래당사자간에 신뢰할 수 있는 의사소통이 불가능하기 때문에 사실상의 경제활동이 영위될 수 없다. 윤리가 결여되고 분식회계가 성행하면 자본주의의 기초질서는 파괴될 수밖에 없는 것이다.

14. 두 개의 주장이 공존하고 있다. 전통적인 회계실무에서는 기업이 구입하는 토지, 건물, 기타 자원을 시장가치가 아닌 **취득원가**로 기록하여 왔다. 취득원가로 기록하는 이유는 계속기업의 가정에 의한 것으로 기업이 소유한 토지와 건물은 기업이 존속하는 한 일정기간 또는 무한정 계속하여 영업활동에서 사용할 것이지 판매를 목적으로 하지 않기 때문에 추정된 현재의 시장가치는 그다지 중요하지 않다는 것이다. 취득원가로 기록하는 또 다른 이유로는 회계기록은 명확한 실체적 사실에 근거하여 신뢰성 있는 정보를 제공해야 하기 때문이다. 기업의 경영자는 그들이 소유한 자산의 판매가격을 추정할 때 편견을 가질 수 있기 때문에 추정된 자산의 시장가치가 실제가치를 나타내지 못할 우려가 있다. 만약 자산의 공정시장가치를 추정하는 데 임의성이 개재된다면 재무상태표는 그 유용성이 감소되고 기업의 가치를 적정히 나타내지 못하게 될 위험이 있다.

한편 한국채택국제회계기준(K-IFRS)에서는 기업이 보유하고 있는 유형자산(토지 포함)에 대해 공정가치 평가를 허용하고 있다. 취득원가와 공정가치가 크게 차이가 존재하면(사례에서는 약 70%) 측정된 자산이 기업의 현행가치를 나타내지 못하기 때문에 의사결정의 유용성이 그만큼 떨어진다고 보기 때문이다. 단, 기업은 위에서 언급된 공정가치 측정의 주관성 문제를 줄이기 위해 필요한 조치들을 취해야 한다. 결국 최근에는 정보의 신뢰성이 크게 문제되지 않는 한 의사결정과 관련한 목적적합성을 중시하는 쪽으로 회계기준 제정에 무게가 실리고 있다.

15. 관심 있는 기업을 하나 골라서 각자 공부해 봅시다. 금융감독원은 “DART”라는 전자공시시스템(http://dart.fss.or.kr)을 운영하고 있다.

16. 정보화와 세계화는 재화, 용역, 그리고 특히 자본의 흐름을 국경 없이 자유롭게 이동시키고 있다. 따라서 경제의 국경이 허물어지고 있으므로 동일한 거래에 대해서 각국의 경제관습이나 문화적 이유로 서로 달리 표현해 오던 회계정보를 하나의 공통된 언어로 표현해야 한다는 주장이 커지게 되었다. 현재 자국의 회계기준을 포기하고 국제회계기준위원회(IASB)가 제정하고 있는 국제재무보고기준(IFRS)을 채택하고 있는 나라가 점차 증가하고 있으며, 지금까지 각국 회계기준제정에 가장 큰 영향을 미쳐온 미국의 재무회계기준위원회(FASB)도 현재 국제회계기준과의 합치작업을 추진하고 있다. 우리나라에서도 2011년부터 모든 상장기업과 금융기관은 국제기준을 채택하도록 의무화하고 있다.

연습문제

1-1 재무상태표 항목

자산에 포함되는 항목 : 매출채권, 현금, 건물, 세탁기계, 소모품

부채에 포함되는 항목 : 매입채무, 미지급급여, 차입금, 미지급금

자본에 포함되는 항목 : 자본금, 이익잉여금

1-2 재무상태표 항목과 재무상태표 작성

재무상태표

백운(주) 20×1년 12월 31일 (단위 : 원)

〈자 산〉		〈부 채〉	
현 금	₩10,000	차 입 금	₩60,000
매출채권	20,000	부채총계	₩60,000
소 모 품	5,000		
건 물	40,000	〈자 본〉	
토 지	50,000	자 본 금	₩40,000
		이익잉여금	25,000
		자본총계	₩65,000
자산총계	₩125,000	부채와 자본총계	₩125,000

1-3 손익계산서 항목

수익항목 : 상품매출, 용역매출, 이자수익, 배당금수익

비용항목 : 급여, 소모품비, 운송비, 이자비용, 감가상각비, 광고비

손익계산서

20×1년 1월 1일부터
20×1년 12월 31일까지

대전(주) (단위 : 원)

수 익 :		
상품매출	₩100,000	
용역매출	120,000	
이자수익	40,000	
배당금수익	10,000	
총 수 익		₩270,000
비 용 :		
급 여	₩20,000	
소모품비	10,000	
운 송 비	30,000	
이자비용	30,000	
감가상각비	50,000	
광 고 비	30,000	
총 비 용		170,000
당기순이익		₩100,000

1-4 재무상태표의 작성(Ⅰ)

재무상태표

신라(주) 20×1년 12월 31일 현재 (단위 : 원)

〈자 산〉		〈부 채〉	
현 금	₩10,900	차 입 금	₩68,800
매출채권	37,800	미지급비용	6,600
소 모 품	1,400	부채총계	₩75,400
토 지	27,000		
건 물	48,000		
차량운반구	16,500	〈자 본〉	
		자 본 금	₩40,000
		이익잉여금	26,200
		자본총계	₩66,200
자산총계	₩141,600	부채와 자본총계	₩141,600

1-5 회계거래가 재무상태에 미친 영향

(1) 자본(자본금)이 증가하고 자산(현금)이 증가한다.

(2) 자산(현금)이 증가하고 자본(이익)이 증가한다.

[참고] 수익(매출)이 증가하고 비용(매출원가)도 발생한다.

(3) 자산(건물)이 증가하고 자본(비용 발생)이 감소한다.

(4) 자산(현금)이 증가하고 부채(차입금)가 증가한다.

(5) 자본(비용 발생)이 감소하고 자산(현금)이 감소한다.

1-6 회계등식(Ⅰ)

(1) 자본＝자산(₩1,000,000)－부채(₩700,000)＝₩300,000

(2) 자산＝부채(₩50,000)＋자본(₩70,000)＝₩120,000

(3) 부채＝자산(₩2,000,000)－자본(₩1,800,000)＝₩200,000

1-7 회계등식(Ⅱ)

(1) 자산＝부채＋자본＝₩114,000＋₩72,000＝₩186,000

(2) 20×2년 12월 31일 현재 자산＝₩186,000＋₩84,000＝₩270,000

20×2년 12월 31일 현재 부채＝₩114,000＋₩52,000＝₩166,000

20×2년 12월 31일 현재 자본＝자산－부채＝₩270,000－₩166,000＝₩104,000

(3) 20×3년 12월 31일 현재 자산＝₩270,000＋₩55,000＝₩325,000

20×3년 12월 31일 현재 자본＝₩104,000＋₩34,000＝₩138,000

20×3년 12월 31일 현재 부채＝자산－자본＝₩325,000－₩138,000＝₩187,000

1-8 회계등식(Ⅲ)

20×1년초 MZ핸폰(주)의 자본은 ₩500,000이다.

자산 ₩1,000,000－부채 ₩500,000＝자본 ₩500,000

1. 자본 증가액 ₩400,000* → 자본 ₩900,000

＊자산 증가액 ₩300,000＋부채 감소액 ₩100,000＝₩400,000

2. 자산은 변화가 없다.
   부채 증가액 ₩200,000－자본 감소액 ₩200,000＝₩0

3. 자본은 ₩100,000 증가한다.
   수익 ₩400,000－비용 ₩300,000＝₩100,000

4. 부채에는 영향이 없다.
   자산＝부채＋자본
   자산 증가 ₩100,000＝부채 변화 ₩0＋자본 증가 ₩100,000

1-9 손익계산서의 양식

1. 정확한 기업의 명칭은 고려가전(주)인데 고려(주)로 표기되어 있다. 비슷한 회사명이 많기 때문에 재무보고서에 회사명을 정확히 표기하는 것이 매우 중요하다. 재무제표의 명칭은 이익계산서가 아닌 손익계산서가 되어야 한다. 또한 손익계산서는 기업의 일정기간 동안의 경영활동의 결과를 나타내주는 재무제표이므로 특정 일자가 아닌 20×1년 10월 1일부터 20×2년 9월 30일까지라는 기간을 표시해야 한다.

2.

	손익계산서 20×1년 10월 1일부터	
고려가전(주)	20×2년 9월 30일까지	(단위 : 원)

3. 수익 : 매출액, 이자수익 등
   비용 : 급여, 광고비, 임차료, 감가상각비 등

1-10 손익계산서의 작성(Ⅰ)

손익계산서

20×1년 9월 1일부터
20×1년 9월 30일까지

클리닝팩토리(주) (단위 : 원)

수 익		
세탁용역매출	₩500,000	
이 자 수 익	50,000	₩550,000
비 용		
급 여	₩100,000	
재 료 비	150,000	
광고선전비	30,000	
전 화 비	20,000	
임 차 료	17,000	
소 모 품 비	70,000	
운 반 비	40,000	
이 자 비 용	30,000	457,000
당기순이익		₩93,000

1-11 손익계산서와 재무상태표

손익계산서

20×1년 8월 31일부터
20×1년 12월 31일까지

커피왕 (단위 : 원)

수 익		
커피 판매액	₩1,200,000	
기타음료 판매액	300,000	
케이크와 과자 판매액	200,000	₩1,700,000
비 용		
종업원급여	₩400,000	
재 료 비	150,000	
케이크와 과자 구매액	100,000	
임 차 료	250,000	
이 자 비 용	200,000	
소모품비용	50,000	1,150,000
당기순이익		₩550,000

재무상태표

커피왕	20×1년 12월 31일		(단위 : 원)
현 금	₩350,000	외상매입금	₩300,000
커피기계	2,000,000	차 입 금	1,000,000
		미지급금	500,000
		이익잉여금	550,000
	₩2,350,000		₩2,350,000

고급연습문제

1-12 재무상태표의 작성(Ⅱ)

재무상태표

이천농장(주)	20×1년 8월 30일 현재		(단위 : 원)
〈자 산〉		〈부 채〉	
현 금	₩8,015	매입채무	₩43,630
매출채권	11,425	단기차입금	295,000
금융자산	7,029	미지급급여	1,010
토 지	225,000	미지급재산세	3,875
울타리 및 구축물	18,650	미지급법인세	10,415
건 물	42,500	부채총계	₩353,930
가 축	67,100		
관개시설	22,180	〈자 본〉	
농 기 계	33,872	자 본 금	₩50,000
		이익잉여금	31,841
		자본총계	₩81,841
자산총계	₩435,771	부채와 자본총계	₩435,771

자본총계＝자산총계(₩435,771)－부채총계(₩353,930)＝₩81,841

이익잉여금＝자본총계(₩81,841)－자본금(₩50,000)＝₩31,841

1-13 재무상태표의 작성(Ⅲ)

재무상태표

태백(주) 20×1년 12월 31일 현재 (단위 : 천원)

〈자 산〉		〈부 채〉	
현 금	₩6,012	매 입 채 무	₩127,600
미 수 금	60,000	차 입 금	95,328
매 출 채 권	64,337	부채총계	₩222,928
토 지	70,600		
건 물	50,988	〈자 본〉	
차량운반구	6,825	자 본 금	₩20,000
비 품	14,268	이익잉여금	30,102
		자본총계	₩50,102
자산총계	₩273,030	부채와 자본총계	₩273,030

1-14 손익계산서의 작성(Ⅱ)

(1) 일정시점이 아니라 일정기간으로 표시되어야 한다.

(2) 회사이름이 나타나지 않았다.

(3) 매출채권, 소모품, 비품, 미지급세금, 이익잉여금은 재무상태표항목이다.

(4) 배당금은 손익계산서 항목이 아니다(자본변동표에 나타나는 항목이다).

손익계산서

금강(주) 20×1년 1월 1일부터 20×1년 12월 31일까지 (단위 : 원)

영 업 수 익		
용 역 매 출	₩1,800,000	
임 대 수 익	500,000	₩2,300,000
영 업 비 용		
급 여	₩280,000	
전 화 비	30,000	310,000
당기순이익		₩1,990,000

1-15 재무제표의 작성

손익계산서

백제(주) 20×1년 12월 1일부터 20×1년 12월 31일까지 (단위 : 원)

수 익		
매 출 액		₩165,000
비 용		
급 여	₩51,000	
소 모 품 비	45,000	
임 차 료	24,000	
광고선전비	7,500	
전 기 료	3,000	130,500
당기순이익		₩34,500

자본변동표

백제(주) 20×1년 12월 1일부터 20×1년 12월 31일까지 (단위 : 원)

	자 본 금	이익잉여금	총 계
20×1. 12. 1	₩0	₩0	₩0
주 식 발 행	150,000		150,000
당기순이익		34,500	34,500
배 당 금		(9,000)	(9,000)
20×1. 12. 31	₩150,000	₩25,500	₩175,500

재무상태표

백제(주) 20×1년 12월 31일 현재 (단위 : 원)

자 산 :		부채와 자본 :	
현 금	₩57,000	매 입 채 무	₩13,500
매 출 채 권	15,000	차 입 금	90,000
소 모 품	27,000	자 본 금	150,000
사무용비품	180,000	이익잉여금	25,500
자산총계	₩279,000	부채와 자본총계	₩279,000

1-16 재무제표

(1) 신용기간을 결정하기 위해서 부산(주)는 마산(주)의 재무상태표를 살펴보는 것이 좋다. 마산(주)의 재무상태표에는 단기간에 현금화할 수 있는 유동자산에 관한 정보가 있다. 그 정보를 이용하여 마산(주)가 외상으로 구입한 대금을 제때 갚을 수 있는지를 판단하여 신용기간을 결정하면 된다.

(2) 상장기업의 주식을 구입하여 장기간 보유하려는 경우 그 기업의 미래성과를 예측하는 것이 필요하다. 이러한 목적으로는 손익계산서의 순이익을 활용하여 그 기업이 미래에도 지속적인 성과를 보일 것인지를 알아볼 수 있다.

(3) 배당을 하거나 시설투자를 하기 위해서는 기업의 현금이 충분한지를 알아야 한다. 현금에 관한 정보는 현금흐름표에 자세히 기록되어 있다.

1-17 외부감사인의 윤리

외부감사인의 비감사서비스에 대해서는 찬반양론이 있다. 먼저 찬성하는 입장은 외부감사인은 감사를 수행하면서 해당기업의 다양한 취약점을 파악할 수 있으며, 그를 통하여 기업의 운영시스템을 개선하는 데 활용할 수 있다는 것이다. 반면에 반대하는 입장은 외부감사의 공정성을 위해서 외부감사인은 기업으로부터 독립성을 유지해야 할 의무가 있는데 비감사서비스를 제공하여 수익을 얻게 되면 감사인으로서의 독립성 유지가 어렵고, 그에 따라 감사의 품질을 훼손할 가능성이 높다는 것이다. 현재 공인회계사법에 따르면 공인회계사가 특정 회사의 재무제표를 감사하거나 증명하는 업무를 수행하는 계약을 체결하고 있는 기간중에는 (1) 회계기록과 재무제표의 작성, (2) 내부감사업무의 대행, (3) 재무정보체제의 구축 또는 운영 및 (4) 그 밖에 재무제표의 감사 또는 증명업무와 이해상충의 소지가 있는 것으로서 대통령령이 정하는 업무 등을 수행할 수 없다.

1-18 회계정보의 활용

1. 총자산＝부채＋자본

   A기획사 : ₩692,113백만＋₩1,929,630백만＝₩2,621,743백만

   B기획사 : ₩81,925백만＋₩240,235백만＝₩322,160백만

2. 총비용＝매출액－순이익

   A기획사 : ₩2,018,667백만－₩227,261백만＝₩1,791,406백만

   B기획사 : ₩171,980백만－₩29,605백만＝₩142,375백만

3. 자기자본순이익률＝순이익÷자본

A기획사 : ₩227,261백만÷₩1,929,630백만＝0.118(11.8%)

B기획사 : ₩29,605백만÷₩240,235백만＝0.123(12.3%)

4. 매출액순이익률＝순이익÷매출액

A기획사 : ₩227,261백만÷₩2,018,667백만＝0.113(11.3%)

B기획사 : ₩29,605백만÷₩171,980백만＝0.172(17.2%)

5. 배당률＝배당금지급액÷순이익

A기획사 : ₩31,147백만÷₩227,261백만＝0.137(13.7%)

B기획사 : ₩3,530백만÷₩29,605백만＝0.119(11.9%)

나머지 금액은 주로 재투자 또는 새로운 사업투자에 사용하거나 채무의 상환, 유동성 확보 등을 위해 기업 내에 유보시킨다.

6. 자본 대비 순이익 비율, 즉 자기자본이익률(A기획사 11.8%, B기획사 12.3%)과 매출액순이익률(A기획사 11.3%, B기획사 17.2%) 모두 A기획사가 B기획사보다 더 낮다. 이는 수익성 및 자본 활용도 측면에서 B기획사가 좀더 양호하다는 것을 의미한다.

사례연구 재무상태표의 정보와 신용 · 투자의사결정

1. 〈신용의사결정 사례〉

일광(주)에 대출해 준다.

[이유] 은행에서 기업에 단기자금을 대출해 줄 때, 가장 관심을 갖는 것은 총자산의 규모보다는 현금화되기 쉬운 현금, 매출채권 등 유동자산의 구성내용이고, 그 다음으로 관심을 갖는 것은 기업의 자본의 구조이다. 일광(주) 유동자산의 상태가 월광(주)의 상태보다 훨씬 양호하며, 일광(주)의 자본의 크기는 월광(주)보다 작지만 자본이 부채의 규모와 비교할 때 크기 때문에 자본상태가 더 양호하다.

구체적으로 일광(주)의 경우 신규차입을 고려하지 않는다면 90일 이내에 현금으로 전환 예측되는 금액은 ₩44,000,000(＝₩18,000,000＋₩26,000,000)인 반면, 90일 이내에 갚아야 할 부채는 ₩22,000,000(＝₩9,600,000＋₩12,400,000)이다. 한편 월광(주)의 90일 이내 현금흐름은 －₩51,200,000(＝₩14,400,000－₩65,600,000)으로 단기자금의 부족이 예상된다.

2. 〈투자의사결정 사례〉

월광(주)의 주식에 더 높은 가격을 지급한다. 그러나 월광(주)에 단기적으로 재무위험의 조짐이 보인다.

[이유] 주식의 공정가치(자산가치)를 표시하는 부분은 각 회사의 자본, 즉 순자산이다. 월광(주)의 순자산이 일광(주)의 순자산보다 ₩18,400,000만큼 크기 때문에 월광(주)의 주식을 구입할 것이다. 또한 두 회사 모두 자본금은 동일하나 월광(주)의 이익잉여금이 높다는 사실은 (동일 산업에서 동일 수준의 배당성향을 가정한다면) 월광(주)의 수익성(자기자본순이익률)이 훨씬 양호하다는 의미로 해석된다.

그러나 월광(주)에는 60일 이내에 만기가 도래하는 단기차입금 ₩22,400,000이 있는데, 단기차입금을 상환할 수 있는 충분한 현금을 보유하고 있지 못하다(즉, 재무위험의 조짐이 있다)는 점에 주목할 필요가 있다. 종합적으로 살펴보면 월광(주)는 일광(주)보다 훨씬 공격적인 경영을 하고 있기 때문에 수익은 높으나 재무위험도 그만큼 높다(high risk, high return).

제 2 장 회계거래와 회계등식

익힘문제

1. 회계거래란 화폐금액으로 표현될 수 있으며 기업의 재무상태에 영향을 주는 경제적 사건(economic event)이다. 즉 회계거래가 성립되기 위해서는 그 경제적 사건이 ① 재무제표의 구성요소(자산, 부채, 자본, 수익, 비용)에 영향을 미쳐야 하며, ② 영향을 미친 금액의 크기를 합리적으로 측정할 수 있어야 한다.

2. 기업의 영업활동에서 발생하는 중요한 경제적 사건이지만 회계장부에 기입될 수 없는 것은 ① 노동조합과의 원만한 관계유지 또는 노사분규의 발생, ② 경쟁기업의 출현, ③ 유능한 경영자 영입, ④ 경영활동을 수행하는 경영자의 심적 상태나 개인적인 질병 등이 있다.

3. 발생기준이란 수익은 그 수익이 실현된 기간에 기록하고 비용은 당해 수익을 창출하기 위해 소비된 비용을 대응시켜 기록하는 회계처리방법을 말한다. 한편, 현금기준이란 수익은 현금이 수취되었을 때 기록하고 비용은 현금이 지출되었을 때 기록하는 방법을 말한다.

   둘을 비교하면 발생기준이 기업의 경영성과를 더 정확하게 표시한다. 왜냐하면, 발생기준은 수익의 창출을 보고하는 과정에서 수익과 비용의 발생관계를 기간별로 더 적절하게 대응시켜 주기 때문이다. 순이익은 어느 일정기간 동안에 벌어들인 모든 수익과 이 수익을 실현하기 위해 소비된 모든 관련비용을 대응시켜 인식할 때에 경영성과를 적절하게 표시한다.

4. 회계등식은 "자산=부채+자본"으로서 자산의 총계는 부채와 자본의 총계와 항상 일치해야만 한다는 것을 의미한다.

5. 자본을 증가시키는 원천으로는 주주로부터의 출자, 그리고 경영활동으로부터 발생하는 수익이 있다. 자본을 감소시키는 원천으로는 주주에게 지급하는 배당금, 그리고 경영활동으로부

터 발생하는 비용이 있다.

6. 자산총계는 부채와 자본총계와 항상 일치한다. 왜냐하면, 기업이 소유하고 있는 모든 자원은 자산총계로 표시되고 그러한 자원을 제공 원천별로 추적하면 이는 채권자나 소유주로부터 비롯된 것이기 때문이다. 그리고 이들은 궁극적으로는 재무상태표에 각각 부채총계와 자본총계로 나타나기 때문이다. 따라서 기업의 자산에 대한 소유권은 그것이 채권자지분이든 소유주지분이든 간에 반드시 어느 하나로 귀속된다.

7. 비용은 수익에서 차감되어 당기순이익을 결정하고, 이는 손익계산서를 통하여 결국 이익잉여금을 감소시키게 된다. 반면에 배당금은 기업의 순이익이 결정된 후 그중 일부를 주주에게 분배하는 것이므로, 수익의 차감항목이 아니라 당기순이익이 반영된 재무상태표상 이익잉여금에서 직접 차감되는 항목이다.

8. 재무제표 중에서 일정시점을 기준으로 작성되는 것은 재무상태표뿐이고, 나머지는 모두 일정기간을 대상으로 작성된다. 4가지 재무제표 중에서 손익계산서, 자본변동표 및 현금흐름표는 두 시점간의 재무상태표의 변동을 자세히 설명하는 재무제표라고 할 수 있다. 첫째, 현금흐름표는 재무상태표상의 기초현금으로부터 기말현금까지 변동한 내용을 보여준다. 둘째, 자본변동표는 재무상태표상의 기초자본으로부터 기말자본까지 변동한 내용을 보여준다. 셋째, 손익계산서는 자본변동표 및 재무상태표상의 기초이익잉여금으로부터 기말이익잉여금까지 변동한 내용 중 배당금을 제외한 변동을 자세히 나타낸다.

9. 수익이란 자산의 유입이나 증가 또는 부채의 감소에 따라 자본의 증가를 초래하는 특정 회계기간 동안에 발생한 경제적 효익의 증가를 말한다. 수익의 발생으로 자산과 자본이 증가하게 된다. 그러나 현금유입이 반드시 수익실현을 뜻하는 것은 아니다. 은행에서 자금을 차입할 때에도 현금이 유입되지만 자본이 증가되지는 않기 때문에 이는 수익이 아니다. 또한 매출채권을 회수하는 것도 하나의 자산(매출채권)에서 다른 자산(현금)으로 형태만 바뀌는 것이기 때문에 수익이 아니다.

10. 비용은 자산의 유출이나 사용 또는 부채의 증가에 따라 자본의 감소를 초래하는 특정 회계기간 동안에 발생한 경제적 효익의 감소이다. 비용은 자본을 감소시킨다. 특정 회계기간의 순이익을 산출하기 위하여 그 기간의 모든 비용을 동일기간의 수익으로부터 차감해야 한다. 어떤 거래가 당기의 비용이 될 수 있는지의 여부는 ① 그 비용이 당기의 수익을 창출하기 위하여 발생했는지, 그리고 ② 그 항목이 자본을 감소시키는지에 의하여 결정된다. 모든 현금지급이 비용이 되는 것은 아니다. 비용이 아닌 현금지급의 예로는 건물이나 기계와 같은 자

산의 구입, 부채의 상환, 배당금의 지급 등이 있다.

11. 많은 재무정보이용자들은 기업의 경영성과를 판단하고자 할 때 단순히 순이익, 총수익이나 총비용이란 금액뿐만 아니라 이를 구성하는 항목에 대한 세부적인 정보도 알고자 한다. 이러한 정보욕구를 충족시키고자 작성되는 재무제표가 손익계산서이다. 일정기간 동안에 발생한 수익 및 비용의 주요 항목을 상세히 열거함으로써 기업의 경영성과를 나타내는 당기순이익의 발생원인과 근거를 제시하는 역할을 한다.

12. 5월의 수익으로 인식해야 한다. 수익은 용역이 고객에게 제공되거나, 상품이 고객에게 인도되었을 때 인식한다. 이론적으로 수익은 수익창출의 모든 과정에 걸쳐 단계적으로 인식해야 하지만 단계별로 발생한 수익을 실제로 측정하기가 대단히 어렵기 때문에 일반적으로 ① 수익의 획득이 완료되고, ② 그 금액이 객관적으로 측정가능하며, ③ 이에 관련된 비용이 비교적 정확히 추정될 수 있을 때에만 수익을 인식하여 장부에 기록하고 있다.

13. 페인트는 4월의 수익을 창출하기 위해 쓰였기 때문에 페인트원가는 4월의 비용으로 인식해야 한다. 이는 수익·비용 대응원칙(수익을 창출하는 과정에서 발생된 비용은 당해 수익이 인식된 기간에 인식해야 한다)을 의미한다.

연습문제

2-1 회계거래의 파악

(1), (2), (8), (9)는 회계처리대상이 되는 거래가 아니다.

2-2 회계거래의 영향(Ⅰ)

(1) 자산의 증가(매 출 채 권)	자본의 증가(이익잉여금 ← 용역매출)
(2) 자본의 감소(이익잉여금 ← 임차료)	자산의 감소(현 금)
(3) 자산의 증가(현 금)	자본의 증가(이익잉여금 ← 용역매출)
(4) 자산의 증가(현 금)	자산의 감소(매 출 채 권)
(5) 자산의 증가(소 모 품)	부채의 증가(미 지 급 금)
(6) 자본의 감소(이익잉여금 ← 급여)	자산의 감소(현 금)

(7) 부채의 감소(미 지 급 금) 자산의 감소(현 금)

(8) 자본의 감소(이익잉여금 ← 배당금) 자산의 감소(현 금)

2-3 회계거래의 영향(Ⅱ)

	자 산				=	부 채			+	자 본							
												이익잉여금					
[거래]	현금	+	매출채권	+	사무용비품	=	미지급금	+	미지급광고비	+	자본금	+	수익	−	비용	−	배당금
(1)	₩100,000										+₩100,000						
(2)					₩45,000	=	₩45,000										
(3)	−6,000					=									−₩6,000		
(4)	18,000		−₩18,000			=											
(5)	7,500					=							₩7,500				
(6)	−2,500					=									−2,500		
(7)	50,000					=					50,000						
(8)	−45,000						−45,000										
(9)						=			₩1,500						−1,500		
(10)	−5,000																−₩5,000
합계	₩117,000	+	−₩18,000	+	₩45,000	=	₩0	+	₩1,500	+	₩150,000	+	₩7,500	+	−₩10,000	+	−₩5,000

2-4 회계등식과 거래의 추정

1. (1) 매출채권 중에서 ₩2,500을 현금으로 회수하다.
   (2) 소모품 ₩200을 외상으로 구입하다.
   (3) 용역 ₩4,800만큼을 외상으로 제공하다.
   (4) 미지급금 ₩300을 현금으로 지급하다.
   (5) 배당금 ₩1,200을 현금으로 지급하다.
   (6) 소모품 ₩350을 회계기간 동안 사용하다.
   (7) 선급임차료 중 당기분은 ₩300이다.
   (8) 주식을 발행하고 현금 ₩1,500을 받다.

2.

수 익	: (3) ₩4,800	→	₩4,800
비 용	: (6) ₩350 + (7) ₩300	→	650
당기순이익			₩4,150

2-5 회계등식과 자산, 부채, 자본의 계산(Ⅰ)

(1) "자산=부채+자본"이므로 ₩400,000=₩160,000+자본(₩240,000)이고, 자본이 ₩240,000이므로, 자본금 ₩200,000, 이익잉여금은 ₩40,000이다.

(2)

기초재무상태표

자 산	50,000	부 채	30,000
		자 본	20,000

기말재무상태표

자 산	70,000	부 채	30,000
		자 본	40,000*

* 기말자본=기초자본 ₩20,000+자본금출자 ₩15,000+당기순이익 ₩5,000
=₩40,000

기초자본에 비하여 기말자본이 ₩20,000만큼 증가하였다. 기말자산총액이 ₩70,000이므로 부채는 ₩30,000이다.

(3)

기초재무상태표

자 산	100,000	부 채	55,000
		자 본	45,000*

기말재무상태표

자 산	140,000	부 채	50,000
		자 본	90,000

* 기초자본=기말자본 ₩90,000−자본금출자 ₩20,000−당기순이익 ₩30,000+배당금 ₩5,000
=₩45,000

기말자본이 기초자본에 비하여 ₩45,000(=₩20,000+₩30,000−₩5,000) 증가하였으므로 기초자본은 ₩45,000이다. 따라서 부채는 ₩55,000이다.

(4) 다음과 같이 간단한 형식으로 재무상태표를 그려서 문제를 해결하는 것이 효과적이다.

기초재무상태표

자 산	100,000	부 채	60,000
		자 본	40,000

기말재무상태표

자 산	125,000	부 채	45,000
		자 본	80,000

기초에 비하여 기말의 자본은 ₩40,000 증가했다. 이 중 주식의 추가발행은 ₩18,000이므로 당기순이익은 ₩22,000이다.

2-6 재무상태표 항목의 추정

A :

기말자본(₩6,000 − ₩2,000)		₩4,000
기초자본(₩5,000 − ₩2,200)		− 2,800
증 가 액		₩1,200
차감 : 기중자본증가액(₩600 − ₩400)		− 200
당기순이익		₩1,000
비 용		+ 3,200
*수 익	(1)	₩4,200

B :

기초자본(₩8,000 − ₩2,000)		₩6,000
가산 : 기중자본증가액(₩1,500 − ₩500)		+ 1,000
		₩7,000
가산 : 당기순이익(₩5,200 − ₩3,600)		+ 1,600
기 말 자 본		₩8,600
*부 채(₩10,000 − ₩8,600)	(2)	₩1,400

C :

기초자본(₩20,000 − ₩7,500)		₩12,500
가산 : 당기순이익(₩6,000 − ₩3,800)		+ 2,200
		₩14,700
차감 : 배당금		− 1,200
		₩13,500
기말자본(₩24,000 − ₩8,000)		16,000
*추가주식발행	(3)	₩2,500

D :

추가주식발행		₩3,500
당기순이익(₩15,000 − ₩10,000)		+ 5,000
		₩8,500
배 당 금		− 1,500
증 가 액		₩7,000
기말자본(₩22,000 − ₩5,000)		17,000
기 초 자 본		₩10,000
가산 : 기초부채		+ 6,000
*기초자산총계	(4)	₩16,000

2-7 회계등식과 자산, 부채, 자본의 계산(Ⅱ)

기초재무상태표

현 금	₩180,000	매 입 채 무	₩79,500
매 출 채 권	267,000	미 지 급 금	2,500
재 고 자 산	465,000	장기차입금	100,000
비 품	20,000	부채총계	₩182,000
장기금융자산	120,000	자 본 금	₩620,000
		이익잉여금	250,000
		자본총계	₩870,000
자산총계	₩1,052,000	부채와 자본총계	₩1,052,000

기말이익잉여금＝기초이익잉여금 ₩250,000＋수익 ₩1,762,000－비용 ₩1,363,000
＝₩649,000

기말자산총계＝기말부채총계(₩320,000)＋기말자본총계(₩620,000＋₩649,000)
＝₩1,589,000

2-8 재무제표 항목과 재무제표의 작성

1.

손익계산서

허공비행(주) 20×1년 1월 1일부터 20×1년 6월 30일까지 (단위 : 원)

수 익 :		
비행서비스수익		₩8,000,000
비 용 :		
보 험 료	₩400,000	
광 고 비	1,000,000	
비행장비수선비	200,000	
차량렌트비	300,000	
종업원급여	3,000,000	
임 차 료	400,000	
안전교육비	90,000	5,390,000
당기순이익		₩2,610,000

2.

재무상태표

허공비행(주)	20×1년 6월 30일		(단위 : 원)
현 금	₩3,610,000	미지급비용	₩1,000,000
비행장비	3,000,000	차 입 금	2,000,000
		자 본 금	1,000,000
		이익잉여금	2,610,000
	₩6,610,000		₩6,610,000

고급연습문제

2-9 회계거래와 회계등식, 재무제표

1.

	자 산			= 부 채		+ 자 본		
날 짜	현 금	외상 매출금	차 량	미지급금	차입금	자본금	수 익	비 용
4월 1일	₩1,000,000					₩1,000,000		
2일	(500,000)		₩1,500,000	₩1,000,000				
3일	(100,000)							(₩100,000)
4일	600,000						₩600,000	
5일	(300,000)			(300,000)				
6일	(50,000)							(50,000)
7일		400,000					400,000	
8일	500,000				500,000			
9일	(110,000)							(110,000)
10일	(600,000)							(600,000)
잔액	₩440,000	₩400,000	₩1,500,000	₩700,000	₩500,000	₩1,000,000	₩1,000,000	(₩860,000)

2.

손익계산서

4월 1일부터
4월 10일까지

번개(주)		(단위 : 원)
수 익 :		
배달서비스수익		₩1,000,000
비 용 :		
임 차 료	₩100,000	
보 험 료	50,000	
소 모 품 비	70,000	
교 통 비	40,000	
급 여	600,000	860,000
당기순이익		₩140,000

3.

재무상태표

4월 10일 현재

번개(주)			(단위 : 원)
현 금	₩440,000	미 지 급 금	₩700,000
외상매출금	400,000	차 입 금	500,000
차량운반구	1,500,000	자 본 금	1,000,000
		이익잉여금	140,000
	₩2,340,000		₩2,340,000

2-10 재무상태표의 작성 : 거래의 영향

1.

재무상태표

현이(주) 8월 1일 현재 (단위 : 원)

〈자 산〉		〈부 채〉	
현 금	₩5,205	단기차입금	₩112,350
매출채권	8,445	미지급금	12,150
소 모 품	10,500	미지급법인세	6,450
토 지	100,500	부채총계	₩130,950
건 물	126,000		
비 품	51,750	〈자 본〉	
		자 본 금	₩82,500
		이익잉여금	88,950
		자본총계	₩171,450
자산총계	₩302,400	부채와 자본총계	₩302,400

2.

재무상태표

현이(주) 8월 31일 현재 (단위 : 원)

〈자 산〉		〈부 채〉	
현 금	₩25,230*	단기차입금	₩97,350
매출채권	5,445	미지급금	14,700
소 모 품	12,375	부채총계	₩112,050
토 지	100,500		
건 물	126,000	〈자 본〉	
비 품	66,450	자 본 금	120,000
		이익잉여금	103,950
		자본총계	₩223,950
자산총계	₩336,000	부채와 자본총계	₩336,000

* 기초(₩5,205)＋출자(₩37,500)－미지급금지급(₩12,150)－소모품구입(₩1,875)－배당금지급(₩15,000)＋매출채권회수(₩3,000)＋매출(₩30,000)－미지급법인세지급(₩6,450)－차입금상환(₩15,000)＝₩25,230

2-11 자본의 증감현황

(1)에서 (3)까지는 다음의 관계를 강조한다.

기말이익잉여금＝기초이익잉여금＋당기순이익－배당금

이 공식을 이용하여 문제 (1), (2)와 (3)을 풀 수 있다.

(1) 당기순이익＝기말이익잉여금－기초이익잉여금＋배당금
＝₩145,500－₩130,000＋₩32,000
＝₩47,500

(2) 배당금＝기초이익잉여금＋당기순이익－기말이익잉여금
＝₩91,200＋₩28,500－₩99,700
＝₩20,000

(3) 기초이익잉여금＝기말이익잉여금－당기순이익＋배당금
＝₩532,900－₩189,400＋₩106,000
＝₩449,500

(4)에서 (6)까지는 다음의 관계를 강조한다.

기말자본＝기초자본＋추가주식발행＋당기순이익－배당금

이 공식을 이용하여 문제 (4)와 (5)를 풀 수 있다.

(4) 기말자본＝기초자본＋추가주식발행＋당기순이익－배당금
＝₩74,000＋₩10,000＋₩17,500－₩12,000
＝₩89,500

(5) 당기순이익＝기말자본－기초자본－추가주식발행＋배당금
＝₩469,100－₩362,500－₩85,000＋₩30,000
＝₩51,600

(6) 기초자본＝기말자본－추가주식발행－당기순이익＋배당금
＝₩120,000－₩20,000－₩10,000＋₩10,000
＝₩100,000

2-12 손익계산서와 자본변동표의 작성

손익계산서

천영광고(주) 1월 1일부터 12월 31일까지 (단위 : 원)

수 익 :		
용역매출(수수료수익)		₩140,000
비 용 :		
급 여	₩66,800	
임 차 료	9,600	
광 고 비	3,200	
감가상각비	1,200	
소 모 품 비	27,500	108,300
당기순이익		₩31,700

자본변동표

천영광고(주) 1월 1일부터 12월 31일까지 (단위 : 원)

	자본금	이익잉여금	총 계
1. 1	₩200,000	₩27,200	₩227,200
신 주 발 행	100,000	–	100,000
당기순이익		31,700	31,700
배 당 금		(18,000)	(18,000)
12.31	₩300,000	₩40,900	₩340,900

2-13 재무제표의 작성

1.

손익계산서

3월 1일부터 3월 31일까지

햇빛용역(주) (단위 : 원)

수 익 :		
용역매출(수수료수익)		₩16,200,000
비 용 :		
급 여	₩5,600,000	
임 차 료	1,800,000	
보 험 료	100,000	
광 고 비	300,000	
소 모 품 비	2,700,000	
잡 비	200,000	10,700,000
당기순이익		₩5,500,000

2.

자본변동표

3월 1일부터 3월 31일까지

햇빛용역(주) (단위 : 원)

	자본금	이익잉여금	총 계
3. 1	₩25,000,000	₩0	₩25,000,000
당기순이익		5,500,000	5,500,000
배 당 금		(1,000,000)	(1,000,000)
3.31	₩25,000,000	₩4,500,000	₩29,500,000

3.

재무상태표

햇빛용역(주) 3월 31일 현재 (단위 : 원)

〈자 산〉		〈부 채〉	
현 금	₩24,600,000	미 지 급 금	₩4,000,000
매 출 채 권	11,300,000	차 입 금	10,000,000
소 모 품	6,500,000	부채총계	₩14,000,000
선급보험료	1,100,000		
		〈자 본〉	
		자 본 금	₩25,000,000
		이익잉여금	4,500,000
		자본총계	₩29,500,000
자산총계	₩43,500,000	부채와 자본총계	₩43,500,000

2-14 회계거래와 재무제표

1. 재무상태표에 미치는 영향

(단위 : 천원)

	자산				= 부채	자본	
거래 :	현 금	+ 매출채권	+ 소모품	+ 선급보험료	= 미지급금	+ 자본금	+ 이익잉여금
(1)	+50,000					+50,000	
(2)	− 3,200						− 3,200
(3)			+1,950		+1,950		
(4)	− 680						− 680
(5)	− 3,600			+3,600			
(6)	+14,800						+14,800
(7)		+8,650					+ 8,650
(8)	− 350				− 350		
(9)	+ 2,725	−2,725					
(10)	− 7,400						− 7,400
(11)	− 2,500						− 2,500
(12)			−1,430				− 1,430
(13)				− 600			− 600
	₩49,795	+ ₩5,925	+ ₩520	+ ₩3,000	= ₩1,600	+ ₩50,000	+ ₩7,640

₩59,240 = ₩59,240

2.

재무상태표

우주용역(주) 6월 30일 현재 (단위 : 천원)

현 금	₩49,795	미지급금	₩1,600
매출채권	5,925	자 본 금	50,000
소 모 품	520	이익잉여금	7,640
선급보험료	3,000		
	₩59,240		₩59,240

3.

손익계산서

우주용역(주)	6월 1일부터 6월 30일까지	(단위 : 천원)
수 익 :		
용역매출		₩23,450
비 용 :		
임 차 료	₩3,200	
광 고 비	680	
급 여	7,400	
소모품비	1,430	
보 험 료	600	13,310
당기순이익		₩10,140

4. 현금기준에 의한 손익계산서

손익계산서(현금기준)

우주용역(주)	6월 1일부터 6월 30일까지	(단위 : 천원)
수 익 :		
용역매출		₩17,525
비 용 :		
임 차 료	₩3,200	
광 고 비	680	
급 여	7,400	
소모품비	350	
보 험 료	3,600	15,230
당기순이익		₩2,295

2-15 현금기준 대비 발생기준

고객으로부터 수취한 ₩912,000 중 작년에 제공한 용역서비스와 관련된 매출채권회수가 ₩300,000이므로 ₩612,000은 당기용역매출로 인한 현금수취임을 알 수 있다. 또한 ₩440,000의 당기용역매출은 금년말까지 회수되지 않았으므로 매출채권으로 계상될 것이다. 즉,

현금수취 ₩912,000＝당기용역매출 ₩612,000＋매출채권회수 ₩300,000

매출채권계상 ₩440,000＝당기용역매출 ₩440,000

한편 비용으로 지급한 ₩620,000 중 작년에 발생하였으나 미지급되었던 비용에 대한 현금지급이 ₩260,000이므로 ₩360,000은 당기비용에 대한 현금지급임을 알 수 있다. 또한 ₩370,000의 당기비용은 금년말까지 지급되지 않았으므로 미지급비용(매입채무 포함)으로 계상될 것이다. 즉,

당기비용 ₩360,000＋미지급비용지급 ₩260,000＝현금지급 ₩620,000

당기비용 ₩370,000＝미지급비용계상 ₩370,000

1. 현금기준의 순이익＝₩912,000－₩620,000＝₩292,000

2. 발생기준의 순이익＝(₩612,000＋₩440,000)－(₩360,000＋₩370,000)＝₩322,000

2-16 수익의 인식과 윤리적 판단

인터넷과 전화로 주문받았으나 아직 우송되지 않은 스키와 인라인 스케이트는 당기의 수익(매출)으로 인식해서는 안 된다. 이들은 우송이 완료되는 시점, 즉 고객에게 실제로 제품이 인도되었을 때 수익으로 인식해야 한다. 회계에서는 어떤 거래라도 자산, 부채, 자본에 변동을 줄 때에만 거래로 인식한다.

주문을 받고 입금완료된 것들은 기업의 현금자산을 증가시키고, 선수수익(부채)을 증가시키지만, 수익(매출)으로 인식해서는 안 된다. 수익은 재화와 용역이 고객에게 이전되는 때에 한해 인식되어야 한다. 만약 아직 수익을 인식해서는 안 되는 시점에 먼저 수익을 인식하면, 수익의 실현주의와 수익·비용 대응의 원칙에 위배되기 때문에 수익이 과대계상되고 순이익이 과대계상된다.

2-17 회계정보의 활용－매출액순이익률

1. 사업규모는 매출액의 크기로 측정된다. 따라서 A텔레콤이 더 크다.

2. 당기순이익률

   A텔레콤 : 당기순이익/매출액＝₩1,660/₩17,092＝9.71%

   B텔레콤 : 당기순이익/매출액＝₩1,493/₩11,451＝13.04%

   따라서 B텔레콤의 매출액순이익률이 더 높다.

   이는 판매상품의 수익성(마진)이 더 좋다. 다시 말해 사업비용을 더 효율적으로 관리하고 있거나 고가상품 위주로 마케팅전략을 수립하고 있다는 의미이다.

사례연구 수익 · 비용의 인식

1. 손실이 ₩2,550,000이라고 추정한 근거는 사업을 시작할 때인 3월 1일의 현금보유액이 ₩10,000,000이었는데, 3월 31일의 현금잔액이 ₩7,450,000이어서, 현금보유액이 ₩2,550,000이 감소했기 때문이다. 현금의 증감만 가지고 당기손익을 추정하는 것은 타당하지 않다.

2.

재무상태표

마스터(주) 3월 31일 현재 (단위 : 원)

현 금	₩7,450,000	미지급비용	₩250,000
골 프 공	800,000	자 본	11,500,000
시 설	3,500,000		
	₩11,750,000		₩11,750,000

사업을 시작할 때 ₩10,000,000으로 시작했으나 3월 31일의 자본은 ₩11,500,000이므로 순자산이 ₩1,500,000 증가했다.

3. 실제이익은 순자산 증가액 ₩1,500,000에 개인생활비를 위한 인출금(배당금) ₩700,000을 더한 ₩2,200,000이다. 개인생활비는 마스터(주)의 영업성과와 분리하여 계산해야 한다.

4.

당기순이익	₩2,200,000
임 차 료	1,000,000
광 고 비	600,000
인 건 비	400,000
전 기 료	100,000
수 익	₩4,300,000

제 3 장 거래의 기록과 회계장부

익힘문제

1. 회계순환과정의 주요 4단계는 다음과 같다.

(1) 1단계 : 거래를 분개장에 기록한다.

(2) 2단계 : 계정별로 원장에 전기한다.

(3) 3단계 : 계정별 잔액을 시산표에 집합한다.

(4) 4단계 : 재무제표를 작성한다.

장부마감절차는 재무제표의 작성과정이라기보다는 다음 기간의 회계기록으로 연결시키기 위하여 기말잔액을 제거하여 0으로 만들거나(손익 등의 임시계정) 혹은 다음 기의 기초잔액으로 이월시키는(재무상태표계정) 기술적 절차로서, 보조적 절차이기는 하지만 반드시 필요한 절차이다. 마감절차가 없으면 다음 기의 손익계정은 전기누계액으로 시작되기 때문이다.

2. 계정이란 체계적인 회계시스템의 근간을 이루는 개념으로서, 손익계산서 및 재무상태표의 각 항목에 대하여 하나씩 독립적인 단위로 설정하고, 이 각 항목의 증감을 가져오는 요소들을 개별적으로 기록한다. 각 계정에는 다음과 같은 정보가 기록된다.

(1) 계정과목과 계정번호

(2) 일자와 내용이 기입되는 적요

(3) 금액의 증감

(4) 다른 회계기록과 상호연계관계

3. 복식부기제도하에서는 어떤 회계거래가 발생하든 적어도 한 개의 차변기입과 적어도 다른 한 개의 대변기입이 이루어져야 하며, 차변기입의 총계와 대변기입의 총계는 항상 일치해야 한다.

4. 회계에 익숙하지 않은 사람들은 대변이라는 용어가 차변이라는 용어보다 "좀더 유리하다"라고 하는 함축적인 의미가 있다고 여길지도 모른다. 그러나 이러한 생각은 회계학에서는 통용되지 않는다. 회계에서의 차변은 단지 계정의 왼편을 의미하고, 대변은 계정의 오른편을 의미할 뿐, 현대회계에서는 어떤 장소(위치)를 지칭하는 이상의 의미는 없다.

5.

계 정	계정유형	증가의 기입
용역매출(수수료수익)	수 익	대 변
자 본 금	자 본	대 변
매출채권	자 산	차 변
광 고 비	비 용	차 변
매입채무	부 채	대 변
현 금	자 산	차 변
소 모 품	자 산	차 변
배 당 금	–	차 변

배당금은 궁극적으로 자본을 감소시키지만 재무제표의 5가지 기본 요소인 자산, 부채, 자본, 수익, 비용에는 포함되지 않는다. 다시 말해 당기배당금은 자본변동표를 통해, 현금배당지급액은 현금흐름표를 통해 알 수 있지만 배당금 자체는 재무상태표 계정도 아니고 손익계산서 계정도 아니다.

6. 거래가 분개장에 제일 먼저 기록되기 때문에 **분개장**은 종종 **원시기입장**이라고도 불린다. 거래가 먼저 분개장에 기입되어야만, 이를 원장으로 전기하는 과정에 의해 각 계정의 차변과 대변의 변동액을 반영할 수 있고, 다음 단계의 회계처리절차를 수행할 수 있다.

7. 전산화된 회계시스템에서는 **분개** 이후의 모든 회계처리과정이 기계적·자동적으로 이루어진다. 따라서 거래가 발생했을 때 분개장 기입 여부를 판단하고 올바른 계정과목에 정확한 금액을 기록하는 분개과정이 매우 중요하며, 이는 전산시스템이 대신 해 줄 수 있는 것이 아니다. 최초의 분개 자료가 정확하지 않으면 최후의 회계정보도 잘못될 수밖에 없다(garbage in, garbage out).

8. **분개장**은 거래를 발생순서대로 기록하는 원시기입장이다. 각 거래는 먼저 분개장에 기입된다. 분개장의 기입에는 차변계정과목과 대변계정과목이 각 계정에 미치는 금액과 함께 나타나며, 거래에 대한 간단한 설명도 포함된다. 한편, **원장**은 계정이 집합되어 있는 장부를 말하는데 각 계정마다 독립된 페이지를 갖고 있다. 분개장에 표시된 차변과 대변에 계정과목별로 해당 금액을 분개장으로부터 원장에 있는 계정으로 옮겨 적는다. 이렇게 분개장에서 원장으로 옮겨 적는 과정을 "전기한다(posting)"라고 한다.

9. **분개장**의 기록단위는 거래이다. 반면에 **원장**의 기록단위는 계정이다. 따라서 분개장은 한곳에서 특정 거래에 대한 모든 정보를 제공한다. 이러한 거래별 정보는 원장에 있는 각 계정에 분산됨으로써, 해당 계정과목에 관계되는 거래만이 각 계정별로 분류된다. 분개장에 의해서 제공되는 발생순서별 거래기록은 과거의 거래내용을 추적하는 데 매우 유용하다. 이를 통해 과거의 영업활동을 검토할 수 있으며, 원장의 잔액이 일치하지 않을 때 오류의 발생원인을 찾아내는 데에도 유용하기 때문이다.

10. **분개**를 하려면 재무상태에 어떤 영향을 주는지를 분석해야 하고, 무슨 계정과목과 어떤 회계용어를 사용해야 하는지를 파악할 수 있는 능력을 요구한다. 그러므로 회계원칙에 대한 보다 깊은 이해를 요구한다. 따라서 분개는 분개에 의해 표시되는 차변과 대변을 기계적으로 각 계정에 옮겨 적는 전기보다는 훨씬 어려운 작업이라고 할 수 있다.

11. **계정과목표**란 원장에 나타나는 계정들의 목록을 열거하고 있는 표이다. 계정과목표는 기업이 사용하는 계정을 자산계정, 부채계정, 자본계정, 수익계정, 비용계정으로 분류하고, 각 계정에 번호를 부여함으로써 번호만으로 각 계정을 쉽게 확인할 수 있게 한다. 계정번호 분류방법을 예로 들면, 100~199는 자산을 표시하며 200~299는 부채를 표시하는 경우이다.

12. 분개를 원장으로 전기할 때 원장의 **분면**란에 분개장의 페이지 번호를 기입하고 반대로 분개장의 **원면**란에는 원장의 계정번호를 기입하는 상호대조시스템을 이용한다. 이러한 조회시스템을 통하여 원장의 기록을 분개장에서 추적할 수 있으며, 분개장의 기록이 원장으로 전기되는 절차가 완료되었는지 여부도 알 수 있게 된다.

13. **원장**은 기업의 재무제표를 작성하는 데 이용되는 계정들의 집합체이다. 시산표에는 원장에 있는 각 계정들의 대변 또는 차변 잔액이 집합된다. **시산표**는 필수적인 장부라기보다는 보조적인 문서의 일종으로서 모든 계정의 차변총액과 대변총액이 일치하는지 확인하기 위해 작성된다. 이로써 분개장 기록과 전기상의 오류가 발견될 수도 있으며 또한 시산표에 계정과목

과 잔액이 요약되어 있으므로 재무제표를 작성하는 과정이 보다 간편해지게 된다. 시산표는 재무제표 작성을 위해서 편의상 만들어지는 문서일 따름이지 기업의 공식적인 회계장부는 아니다.

14. 다음과 같은 오류가 발생했더라도 시산표의 차변과 대변의 합계는 일치하게 된다.

(1) 특정 거래가 기록되지 않은 오류
(2) 특정 거래의 기록이 전기되지 않은 오류
(3) 특정 거래가 중복 기록되는 오류
(4) 특정 거래의 기록이 중복 전기되는 오류
(5) 다른 계정에 잘못 기록되는 오류
(6) 다른 계정으로 잘못 전기되는 오류
(7) 차변과 대변 금액은 일치하지만 금액 자체가 잘못 기록되는 오류

연습문제

3-1 거래의 분석(Ⅰ)

(1) 본책 참조

(2) ① 자산인 토지와 건물의 증가, 자산의 증가는 차변기입 →

(차변) 토　　지 7,200,000
(차변) 건　　물 5,600,000

② 자산인 현금의 감소, 자산의 감소는 대변기입 →

(대변) 현　　금 3,450,000

부채인 미지급금의 발생, 부채의 증가는 대변기입 →

(대변) 미 지 급 금 9,350,000

(3) ① 자산인 사무용비품의 증가, 자산의 증가는 차변기입 →

(차변) 사무용비품 640,000

② 부채인 미지급금의 증가, 부채의 증가는 대변기입 →

(대변) 미 지 급 금 640,000

(4) ① 부채인 미지급금의 감소, 부채의 감소는 차변기입 →
(차변) 미 지 급 금 95,000
② 자산인 사무용비품의 감소, 자산의 감소는 대변기입 →
(대변) 사무용비품 95,000

(5) ① 부채인 미지급금의 감소, 부채의 감소는 차변기입 →
(차변) 미 지 급 금 545,000
(= ₩640,000 − ₩95,000)
② 자산인 현금의 감소, 자산의 감소는 대변기입 →
(대변) 현 금 545,000

3-2 T-계정에 기입 및 시산표의 작성(I)

현 금

(1)	10,000,000	(2)	3,600,000
		(3)	1,020,000
		(4)	110,000
		(5)	340,000

미 지 급 금

(5)	340,000	(3)	3,060,000
		(4)	600,000

토 지

(2)	3,600,000		

건 물

(3)	4,080,000		

자 본 금

		(1)	10,000,000

사무용비품

(4)	710,000		

시 산 표

시스컴(주)	6월 30일 현재	(단위 : 원)
	차 변	대 변
현 금	₩4,930,000	
토 지	3,600,000	
건 물	4,080,000	
사무용비품	710,000	
미 지 급 금(어음상의 채무 : ₩2,720,000 포함)		₩3,320,000
자 본 금		10,000,000
합 계	₩13,320,000	₩13,320,000

3-3 거래의 분석(Ⅱ)

(2) a, d (3) i, b (4) a, b (5) a, d

(6) a, h (7) c, b (8) i, b (9) a, b

3-4 시산표 작성, 차변과 대변의 합계

시 산 표

전주(주) 20×1년 12월 31일 (단위 : 원)

차변 과목	금액	대변 과목	금액
현 금	₩100,000	미지급비용	170,000
매 출 채 권	150,000	매 입 채 무	200,000
소 모 품	50,000	미 지 급 금	200,000
선 급 비 용	260,000	차 입 금	500,000
건 물	3,000,000	자 본 금	1,500,000
비 품	300,000	이익잉여금	?
급 여	1,300,000	용 역 매 출	2,000,000
임 차 료	500,000	임대료수익	200,000
	₩5,660,000		₩5,660,000

이익잉여금＝₩5,660,000－₩4,770,000＝₩890,000

3-5 T-계정에 기입 및 시산표의 작성(Ⅱ)

현금과예금

(1)	30,000,000	(2)	500,000
(8)	2,800,000	(4)	700,000
		(6)	850,000
		(7)	1,200,000
		(9)	1,200,000

미 지 급 금

(7)	1,200,000	(3)	3,400,000

매 출 채 권

(5)	4,800,000	(8)	2,800,000

자 본 금

		(1)	30,000,000

의 료 장 비

(4)	700,000		

배 당 금

(9)	1,200,000		

사무용비품

(3)	3,400,000		

용역매출(진료수익)

		(5)	4,800,000

급 여

(6)	850,000		

임 차 료

(2)	500,000		

시 산 표

강북병원(주) 12월 31일 현재 (단위 : 원)

	차 변	대 변
현금과예금	₩28,350,000	
매 출 채 권	2,000,000	
의 료 장 비	700,000	
사무용비품	3,400,000	
미 지 급 금		₩2,200,000
자 본 금		30,000,000
배 당 금	1,200,000	
용역매출(진료수익)		4,800,000
급 여	850,000	
임 차 료	500,000	
합 계	₩37,000,000	₩37,000,000

3-6 시산표의 오류수정

① 시산표에 기업 이름이 누락되었다.

② 시산표에는 12월 31일 현재의 시점을 표시하며, 기간을 표시하지 않는다.

③ 금액단위가 표시되지 않았다.

④ 소모품(자산), 미지급금(부채), 임대료수익(수익)의 대변과 차변 분류가 틀렸다. 이에 따라서 차변합계액과 대변합계액이 일치하지 않는다.

이러한 오류를 수정한 후의 올바른 시산표는 다음과 같다(오류라고 할 수는 없지만 자산, 부채, 자본, 수익, 비용 항목별로 모아서 작성하는 것이 좋다).

시 산 표

드림투자자문(주) 12월 31일 현재 (단위 : 원)

	차 변	대 변
현 금	₩110,800	
매출채권	102,000	
건 물	200,000	
비 품	301,000	
소 모 품	2,000	
미지급금		₩210,000
차 입 금		125,000
자 본 금		200,000
이익잉여금		86,000
배 당 금	36,000	
용역매출		221,000
임대료수익		12,000
급 여	82,200	
광 고 비	9,900	
보 험 료	10,100	
합 계	₩854,000	₩854,000

3-7 분 개

날짜	계정과목	차변	대변
6월 1일 :	매 출 채 권	1,247,000	
	용 역 매 출		1,247,000
	아톰상사에 수리용역을 외상(30일 이내 지급조건)으로 제공해 주다.		
2일 :	임 차 료	700,000	
	현 금		700,000
	6월분 임차료를 지급하다.		
3일 :	기 계 장 치	1,200,000	
	현 금		1,200,000
	내용연수가 10년으로 추정되는 기계장치를 구입하다.		
10일 :	현 금	510,000	
	용 역 매 출		510,000
	해리상사에 수리업무를 수행해 주다.		
15일 :	광 고 비	250,000	
	미지급비용		250,000
	6월 12일자 신문광고비를 기록하다.		
18일 :	현 금	1,247,000	
	매 출 채 권		1,247,000
	아톰상사로부터 외상매출대금 전액을 회수하다.		
20일 :	배 당 금	4,500,000	
	미지급배당금		4,500,000
	7월 15일을 지급일로 하는 배당을 선언하다.		
30일 :	급 여	3,300,000	
	현 금		3,300,000
	6월분 급여를 지급하다.		

3-8 시산표에 의한 오류검증(Ⅰ)

(1) 차변총계가 ₩7,200만큼 과대계상된다.

(2) 이 오류는 시산표총계에는 영향을 미치지 않는다.

(3) 대변총계가 ₩36,500만큼 과소계상된다.

(4) 차변총계가 ₩750만큼 과소계상되고, 대변총계가 ₩750만큼 과대계상된다.

(5) 차변총계가 ₩9,800만큼 과소계상되고, 대변총계가 ₩9,800만큼 과대계상된다.

3-9 시산표에 의한 오류검증(Ⅱ)

	차 변	대 변
수정전시산표의 합계	₩66,770	₩71,930
(1) 매입채무를 차변에 기입	(−) 4,370	(+) 4,370
(3) 소모품재고의 기입누락	(+) 6,300	−
(4) 배당금 지급을 대변에 기입	(+) 3,800	(−) 3,800
수정후시산표의 합계	₩72,500	₩72,500

문제의 (2)번 오류는 시산표의 총계에 영향을 미치지 않는다.

3-10 원장으로부터 분개내용의 추정

	차변	대변
(1) 현 금	60,000	
자 본 금		60,000

주식을 발행하고 현금을 납입받다.

	차변	대변
(2) 토 지	70,000	
건 물	63,600	
현 금		33,600
미 지 급 금		100,000

건물과 토지를 구입하고 그 대금의 일부는 현금으로 지급하고, 잔액은 아직 지급하지 않았다.

	차변	대변
(3) 비 품	3,200	
미 지 급 금		3,200

비품을 외상으로 구입하다.

(4) 미 지 급 금 480
비 품 480
외상으로 구입했던 비품의 일부를 품질 불합격으로 반품하다.

(5) 미 지 급 금 10,000
현 금 10,000
미지급금의 일부를 상환하다.

(6) 토 지 35,000
자 본 금 35,000
토지와 교환으로 주식을 발행하다.

3-11 시산표의 작성

시 산 표

지평선(주) 11월 30일 현재 (단위 : 원)

	차 변	대 변
현 금	₩16,400	
토 지	105,000	
건 물	63,600	
비 품	2,720	
미 지 급 금		₩92,720
자 본 금		95,000
합 계	₩187,720	₩187,720

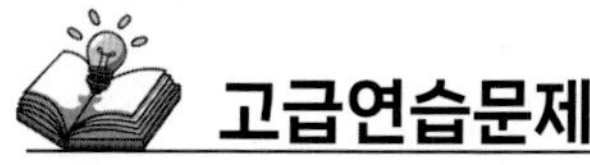

고급연습문제

3-12 T-계정에 기입 및 시산표의 작성(Ⅲ)

	차변	대변
1. (1) 현 금	12,000,000	
자 본 금		12,000,000
(2) 기 계 장 치	1,800,000	
미 지 급 금		1,800,000
(3) 선급보험료	360,000	
현 금		360,000
(4) 소 모 품	600,000	
미 지 급 금		600,000
(5) 차량운반구	7,500,000	
현 금		1,500,000
미 지 급 금		6,000,000
(6) 임 차 료	720,000	
현 금		720,000
(7) 차량유지비	80,000	
현 금		80,000
(8) 매 출 채 권	8,500,000	
용역수수료수익		8,500,000
(9) 미 지 급 금	800,000	
현 금		800,000
(10) 수도광열비	90,000	
현 금		90,000
(11) 광고선전비	160,000	
미지급비용		160,000
(12) 급 여	1,250,000	
현 금		1,250,000
(13) 현 금	2,000,000	
매 출 채 권		2,000,000
(14) 배 당 금	500,000	
현 금		500,000

	차변	대변
(15) 소모품비	250,000	
소 모 품		250,000
(16) 보 험 료	30,000	
선급보험료		30,000

2.

현 금

차변		대변	
(1)	12,000,000	(3)	360,000
(13)	2,000,000	(5)	1,500,000
		(6)	720,000
		(7)	80,000
		(9)	800,000
		(10)	90,000
		(12)	1,250,000
		(14)	500,000

자 본 금

차변		대변	
		(1)	12,000,000

배 당 금

차변		대변	
(14)	500,000		

용역수수료수익

차변		대변	
		(8)	8,500,000

매 출 채 권

차변		대변	
(8)	8,500,000	(13)	2,000,000

임 차 료

차변		대변	
(6)	720,000		

소 모 품

차변		대변	
(4)	600,000	(15)	250,000

급 여

차변		대변	
(12)	1,250,000		

선급보험료

차변		대변	
(3)	360,000	(16)	30,000

수도광열비

차변		대변	
(10)	90,000		

기 계 장 치

차변		대변	
(2)	1,800,000		

차량유지비

차변		대변	
(7)	80,000		

차량운반구

차변		대변	
(5)	7,500,000		

광고선전비

차변		대변	
(11)	160,000		

미 지 급 금

차변		대변	
(9)	800,000	(2)	1,800,000
		(4)	600,000
		(5)	6,000,000

소 모 품 비

차변		대변	
(15)	250,000		

보 험 료

차변		대변	
(16)	30,000		

미지급비용

차변		대변	
		(11)	160,000

3. 시 산 표

척척수리(주) 5월 31일 현재 (단위 : 원)

	차 변	대 변
현 금	₩8,700,000	
매 출 채 권	6,500,000	
선급보험료	330,000	
기 계 장 치	1,800,000	
차량운반구	7,500,000	
소 모 품	350,000	
미 지 급 금		₩7,600,000
미지급비용		160,000
자 본 금		12,000,000
배 당 금	500,000	
용역수수료수익		8,500,000
임 차 료	720,000	
급 여	1,250,000	
수도광열비	90,000	
차량유지비	80,000	
광고선전비	160,000	
소 모 품 비	250,000	
보 험 료	30,000	
합 계	₩28,260,000	₩28,260,000

3-13 거래의 추정 및 오류수정

1. (2) 사무용비품 ₩5,000,000을 현금으로 구입하다.
   (3) 소모품 ₩1,400,000을 외상으로 구입하다.
   (4) 임차료 ₩600,000을 현금으로 지급하다.
   (5) ₩4,200,000의 용역을 외상으로 제공하고 대금을 청구하다.
   (6) 미지급금 ₩700,000을 현금으로 지급하다.
   (7) 5월중 소모품 사용분은 ₩650,000이다(따라서 5월말 현재 소모품재고액은 ₩750,000이다).
   (8) 배당금 ₩800,000을 현금으로 지급하다.
   (9) 매출채권 ₩1,800,000을 현금으로 회수하다.

2. (1) 현금은 ₩17,400,000이 아니라 ₩14,700,000이 되어야 한다(기입오류).
   (2) 매출채권은 ₩2,400,000이어야 한다(대변금액 ₩1,800,000이 차감되지 않음).
   (3) 배당금은 대변이 아니라 차변에 나타나야 한다.
   (4) 소모품비 차변금액 ₩650,000이 누락되었다.
   (5) 수정된 시산표 잔액은 ₩24,900,000이다.

[참고 Ⅰ]

	차 변	대 변
문제에서 주어진 합계	₩27,950,000	₩25,700,000
(1) 현금의 기입오류	(−) 2,700,000	
(2) 매출채권의 기입오류	(−) 1,800,000	
(3) 배당금의 기입오류	(+) 800,000	(−) 800,000
(4) 소모품비의 누락	(+) 650,000	
정확한 시산표합계	₩24,900,000	₩24,900,000

[참고 Ⅱ] 수정된 시산표

시 산 표

현우투자자문(주) 5월 31일 현재 (단위 : 원)

	차 변	대 변
현 금	₩14,700,000	
매출채권	2,400,000	
소 모 품	750,000	
사무용비품	5,000,000	
미지급금		₩700,000
자 본 금		20,000,000
배 당 금	800,000	
용역매출(수수료수익)		4,200,000
임 차 료	600,000	
소모품비	650,000	
합 계	₩24,900,000	₩24,900,000

3-14 시산표에 의한 오류검증(Ⅲ)

시 산 표

신우(주) 1월 31일 현재 (단위 : 원)

	차 변	대 변
현 금	₩6,750	
매출채권	8,250	
소 모 품	4,850	
선급보험료	480	
비 품	15,000	
매입채무		₩3,650
자 본 금		23,850
배 당 금	1,200	
용역매출(수수료수익)		16,750
급 여	4,500	
보 험 료	120	
광 고 비	180	
소모품비	2,720	
수도광열비	200	
합 계	₩44,250	₩44,250

3-15 종 합 문 제(Ⅰ)

1.

	차변	대변
(1) 현 금	7,200,000	
매출채권		7,200,000
(2) 매입채무	1,000,000	
현 금		1,000,000
(3) 매출채권	14,600,000	
용역매출(디자인용역수익)		14,600,000
(4) 현 금	900,000	
용역매출(디자인용역수익)		900,000
(5) 소 모 품	1,400,000	
미지급금		1,400,000
(6) 미지급금	1,500,000	
현 금		1,500,000

	차변	대변
(7) 현 금	6,300,000	
매출채권		6,300,000
(8) 운 송 비	180,000	
현 금		180,000
(9) 급 여	2,250,000	
현 금		2,250,000
(10) 광 고 비	350,000	
미지급비용		350,000
(11) 전 기 료	240,000	
현 금		240,000
(12) 배 당 금	800,000	
현 금		800,000
(13) 임 차 료	400,000	
선급임차료		400,000
(14) 소모품비	3,050,000*	
소 모 품		3,050,000

* 소모품비＝기초소모품(₩4,500,000)＋당기구입(₩1,400,000)－기말소모품(₩2,850,000)＝₩3,050,000

2. (단위 : 천원)

현 금

7/1	6,500	(2)	1,000
(1)	7,200	(6)	1,500
(4)	900	(8)	180
(7)	6,300	(9)	2,250
		(11)	240
		(12)	800

매입채무

(2)	1,000	7/1	3,000

미지급금

(6)	1,500	7/1	2,200
		(5)	1,400

매출채권

7/1	16,400	(1)	7,200
(3)	14,600	(7)	6,300

미지급비용

		(10)	350

선급임차료

7/1	800	(13)	400

자 본 금

		7/1	20,000

소 모 품

7/1	4,500	(14)	3,050
(5)	1,400		

이익잉여금

		7/1	3,000

용역매출(디자인용역수익)

		(3)	14,600
		(4)	900

임 차 료

(13)	400		

급 여

(9)	2,250		

운 송 비

(8)	180		

광 고 비

(10)	350		

전 기 료

(11)	240		

소 모 품 비

(14)	3,050		

배 당 금

(12)	800		

3.

시 산 표

문수디자인(주) 7월 31일 현재 (단위 : 천원)

	차 변	대 변
현 금	₩14,930	
매 출 채 권	17,500	
선급임차료	400	
소 모 품	2,850	
매 입 채 무		₩2,000
미 지 급 금		2,100
미지급비용		350
자 본 금		20,000
이익잉여금		3,000
배 당 금	800	
용 역 매 출(디자인용역수익)		15,500
임 차 료	400	
급 여	2,250	
운 송 비	180	
광 고 비	350	
전 기 료	240	
소 모 품 비	3,050	
합 계	₩42,950	₩42,950

4.

손익계산서

문수디자인(주) — 7월 1일부터 7월 31일까지 — (단위 : 천원)

수 익 :		
용 역 매 출 (디자인용역수익)		₩15,500
비 용 :		
임 차 료	₩400	
급 여	2,250	
운 송 비	180	
광 고 비	350	
전 기 료	240	
소 모 품 비	3,050	6,470
당기순이익		₩9,030

재무상태표

문수디자인(주) — 7월 31일 현재 — (단위 : 천원)

〈자 산〉		〈부 채〉	
현 금	₩14,930	매 입 채 무	₩2,000
매 출 채 권	17,500	미 지 급 금	2,100
선급임차료	400	미지급비용	350
소 모 품	2,850	부채총계	₩4,450
		〈자 본〉	
		자 본 금	₩20,000
		이익잉여금	11,230*
		자본총계	₩31,230
자산총계	₩35,680	부채와 자본총계	₩35,680

* 기초이익잉여금(₩3,000)＋순이익(₩9,030)－배당금(₩800)＝₩11,230

3-16 종 합 문 제(Ⅱ)

1.

(단위 : 천원)

현 금					계정번호
일 자	적 요	분면	차 변	대 변	잔 액
8월 1일	전월이월				48,750
1일				3,200	45,550
5일				350	45,200
6일			17,250		62,450
13일			12,300		74,750
16일				4,200	70,550
18일				120	70,430
31일				7,600	62,830
31일				2,500	60,330

(단위 : 천원)

매 출 채 권					계정번호
일 자	적 요	분면	차 변	대 변	잔 액
8월 1일	전월이월				18,500
8일			3,500		22,000
13일				12,300	9,700
24일			6,500		16,200

(단위 : 천원)

소 모 품					계정번호
일 자	적 요	분면	차 변	대 변	잔 액
8월 1일	전월이월				12,400
3일			4,600		17,000
31일				8,900	8,100

(단위 : 천원)

선급보험료					계정번호
일 자	적 요	분면	차 변	대 변	잔 액
8월 1일	전월이월				2,400
31일				600	1,800

(단위 : 천원)

단기차입금					계정번호
일 자	적 요	분면	차 변	대 변	잔 액
8월 1일	전월이월				5,000

(단위 : 천원)

미 지 급 금					계정번호
일 자	적 요	분면	차 변	대 변	잔 액
8월 3일				4,600	4,600

(단위 : 천원)

매 입 채 무					계정번호
일 자	적 요	분면	차 변	대 변	잔 액
8월 1일	전월이월				7,200
16일			4,200		3,000

(단위 : 천원)

자 본 금					계정번호
일 자	적 요	분면	차 변	대 변	잔 액
8월 1일	전월이월				50,000

(단위 : 천원)

이익잉여금					계정번호
일 자	적 요	분면	차 변	대 변	잔 액
8월 1일	전월이월				19,850

(단위 : 천원)

용 역 매 출					계정번호
일 자	적 요	분면	차 변	대 변	잔 액
8월 6일				17,250	17,250
8일				3,500	20,750
24일				6,500	27,250

(단위 : 천원)

급 여					계정번호
일 자	적 요	분면	차 변	대 변	잔 액
8월 31일			7,600		7,600

(단위 : 천원)

광 고 비					계정번호
일 자	적 요	분면	차 변	대 변	잔 액
8월 5일			350		350

(단위 : 천원)

임 차 료					계정번호
일 자	적 요	분면	차 변	대 변	잔 액
8월 1일			3,200		3,200

(단위 : 천원)

소 모 품 비					계정번호
일 자	적 요	분면	차 변	대 변	잔 액
8월 31일			8,900		8,900

(단위 : 천원)

보 험 료					계정번호
일 자	적 요	분면	차 변	대 변	잔 액
8월 31일			600		600

(단위 : 천원)

잡 비					계정번호
일 자	적 요	분면	차 변	대 변	잔 액
8월 18일			120		120

(단위 : 천원)

배 당 금					계정번호
일 자	적 요	분면	차 변	대 변	잔 액
8월 31일			2,500		2,500

2.

시 산 표

우주용역(주) 8월 31일 현재 (단위 : 원)

	차 변	대 변
현 금	₩60,330,000	
매 출 채 권	16,200,000	
소 모 품	8,100,000	
선급보험료	1,800,000	
미 지 급 금		₩4,600,000
매 입 채 무		3,000,000
단기차입금		5,000,000
자 본 금		50,000,000
이익잉여금		19,850,000
배 당 금	2,500,000	
용 역 매 출(수수료수익)		27,250,000
급 여	7,600,000	
광 고 비	350,000	
임 차 료	3,200,000	
소 모 품 비	8,900,000	
보 험 료	600,000	
잡 비	120,000	
합 계	₩109,700,000	₩109,700,000

3.

손익계산서

우주용역(주)	8월 1일부터 8월 31일까지	(단위 : 원)
수 익 :		
용 역 매 출(수수료수익)		₩27,250,000
비 용 :		
급 여	₩7,600,000	
광 고 비	350,000	
임 차 료	3,200,000	
소 모 품 비	8,900,000	
보 험 료	600,000	
잡 비	120,000	20,770,000
당기순이익		₩6,480,000

4.

재무상태표

우주용역(주) 8월 31일 현재 (단위 : 천원)

〈자 산〉		〈부 채〉	
현 금	₩60,330	매 입 채 무	₩3,000
매 출 채 권	16,200	단기차입금	5,000
소 모 품	8,100	미 지 급 금	4,600
선급보험료	1,800	부채총계	₩12,600
		〈자 본〉	
		자 본 금	₩50,000
		이익잉여금	23,830*
		자본총계	₩73,830
자산총계	₩86,430	부채와 자본총계	₩86,430

* 기초이익잉여금(₩19,850,000)+순이익(₩6,480,000)−배당금(₩2,500,000)=₩23,830,000

사례연구 김수완 군의 재무상태와 재무성과

1. 김수완 군 개인기업의 재무상태표는 다음과 같다.

재무상태표

김수완 개인기업 7월 1일 현재 (단위 : 천원)

〈자 산〉		〈부 채〉	
현 금	₩2,500	단기차입금	₩2,000
		〈자 본〉	
		자 본 금	500
자산총계	₩2,500	부채와 자본총계	₩2,500

재무상태표

김수완 개인기업 8월 31일 현재 (단위 : 천원)

〈자 산〉		〈부 채〉	
현 금	₩3,250	미지급임차료	₩475
매 출 채 권	875	미지급급여	100
소 모 품	50	단기차입금	1,600
임차보증금	200	〈자 본〉	
		자 본 금	500
		이익잉여금	1,700*
자산총계	₩4,375	부채와 자본총계	₩4,375

* ₩4,375 − ₩2,675 = ₩1,700

2. 김수완 군의 개인기업 자본은 기초 ₩500,000에서 기말 ₩2,200,000으로 증가하였다. 그 차이는 당기순이익(이익잉여금)이 발생하였기 때문이며, 금액은 ₩1,700,000이다.

만약 김군이 개인 목적으로 인출하여 사용한 금액이 있다면 이는 이익 중 일부를 배당(인출)한 것과 동일하므로 당기순이익에 가산되어야 한다.

다만, 여기에서 계산된 순이익은 다음의 두 가지 이유로 완전한 재무성과를 나타내는 데에는 일정한 한계가 있다.

① 차입금 ₩2,000,000에 대한 이자비용이 무시되었다는 것이다. 이런 무상대여는 경영활동에서는 현실적으로 있을 수 없는 일이다.

② 김수완 군이 수행한 영업수익창출 노력에 대한 대가, 즉 김수완 군이 다른 회사의 종업원이나 아르바이트생으로 일하였을 때 받을 수 있는 보수(급여)가 비용으로 계상되어야 하는데, 이러한 정보가 반영되지 않았다.

3. 당기에 발생한 수익 및 비용을 포함한 모든 거래가 제대로 기록되어야만 당기의 재무성과를 체계적으로 파악할 수 있다. 즉, 기간별 손익계산서의 작성이 필요한 것이다. 상기 요구사항 2와 같은 방법, 즉「기말자본－기초자본＝당기순이익」으로 이익을 계산하는 것을 재산법이라고 하는데, 이 경우에 일정기간 중에 발생한 이익의 금액을 기말시점에 결과적으로 파악할 수는 있어도 영업기간 중의 수익과 비용에 관한 세부 자료를 확인할 수는 없다.

따라서 모든 자산·부채·자본의 변동기록과 당기의 수익 및 비용에 관한 거래를 체계적으로 기록할 수 있는 분개장 및 원장의 회계장부가 필요하다. 즉, 거래가 발생하면 발생 즉시 분개장에 기록하고, 주기적으로 이를 원장에 계정별로 전기한다. 다음 순서로 사업종료일인 8월 31일을 기준으로 필요한 결산수정분개를 거친 후 이를 반영하여 손익계산서를 작성하면 체계적으로 2개월간의 기간손익이 계산된다.

제 4 장 회계순환과정의 완료

익힘문제

1. 보고기간말에 수정절차가 실시되더라도 **회계순환과정**의 네 단계, 즉「기록 → 분류 → 요약 → 보고」의 기본틀에는 변화가 없다. 다만 수정전시산표의 작성단계인 요약단계에서 발생기준 회계개념에 필요한 결산정리사항을 확인한 후 다시 한번 동일한「기록 → 분류 → 요약」절차를 거침으로써 수정후시산표를 작성하고, 이를 기초로 최종단계인 재무제표를 작성하면 한 주기가 완성된다.

2. **수정분개**의 목적은 일상의 거래기록과정으로는 적절히 측정하기 어려운(또는 번거로운) 수익이나 비용을 인식하고(예 : 이자비용, 소모품비 등), 관련 자산 및 부채의 상태를 적정하게 나타내기 위한 것이다. 이러한 수정분개를 함으로써 수익은 실현된 기간에 인식하고, 비용은 발생한 기간에 인식한다는 발생기준 회계의 기본목적을 달성할 수 있다.

3. (1)과 (2)는 발생분개, (3)과 (4)는 이연분개의 예이다.
   (1) 당기에 실현되었으나 아직 현금을 수취하지 않은 수익을 반영하는 수정분개, 예를 들면 회수가 안 된 당기 임대료수익을 기록하기 위하여 차변에는 미수수익, 대변에는 임대료수익으로 분개한다.
   (2) 당기에 발생되었으나 아직 현금을 지출하지 않은 비용을 반영하는 수정분개, 예를 들면 발생은 했으나 지급이 안 된 급여를 기록하기 위하여 차변에 급여, 대변에 미지급급여로 분개한다.
   (3) 당기에 이미 현금을 수취했으나 아직 실현되지 않은 수익을 이연하는 수정분개, 예를 들면 현금을 수취했을 때 기록한 선수수익 중 당기 실현분을 차변에는 선수수익, 대변에는

수익으로 분개한다.

(4) 당기에 이미 현금을 지급했으나 아직 발생되지 않은 비용을 이연하는 수정분개, 예를 들면 당기에 사용된 소모품을 기록하기 위하여 차변에는 소모품비, 대변에는 소모품으로 분개한다.

4. 어떤 수정분개이든 손익계산서계정과 재무상태표계정 모두에 영향을 미친다. 모든 수정분개는 수익 또는 비용의 인식을 동반하기 때문에 손익계산서계정에 영향을 미치는 한편, 관련 자산과 부채계정도 함께 기록되어야 한다. 손익계정은 궁극적으로 재무상태표에 나타나는 자본(이익잉여금)을 변화시킨다. 그러나 자본(이익잉여금)은 스스로 변화할 수 있는 것이 아니고, 이에 대응하는 부채나 자산의 변동을 동반하게 된다.

5.

		차변	대변
1월 31일 :	급 여	260,000	
	미지급급여		260,000

1월 28일부터 31일까지(4일간)의 급여 미지급분을 기록하다.

6. (1) 손익계산서상의 급여는 ₩260,000이 과소계상되며 당기순이익은 ₩260,000만큼 과대계상된다.

(2) 1월 31일 현재의 재무상태표상에는 부채(미지급급여)가 ₩260,000만큼 과소계상되고 자본(이익잉여금)이 ₩260,000만큼 과대계상된다.

7.

			차변	대변
(1)	12월 31일	소모품비용	50,000	
		소 모 품		50,000
(2)	12월 31일	소 모 품	20,000	
		소모품비용		20,000

8. 임시계정(때로는 중간계정이나 명목계정이라고도 함)은 회계기말에 반드시 마감되어야 한다. 임시계정은 주로 손익계산서계정으로 구성되지만 집합손익계정과 배당금계정도 여기에 포함된다. 임시계정인 당기의 수익과 비용계정 잔액을 회계기말에 ₩0으로 만들지 않으면 차기의 수익과 비용계정이 전기의 금액을 기초잔액으로 이월받게 되므로, 정확한 기간손익을 계산하기 위해서 임시계정을 마감해야 한다. 보론

9. 집합손익계정의 대변에는 각 수익계정의 잔액이 마감되며, 차변에는 각 비용계정의 잔액이 마감된다. 모든 수익과 비용계정이 마감된 후에 집합손익계정의 최종잔액은 당기순이익(또는 순손실)을 나타내며, 집합손익계정의 잔액은 궁극적으로 이익잉여금계정에 마감된다. 보론

10. 급여, 광고비, 감가상각비(즉, 비용계정이 차변에 마감된다) 보론

연습문제

4-1 수정분개에 사용되는 계정(Ⅰ)

(1) 미지급이자비용 : 타인으로부터 자금을 차입하였고 이자비용이 발생했으나 보고기간일 현재 인식하지 못하는 이자비용을 비용과 부채로 인식해야 한다.

(2) 선급보험료 : 보험료를 지급하고 비용으로 전액 인식하였으나 보고기간말 현재 보험기간이 경과하지 않은 금액은 선급비용(선급보험료)이라는 자산으로 인식하고 그 금액만큼 당 회계기간의 보험료비용을 감소시킨다. 또는 보험료를 지급할 때 전액을 선급비용으로 인식한 경우에는 보고기간말 현재 보험기간이 경과한 부분을 보험료비용으로 인식하고, 해당 금액만큼 자산인 선급비용을 감소시킨다.

(3) 특허권상각비 : 기업이 신기술 등을 개발하고 특허권을 취득하면 무형자산인 특허권으로 인식한다. 그런데 특허권은 법률상 일정기간만 보장되는 권리이므로 기간경과에 따라서 해당 기간비율만큼 비용을 인식하고 특허권(자산)도 감소시켜야 한다. 이때 특허권상각비라는 비용계정을 사용한다.

(4) 선수금 : 재화나 용역을 고객에게 제공하기로 하고 돈을 받으면 먼저 선수금으로 인식한다. 그런데 보고기간말에 고객에게 재화나 용역을 인도하였으나 아직 회계기록이 되어 있지 않으면 해당 금액만큼 수익(매출)을 인식하고 선수금을 감소시킨다.

4-2 수정분개에 사용되는 계정(Ⅱ)

	차변	금액	대변	금액
(1)	(차) 이 자 비 용	300,000	(대) 미지급이자	300,000
(2)	(차) 선급보험료(선급비용)	80,000	(대) 보 험 료	80,000

(주) 4개월에 해당하는 보험료, 즉 ₩120,000×4개월/12개월＝₩40,000만 당기의 보험료로 인식하도록 수정분개를 해야 함.

	차변	금액	대변	금액
(3)	(차) 특허권상각비	150,000*	(대) 특 허 권	150,000

* ₩1,000,000×1년/5년×9개월/12개월＝₩150,000

	차변	금액	대변	금액
(4)	(차) 선 수 금	700,000	(대) 매 출	700,000

4-3 수정분개에 사용되는 계정(Ⅲ)

(1)	(차) 보 험 료	90,000	(대) 선급보험료	90,000
(2)	(차) 특허권상각비	100,000	(대) 특 허 권	100,000

* 20×1년에 취득하여 2년이 경과하고 8년이 남아 있으므로 이번 보고기간말에는 ₩100,000을 상각한다.

(3)	(차) 선급이자비용	200,000	(대) 이 자 비 용	200,000
(4)	(차) 선 수 금	800,000	(대) 용 역 매 출	800,000
(5)	(차) 소 모 품	25,000	(대) 소 모 품 비	25,000

4-4 수 정 분 개(Ⅰ)

(1)	특허권상각비	900,000	
	특 허 권		900,000
(2)	소 모 품 비	550,000	
	소 모 품		550,000
(3)	통 신 비	95,000	
	미지급비용		95,000
(4)	선급임차료	600,000	
	임 차 료		600,000
(5)	용역매출(보험료수익)	220,000	
	선수보험료		220,000
(6)	급 여	740,000	
	미지급급여		740,000
(7)	매 출 채 권	200,000	
	용역매출(수수료수익)		200,000

4-5 수정분개가 재무상태에 미치는 영향

(1) 자본의 감소(보험료) 자산의 감소(선급보험료)
(2) 자산의 증가(선급보험료) 자본의 증가(보험료)
(3) 부채의 감소(선수금) 자본의 증가(용역매출)
(4) 자본의 감소(용역매출) 부채의 증가(선수금)
(5) 자본의 감소(이자비용) 부채의 증가(미지급이자)
(6) 자산의 증가(미수임대료) 자본의 증가(임대료수익)
(7) 자본의 감소(감가상각비) 자산의 감소(감가상각누계액)

4-6 재무상태표와 손익계산서 항목에 대한 보고기간말 수정사항의 영향

내 용	자 산	부 채	자 본	당기순이익
수정전 잔액	₩20,000,000	₩5,000,000	₩15,000,000	₩400,000
① 급여 항목		200,000	(200,000)	(200,000)
② 선수금 항목		(300,000)	300,000	300,000
③ 임차료 항목	800,000		800,000	800,000
④ 보험료 항목	200,000		200,000	200,000
⑤ 차입금 항목		50,000	(50,000)	(50,000)
수정후 잔액	₩21,000,000	₩4,950,000	₩16,050,000	₩1,450,000

4-7 수 정 분 개(Ⅱ)

(1) 임 차 료 210,000
　　선급임차료 210,000
3월의 임차료를 기록하다(₩1,050,000 × 1/5 = ₩210,000).

(2) 선수금(선수입장료) 780,000
　　용역매출(입장료수익) 780,000*
8차례의 경기에 대한 선수입장료 중 3월분을 기록하다.
* ₩2,080,000 × 3/8 = ₩780,000

(3) 보 험 료 400,000
　　선급보험료 400,000
선급보험료의 3월 경과분을 기록하다.

4-8 수 정 분 개(Ⅲ)

(1) 5월 1일 : 선급임차료 150,000
현 금 150,000
6개월분 임차료를 선급하다.

(2) 5월 2일 : 현 금 700,000
선수입장료 700,000
70일간 열리는 자동차경주 입장권을 팔다.

(3) 5월 4일 : 분개 없음.

(4) 5월 6일 : 선급광고비 90,000
현 금 90,000
30일분 자동차경주에 대한 광고비를 선급하다.

(5) 5월 31일 : 미수임대료 14,500
임대료수익 14,500
5월중 매점 매출액 ₩145,000의 10%를 수익으로 기록하다.

임 차 료 25,000
선급임차료 25,000
5월분 임차료를 기록하다.

선수입장료 200,000
용역매출(입장료수익) 200,000*
실현된 20일분의 입장수익을 기록하다.
* ₩700,000 × 20/70 = ₩200,000

광 고 비 60,000
선급광고비 60,000
5월중 20일분의 광고비를 기록하다.

4-9 수정사항을 반영한 순이익 계산

1. 수정분개

(차) 감가상각비 (자본의 감소) (비용의 증가)	200,000	(대) 비 품 (자산의 감소)	200,000
(차) 소 모 품 비 (자본의 감소) (비용의 증가)	800,000	(대) 소 모 품 (자산의 감소)	800,000
(차) 급 여 (자본의 감소) (비용의 증가)	350,000	(대) 미지급급여 (부채의 증가)	350,000
(차) 선 수 금 (부채의 감소)	600,000	(대) 용 역 매 출 (자본의 증가) (수익의 증가)	600,000
(차) 이 자 비 용 (자본의 감소) (비용의 증가)	250,000	(대) 미지급이자 (부채의 증가)	250,000

2. 당기순이익의 수정

보고된 당기순이익		₩2,950,000
가 산 : 수익의 증가		600,000
		₩3,550,000
차 감 : 비용의 증가		
감가상각비	₩200,000	
소 모 품 비	800,000	
급 여(미지급분)	350,000	
이 자 비 용	250,000	1,600,000
수정된 당기순이익		₩1,950,000

4-10 수정사항 반영 전 계정과목의 잔액

1. 다음과 같이 계정을 이용하여 풀어볼 수 있다.

소모품

기초재고액	x	소모품사용액 (소모품비)	350,000
소모품구입액	300,000	기말재고액	100,000

차변과 대변 합계액이 일치하려면 x = ₩150,000

2. 전기말에 인식하여 이월된 선급보험료는 보고기간초에 반대분개를 하여 보험료를 인식해야 장부상으로 정확한 보험료가 계산된다. 이월된 선급보험료가 x라고 하면 그 금액만큼 당기 보험료지급액을 감소시키고 보험료를 증가시킨다.

(차) 보 험 료	x	(대) 선급보험료	x

현금지급액은 ₩650,000이다.

(차) 보 험 료	650,000	(대) 현 금	650,000

기말수정분개는

(차) 선급보험료	30,000	(대) 보 험 료	30,000

따라서 ₩700,000 = x + ₩650,000 − ₩30,000 x = ₩80,000

3. 전기말에 인식하여 이월된 미지급급여는 보고기간초에 반대분개를 하여 급여를 조정해야 장부상으로 정확한 급여가 인식된다. 보고기간초 미지급급여 잔액 ₩50,000은 회계기간중에 지급된다.

(차) 미지급급여	50,000	(대) 급 여	50,000

보고기간중 급여 지급시에는 다음과 같이 회계처리될 것이다.

(차) 급 여	x	(대) 현 금	x

보고기간말 미지급급여 인식액은 ₩70,000이다.

(차) 급 여	70,000	(대) 미지급급여	70,000

따라서 급여 인식액 ₩250,000이 산출되려면 지급액은

₩250,000 = − ₩50,000 + x + ₩70,000

x = ₩230,000

4-11 수정분개의 추정

1. 수정분개

(1) 매 출 채 권 3,400
　　용역매출(수수료수익) 3,400
당기에 제공한 용역에 대한 미기록분을 수익으로 계상하다.

(2) 소 모 품 비 1,440
　　소 모 품 1,440
당기소모품 사용분을 비용으로 계상하다.

(3) 특허권상각비 440
　　특 허 권 440
특허권에 대한 당기분 상각비를 계상하다.

(4) 선 수 금 840
　　용역매출(수수료수익) 840
선수되었던 수입수수료 중에서 당기 실현분을 계상하다.

(5) 급 여 2,200
　　미지급급여 2,200
당기말 현재 미지급된 급여를 계상하다.

2. 수정분개가 자산, 부채 또는 자본에 미치는 영향

(단위 : 천원)

거래 :	자산			=	부채		+	자본	
	매출채권	+ 소모품	+ 특허권		선수금	+ 미지급급여		수익	− 비용
(1)	+3,400							+3,400	
(2)		−1,440							−1,440
(3)			−440						−440
(4)					−840			+840	
(5)						+2,200			−2,200
	₩3,400	+ −₩1,440	+ −₩440	=	−₩840	+ ₩2,200	+	₩4,240	+ −₩4,080
	₩1,520				₩1,520				

4-12 마 감 분 개 보론

1. 명회계 씨의 오류 :

(1) 미지급금계정과 매입채무계정은 마감분개가 필요없는 재무상태표계정이다.

(2) 배당금계정은 집합손익계정이 아닌 이익잉여금계정으로 마감되어야 한다.

(3) 집합손익계정은 이익잉여금계정으로 마감되어야 한다. 또한 문제에서의 마감분개 [분개 3]은 집합손익계정이 차변잔액을 갖고 있음을 시사하나, [분개 1]과 [분개 2]를 검토하여 보면 집합손익계정은 사실상 대변잔액을 갖고 있음을 볼 수 있다.

2. 올바른 마감분개 :

	계정	차변	대변
(1)	매 출	136,800	
	집 합 손 익		136,800
	수익계정을 마감하다.		
(2)	집 합 손 익	112,800	
	급 여		103,200
	광 고 비		6,400
	감가상각비		3,200
	비용계정을 마감하다.		
(3)	집 합 손 익	24,000	
	이익잉여금		24,000
	집합손익계정을 마감하다.		
(4)	이익잉여금	18,000	
	배 당 금		18,000
	배당금계정을 마감하다.		

4-13 현금기준 대 발생기준

1. 수정분개

(차) 감가상각비 (자본의 감소)	7,360	(대) 수리용비품 (자산의 감소)	7,360
(차) 선급임차료 (자산의 증가)	1,400	(대) 임 차 료 (자본의 증가)	1,400*

* 6개월간 임차료＝₩1,400×6＝₩8,400. 초과지급한 금액＝₩9,800－₩8,400＝₩1,400

(차) 매 출 채 권 (자산의 증가)	2,800	(대) 용 역 매 출 (자본의 증가)	2,800
(차) 급 여 (자본의 감소)	3,360	(대) 미지급급여 (부채의 증가)	3,360

2.

손익계산서
7월 1일부터
12월 31일까지

태양(주) (단위 : 원)

수 익 :		
용 역 매 출		₩260,000
비 용 :		
급 여	₩24,160	
임 차 료	8,400	
감가상각비	7,360	
전 기 료	7,760	
광고선전비	3,000	
법인세비용	18,000	68,680
당기순이익		₩191,320

3.

재무상태표
12월 31일 현재

태양(주) (단위 : 원)

〈자 산〉		〈부 채〉	
현 금	₩284,240	미지급급여	₩3,360
매 출 채 권	2,800		
선급임차료	1,400	〈자 본〉	
수리용비품	66,240	자 본 금	160,000
		이익잉여금	191,320
	₩354,680		₩354,680

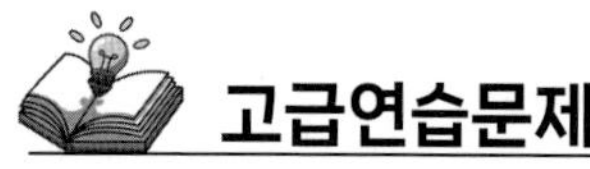

고급연습문제

4-14 회 계 순 환(I)

1. (단위 : 천원)

분 개 장					제 1 면
일	자	계정과목 및 설명	원면	차 변	대 변
4월	1일	현 금	11	15,000	
		자 본 금	31		15,000
		주당액면 ₩5,000의 주식 3,000주를 발행하여 납입받다.			
	2일	차량운반구	15	4,000	
		현 금	11		4,000
		트럭을 구입하다.			
	2일	비 품	17	1,800	
		현 금	11		1,000
		미 지 급 금	21		800
		사다리, 발판 등의 비품을 구입하다.			
	3일	선급보험료	14	720	
		현 금	11		720
		3년분 보험료를 선급하다.			
	5일	소 모 품	13	550	
		미 지 급 금	21		550
		소모품을 외상으로 구입하다.			
	5일	현 금	11	200	
		선 수 금	22		200
		용역에 대한 수수료를 미리 받다.			
	12일	매 출 채 권	12	1,700	
		용역매출(용역수수료수익)	41		1,700
		미양건설(주)에 용역대금 청구하다.			
	18일	현 금	11	1,300	
		매 출 채 권	12		1,300
		미양건설(주)로부터 용역대금을 회수하다.			

	29일	차량유지비	51	60	
		현 금	11		60
		트럭에 대한 연료비를 지급하다.			
	30일	광 고 비	52	70	
		현 금	11		70
		광고비를 지급하다.			
	30일	급 여	53	1,100	
		현 금	11		1,100
		급여를 지급하다.			
	30일	매 출 채 권	12	1,500	
		용역매출(용역수수료수익)	41		1,500
		용역제공대금을 청구하다.			

2. 3. 및 5. (수정사항의 원장전기를 함께 포함시킴) (단위 : 천원)

현 금					계정번호 11
일 자	적 요	분면	차 변	대 변	잔 액
4월 1일		1	15,000		15,000
2일		1		4,000	11,000
2일		1		1,000	10,000
3일		1		720	9,280
5일		1	200		9,480
18일		1	1,300		10,780
29일		1		60	10,720
30일		1		70	10,650
30일		1		1,100	9,550

(단위 : 천원)

매 출 채 권					계정번호 12
일 자	적 요	분면	차 변	대 변	잔 액
4월 12일		1	1,700		1,700
18일		1		1,300	400
30일		1	1,500		1,900

(단위 : 천원)

소 모 품					계정번호 13
일 자	적 요	분면	차 변	대 변	잔 액
4월 5일		1	550		550
30일	수정분개	2		360	190

(단위 : 천원)

선급보험료					계정번호 14
일 자	적 요	분면	차 변	대 변	잔 액
4월 3일		1	720		720
30일	수정분개	2		20	700

(단위 : 천원)

차량운반구					계정번호 15
일 자	적 요	분면	차 변	대 변	잔 액
4월 2일		1	4,000		4,000
30일	수정분개	2		100	3,900

(단위 : 천원)

비 품					계정번호 17
일 자	적 요	분면	차 변	대 변	잔 액
4월 2일		1	1,800		1,800
30일	수정분개	2		40	1,760

(단위 : 천원)

미 지 급 금					계정번호 21
일 자	적 요	분면	차 변	대 변	잔 액
4월 2일		1		800	800
5일		1		550	1,350

(단위 : 천원)

선 수 금					계정번호 22
일 자	적 요	분면	차 변	대 변	잔 액
4월 5일		1		200	200
30일	수정분개	2	100		100

(단위 : 천원)

자 본 금					계정번호 31
일 자	적 요	분면	차 변	대 변	잔 액
4월 1일		1		15,000	15,000

(단위 : 천원)

용역매출(용역수수료수익)					계정번호 41
일 자	적 요	분면	차 변	대 변	잔 액
4월 12일		1		1,700	1,700
30일		1		1,500	3,200
30일	수정분개	2		100	3,300

(단위 : 천원)

차량유지비					계정번호 51
일 자	적 요	분면	차 변	대 변	잔 액
4월 29일		1	60		60

(단위 : 천원)

광 고 비					계정번호 52
일 자	적 요	분면	차 변	대 변	잔 액
4월 30일		1	70		70

(단위 : 천원)

급 여					계정번호 53
일 자	적 요	분면	차 변	대 변	잔 액
4월 30일		1	1,100		1,100

(단위 : 천원)

보 험 료					계정번호 54
일 자	적 요	분면	차 변	대 변	잔 액
4월 30일	수정분개	2	20		20

(단위 : 천원)

소모품비					계정번호 55
일 자	적 요	분면	차 변	대 변	잔 액
4월 30일	수정분개	2	360		360

(단위 : 천원)

감가상각비-차량운반구					계정번호 56
일 자	적 요	분면	차 변	대 변	잔 액
4월 30일	수정분개	2	100		100

(단위 : 천원)

감가상각비-비품					계정번호 57
일 자	적 요	분면	차 변	대 변	잔 액
4월 30일	수정분개	2	40		40

4.

시 산 표

말끔청소(주) 4월 30일 현재 (단위 : 원)

	차 변	대 변
현 금	₩9,550,000	
매출채권	1,900,000	
소 모 품	550,000	
선급보험료	720,000	
차량운반구	4,000,000	
비 품	1,800,000	
미지급금		₩1,350,000
선 수 금		200,000
자 본 금		15,000,000
용역매출(용역수수료수익)		3,200,000
차량유지비	60,000	
광 고 비	70,000	
급 여	1,100,000	
총 계	₩19,750,000	₩19,750,000

5. 수정사항(분개장기입만 표시하고, 원장전기는 2.에 포함) (단위 : 천원)

분 개 장					제 2 면
일	자	계정과목 및 설명	원면	차 변	대 변
4월	30일	보 험 료	54	20	
		선급보험료	14		20
		4월분 보험료를 기록하다.			
	30일	소 모 품 비	55	360	
		소 모 품	13		360
		4월분 소모품비를 기록하다.			
	30일	감가상각비－차량운반구	56	100	
		차량운반구	16		100
		트럭에 대한 감가상각비를 기록하다.			
	30일	감가상각비－비품	57	40	
		비 품	18		40
		비품에 대한 감가상각비를 기록하다.			
	30일	선 수 금	22	100	
		용역매출(용역수수료수익)	41		100
		선수금액 중 4월에 실현된 부분을 기록하다.			

6. 수정후시산표

말끔청소(주) 4월 30일 현재 (단위 : 원)

현 금	₩9,550,000	미 지 급 금	₩1,350,000
매 출 채 권	1,900,000	선 수 금	100,000
소 모 품	190,000	자 본 금	15,000,000
선급보험료	700,000	용 역 매 출	3,300,000
차량운반구	3,900,000		
비 품	1,760,000		
차량유지비	60,000		
광 고 비	70,000		
급 여	1,100,000		
소 모 품 비	360,000		
감가상각비	140,000		
보 험 료	20,000		
총 계	₩19,750,000		₩19,750,000

손익계산서

4월 1일부터
4월 30일까지

말끔청소(주) (단위 : 원)

용역매출		₩3,300,000
비 용		
차량유지비	₩60,000	
광 고 비	70,000	
급 여	1,100,000	
소모품비	360,000	
감가상각비	140,000	
보 험 료	20,000	1,750,000
당기순이익		₩1,550,000

재무상태표

말끔청소(주) 4월 30일 현재 (단위 : 원)

현 금	₩9,550,000	미지급금	₩1,350,000
매출채권	1,900,000	선 수 금	100,000
소 모 품	190,000	자 본 금	15,000,000
선급보험료	700,000	이익잉여금	1,550,000
차량운반구	3,900,000		
비 품	1,760,000		
	₩18,000,000		₩18,000,000

7. 보론

집합손익	1,750,000	
차량유지비		60,000
광 고 비		70,000
급 여		1,100,000
소모품비		360,000
감가상각비		140,000
보 험 료		20,000
용역매출	3,300,000	
집합손익		3,300,000
집합손익	1,550,000	
이익잉여금		1,550,000

4-15 회 계 순 환(Ⅱ)

1. 1월 31일에 필요한 수정분개 :

		차변	대변
(1)	보 험 료	300,000	
	선급보험료		300,000
	1월분 보험료를 기록하다.		
(2)	소 모 품 비	105,000	
	소 모 품		105,000
	1월중 사용한 소모품을 기록하다(₩405,000 − ₩300,000).		
(3)	이 자 비 용	90,000	
	미지급이자		90,000
	1월분 발생이자를 기록하다.		
(4)	상표권상각비	125,000	
	상 표 권		125,000
	1월분 상각을 계상하다(₩12,000,000 × 1/96).		
(5)	선수임대료	850,000	
	용역매출(임대료수익)		850,000
	1월에 실현된 임대료를 계상하다.		
(6)	매 출 채 권	1,330,000	
	용역매출(임대료수익)		1,330,000
	1월중의 미수된 임대료를 계상하다.		
(7)	급 여	1,500,000	
	미지급급여		1,500,000
	미지급된 급여를 계상하다.		

수정후시산표

카인창고(주)	1월 31일	(단위 : 천원)
	차 변	대 변
현 금	₩8,990	
선급보험료	2,700	
소 모 품	300	
매출채권	1,330	
상 표 권	11,875	
매입채무		₩9,000
선수임대료		500
미지급이자		90
미지급급여		1,500
자 본 금		10,000
용역매출		10,980
임 차 료	1,800	
판 매 비	135	
급 여	4,320	
보 험 료	300	
소모품비	105	
이자비용	90	
상표권상각비	125	
	₩32,070	₩32,070

2.

손익계산서

카인창고(주)	1월 1일부터 1월 31일까지	(단위 : 천원)
용역매출		₩10,980
비 용		
판 매 비	₩135	
임 차 료	1,800	
급 여	4,320	
보 험 료	300	
소모품비	105	
상표권상각비	125	
이자비용	90	6,875
당기순이익		₩4,105

3.

재무상태표

카인창고(주)	1월 31일 현재		(단위 : 천원)
현 금	₩8,990	매 입 채 무	₩9,000
매 출 채 권	1,330	선수임대료	500
선급보험료	2,700	미지급이자	90
소 모 품	300	미지급급여	1,500
상 표 권	11,875	자 본 금	10,000
		이익잉여금	4,105
	₩25,195		₩25,195

4. 보론

집 합 손 익	6,875,000	
임 차 료		1,800,000
판 매 비		135,000
급 여		4,320,000
보 험 료		300,000
소 모 품 비		105,000
이 자 비 용		90,000
상표권상각비		125,000
용 역 매 출	10,980,000	
집 합 손 익		10,980,000
집 합 손 익	4,105,000	
이익잉여금		4,105,000

5. 보론

마감후시산표

카인창고(주)	1월 31일 현재		(단위 : 천원)
현 금	₩8,990	매 입 채 무	₩9,000
매 출 채 권	1,330	선 수 금	500
선급보험료	2,700	미지급이자	90
소 모 품	300	미지급급여	1,500
상 표 권	11,875	자 본 금	10,000
		이익잉여금	4,105
	₩25,195		₩25,195

4-16 수 정 분 개(Ⅳ)

6월 30일에 필요한 수정분개 :

	차변		대변
(1) 감가상각비－건물	14,125,000	건 물	14,125,000

1년분 감가상각비를 기록하다.

	차변		대변
(2) 보 험 료	300,000	선급보험료	300,000

6월분 보험료를 기록하다(₩3,600,000×1/12).

	차변		대변
(3) 선수임대료	200,000	임대료수익	200,000

6월 16일부터 15일간의 임대료수익을 기록하다.

	차변		대변
(4) 임 차 료	360,000	미지급임차료	360,000

버스임차로 인하여 발생한 12일간(19일～30일)의 임차료를 기록하다.

	차변		대변
(5) 미 수 이 자	975,000	이 자 수 익	975,000

국채로부터 발생한 올해 이자를 기록하다.

	차변		대변
(6) 이 자 비 용	1,200,000	미지급이자	1,200,000

은행차입금에 대한 6월분 발생이자를 기록하다.

(7) 분개 없음.

	차변		대변
(8) 급 여	3,300,000	미지급급여	3,300,000

발생급여 중 미지급분을 기록하다.

4-17 수정금액의 계산

1. (1) 매월임차료 : ₩1,500,000(＝₩4,500,000/3개월)

   (2) 최초 계약금액 : ₩1,800,000

   보험계약기간인 12개월 중 6개월이 경과했으므로 ₩900,000의 선급보험료는 잔여 6개월분이다. 이로부터 매월의 보험료는 ₩150,000임을 알 수 있다. 따라서 화재보험의 최초 계약금액은 ₩1,800,000(＝₩150,000×12)이다.

   (3) 선박의 사용기간 : 22개월

   ₩42,000,000(취득원가)/120개월(내용연수)＝₩350,000(매월 감가상각비), 따라서 (₩42,000,000 －₩34,300,000)/₩350,000＝22개월이 사용된 기간이다.

   (4) 6월 1일에 발행된 승선권의 총 매수 : 50매

6월중 사용된 승선권	35매
6월 30일 현재 미사용 승선권(₩180,000/₩12,000)	15매
	50매

2. 6월 30일에 필요한 수정분개 :

	차변	대변
(1) 임　차　료	1,500,000	
선급임차료		1,500,000
6월분 사무실 임차료를 기록하다.		
(2) 보　험　료	150,000	
선급보험료		150,000
6월분 보험료를 기록하다.		
(3) 감가상각비－선박	350,000	
선　　박		350,000
선박의 6월분 감가상각비를 기록하다.		
(4) 선　수　금	420,000	
용역매출(승객운임)		420,000
6월중 사용된 35매의 승선권에 대한 수익을 기록하다.		

4-18 회 계 순 환(Ⅲ)

1. 수정후시산표(편의상 정산표로 나타냄)

정 산 표

9월 1일부터
9월 30일까지

상호(주) (단위 : 원)

계정과목	시산표		수정사항		손익계산서		재무상태표	
	차 변	대 변	차 변	대 변	차 변	대 변	차 변	대 변
현 금	71,000						71,000	
매출채권			(7) 35,000				35,000	
선급사무실임차료	28,800			(1) 3,600			25,200	
선급컴퓨터임차료	42,900			(2) 39,600			3,300	
소 모 품	3,000			(3) 2,000			1,000	
특 허 권	24,600			(4) 300			24,300	
매입채무		24,000						24,000
미지급금		8,000						8,000
미지급이자				(5) 100				100
미지급급여				(8) 5,000				5,000
선 수 금		114,000	(6) 80,000					34,000
자 본 금		50,000						50,000
이익잉여금		44,980						44,980
배 당 금	12,000						12,000	
용역매출		15,000		(6) 80,000 (7) 35,000		130,000		
사무원급여	5,040				5,040			
수리사원급여	60,000		(8) 5,000		65,000			
전 화 료	8,640				8,640			
합 계	255,980	255,980						
사무실임차료			(1) 3,600		3,600			
컴퓨터임차료			(2) 39,600		39,600			
소모품비			(3) 2,000		2,000			
특허권상각비			(4) 300		300			
이자비용			(5) 100		100			
합 계			165,600	165,600	124,280	130,000		
당기순이익					5,720			5,720
합 계					130,000	130,000	171,800	171,800

수정분개의 내용을 보여주기 위하여 정산표를 만들었다. 정산표는 수정전시산표에서 기말 수정사항을 반영하여 손익계산서와 재무상태표의 계정금액을 구하는 표이다. 교과서에는 설명하지 않았으나 실무에서는 자주 사용된다. 만약 문제에서 요구한 대로 수정후시산표를 작성해야 한다면 정산표상의 손익계산서란과 재무상태표란을 합하기만 하면 될 것이다.

2. (1)

손익계산서

상호(주) 9월 1일부터 9월 30일까지 (단위 : 원)

수 익 :		
용역매출(수수료수익)		₩130,000
비 용 :		
사무원급여	₩5,040	
수리사원급여	65,000	
전 화 료	8,640	
사무실임차료	3,600	
컴퓨터임차료	39,600	
소 모 품 비	2,000	
특허권상각비	300	
이 자 비 용	100	124,280
당기순이익		₩5,720

(2)

자본변동표

상호(주) 9월 1일부터 9월 30일까지 (단위 : 원)

	자본금	이익잉여금	총 계
9. 1	₩50,000	₩44,980	₩94,980
당기순이익		5,720	5,720
배 당 금		(12,000)	(12,000)
9. 30	₩50,000	₩38,700	₩88,700

(3)

재무상태표

상호(주) 9월 30일 현재 (단위 : 원)

〈자 산〉		〈부 채〉	
현 금	₩71,000	매입채무	₩24,000
매출채권	35,000	미지급금	8,000
선급사무실임차료	25,200	미지급이자	100
선급컴퓨터임차료	3,300	미지급급여	5,000
소 모 품	1,000	선 수 금	34,000
특 허 권	24,300	부채총계	₩71,100
		〈자 본〉	
		자 본 금	₩50,000
		이익잉여금	38,700
		자본총계	₩88,700
자산총계	₩159,800	부채와 자본총계	₩159,800

3. 보론

	차변	대변
집합손익	124,280	
사무원급여		5,040
수리사원급여		65,000
전 화 료		8,640
사무실임차료		3,600
컴퓨터임차료		39,600
소모품비		2,000
특허권상각비		300
이자비용		100
용역매출	130,000	
집합손익		130,000
집합손익	5,720	
이익잉여금		5,720
이익잉여금	12,000	
배 당 금		12,000

사례연구 연말 수정분개를 통한 이익유연화

1. 재무보고에 대한 이해관계자는 회사의 임직원, 현재의 주주 및 채권자, 시장에서의 잠재적 투자자(즉, 모든 자본시장참여자), 그리고 정부나 과세당국 등이 포함된다. 따라서 불특정다수의 일반대중을 모두 이해관계자라고 볼 수 있다.

2. 다음의 몇 가지 관점에서 회계적 검토가 이루어져야 한다.

   첫째, 수익은 가능한 한 조기에 인식하고 비용은 최대한 뒤로 미루는 방법에 포함될 개별거래가 일반적으로 인정된 회계원칙(GAAP)에 따라 발생기준에 기초한 이익계산방법인지가 검증되어야 한다. 수익과 비용의 인식시기를 회계기준에 위배하여 자의적으로 조정하면 안 된다.

   둘째, 회계처리방법은 계속성의 원칙에 따라 매기 일관성 있게 적용되어야 하며, 정당한 사유가 없는 한 변경되어서는 안 된다.

   셋째, 결산수정분개가 사후적으로 이루어진 점에 대하여 문제가 없는지를 확인해야 한다.

3. 구체적인 수익의 조기인식과 비용의 이연인식 거래의 내용이 제시되지 않아 어떤 내용의 회계기준 위배가 있었는지를 명백하게 확인할 수는 없다. 설령 회계기준의 직접적인 위배가 없었다 하더라도 이익을 기간별로 유연화(smoothing)시키기 위하여 의도적으로 수익과 비용의 인식시기를 조정하였다면 이는 비윤리적인 행위에 해당된다.

   특히 경영자가 의도적으로 회계기말에 밀어내기 매출을 실시하거나 연구개발활동이나 광고활동의 일시적 중단 혹은 의도적 지연은 비록 회계기준의 위배는 아니라 할지라도 장기적으로는 기업가치를 훼손시키는 행위가 될 것이므로 매우 비윤리적인 행동이라 할 것이다. 더욱이 이러한 이익조정행위가 자신의 이익(상여금, 스톡옵션 등)을 위해 차기 경영자의 이익을 훼손시키는 것이었다면 사회적 지탄을 받을 수 있는 비윤리적 행위가 될 것이다.

제 5 장 상품매매회사의 회계순환과정

익힘문제

1. 상품매매회사의 손익계산서에는 매출원가가 기록된다. 순매출액에서 매출원가를 차감하여 매출총이익을 계산하고, 매출총이익으로부터 다른 비용을 차감하여 당기순이익을 구한다. 용역제공회사의 손익계산서에서는 수익에서 비용을 차감하여 당기순이익을 계산한다. 용역제공회사의 손익계산서에는 매출원가와 매출총이익이 나타나지 않는다는 점이 다르다.

2. 매출총이익은 일정기간의 매출액과 매출원가의 차액으로 계산된다. 매출총이익을 매출액으로 나누었을 때 계산되는 매출총이익률은 매출에 대한 평균이익률(average margin)을 나타낸다. 매출총이익률은 제품의 원가를 제외한 다른 영업비 및 정상이윤을 보전하는 데 이용될 수 있는 여유(마진)를 나타내는데, 제품가격을 결정하고 제품의 원가를 검토함에 있어서 중요한 의미를 갖는다.

3. 매출원가와 매출총이익의 합은 당기매출액이다. 매출총이익이 당기매출액의 40%이므로 매출원가는 당기매출액의 60%이다. 따라서 ₩480,000의 매출원가는 당기매출액의 60%이므로 당기매출액은 ₩800,000(= ₩480,000 / 0.6)이다.

4. (1) 매출액을 결정하는 과정에서 매출에누리와 환입은 별도로 관리하는 것이 바람직하다. 매출에누리와 환입의 금액이 크면 상품의 품질이 낮거나 배송 중에 변질 또는 파손이 발생하였거나 고객의 주문을 처리하고 선적하는 과정이 비능률적이었다는 사실을 의미한다.
   (2) 매출에누리와 환입계정의 정상잔액은 차변에 나타나며, 손익계산서의 매출액을 계산할 때 총매출액의 차감항목 역할을 한다.

5. (1) 매출총이익　　(2) 판매가능액　　(3) 판매가능액
(4) 당기매출액　　(5) 총 수 익

6. **매입운임**은 재고자산의 가산항목으로 나타난다. **매출운임**은 손익계산서에서 판매비 또는 물류비로 소분류되며 통상 운송비라는 이름으로 판매원급여, 광고비 등의 비용과 함께 나타난다.

7. **계속기록법**은 매출원가를 판매가 이루어질 때마다 계속기록한다. 반면 **실지재고조사법**은 매출원가를 매번 기록하지 않고 회계기말에 실지재고를 파악하여 일시에 한 번 수정분개한다.

8. 기초상품재고액이 시산표에 나타난다. 회계기간중에 매입한 상품의 원가는 매입계정에 기입되고, 매출은 매출계정에 기입된다. 그러므로 재고자산계정은 회계기간중에 상품매매거래에 의해 변경되지 않는다. 기말상품재고액은 기말에 수정분개를 통해서 재고자산계정으로 반영된다. 보론 1

9. 매출원가계정에 차변기입하고, 재고자산계정에 대변기입하는 수정분개는 기초상품재고액을 재무상태표계정인 재고자산계정으로부터 제거시키는 역할을 한다. 한편, 기초상품재고액을 매출원가계정의 차변에 기입하는 분개를 함으로써 매출원가의 일부를 구성하는 기초상품재고액을 손익에 반영시키는 역할을 한다. 보론 1

연습문제

5-1 매출원가(Ⅰ)

A :	판매가능액	₩930,000
	기말재고자산	780,000
B :	매 입 액	700,000
	매 출 원 가	850,000
C :	기초재고자산	400,000
	매 출 원 가	650,000

5-2 매출액과 매출총이익

순매출액＝₩100,000＋₩400,000－₩50,000＝₩450,000

매출총이익＝₩450,000－₩300,000＝₩150,000

당기순이익＝₩150,000－₩50,000＝₩100,000

매출총이익률＝₩150,000/₩450,000≒33%

5-3 상품매매거래의 회계처리

1. 거래의 분개

4월	4일	(차) 재고자산	510,000*	(대) 현 금	510,000
		* 구입시 지급한 운임은 재고자산의 취득원가에 가산한다.			
	5일	(차) 매출채권	300,000	(대) 매 출	300,000
		매출원가	200,000	재고자산	200,000
	8일	(차) 매출환입	30,000	(대) 매출채권	30,000
		재고자산	20,000	매출원가	20,000
	15일	(차) 현 금	140,000	(대) 매 출	140,000
		운 송 비	5,000	현 금	5,000
		매출원가	100,000	재고자산	100,000
	20일	(차) 매출채권	300,000	(대) 매 출	300,000
		매출원가	240,000	재고자산	240,000
	30일	(차) 판매관리비	20,000	(대) 현 금	20,000

2. 매출총이익＝순매출액 ₩710,000－매출원가 ₩520,000＝₩190,000

당기순이익＝매출총이익 ₩190,000－판매관리비(운송비 포함) ₩25,000＝₩165,000

5-4 신 용 조 건

	1. 총매출액	2. 대금회수액
(1)	₩1,680,000	₩1,646,400
(2)	1,440,000	1,440,000
(3)	2,400,000	2,352,000
(4)	1,440,000	1,440,000

5-5 매 입 할 인(Ⅰ)

1. 현금할인액(할인기간 내에 지급하는 경우)
   (1) ₩10,000 [=(₩600,000 − ₩100,000) × 2%]
   (2) ₩16,000 [=(₩1,000,000 − ₩200,000) × 2%]
   (3) ₩15,000 [=(₩800,000 − ₩50,000) × 2%]
   (4) ₩40,000 [= ₩2,000,000 × 2%]

2. 현금지급액 (할인기간 내에 지급하는 경우)
   (1) ₩530,000 (= ₩600,000 − ₩100,000 − ₩10,000 + ₩40,000)
   (2) ₩784,000 (= ₩1,000,000 − ₩200,000 − ₩16,000)
   (3) ₩735,000 (= ₩800,000 − ₩50,000 − ₩15,000)
   (4) ₩2,010,000 (= ₩2,000,000 − ₩40,000 + ₩50,000)

5-6 상품매매거래의 분개 – 계속기록법

날짜	백두(주)	한라백화점(주)
3. 8.	(차) 매 출 채 권 3,200,000 (대) 매 출 3,200,000 (차) 매 출 원 가 2,500,000 (대) 재 고 자 산 2,500,000	(차) 재 고 자 산 3,260,000 (대) 매 입 채 무 3,200,000 현 금 60,000
3. 12.	(차) 매출에누리와 환입 400,000 (대) 매 출 채 권 400,000 (차) 재 고 자 산 312,500 (대) 매 출 원 가 312,500	(차) 매 입 채 무 400,000 (대) 재 고 자 산 400,000
3. 17.	(차) 현 금 2,744,000 매 출 할 인 56,000* (대) 매 출 채 권 2,800,000 * ₩2,800,000 × 2%	(차) 매 입 채 무 2,800,000 (대) 재 고 자 산 56,000* 현 금 2,744,000

5-7 상품매매거래의 분개 – 실지재고조사법 보론 1

	백두(주)	한라백화점(주)
3. 8.	(차) 매 출 채 권 3,200,000 (대) 매 출 3,200,000	(차) 매 입 3,200,000 매 입 운 임 60,000 (대) 매 입 채 무 3,200,000 현 금 60,000
3. 12.	(차) 매출에누리와 환입 400,000 (대) 매 출 채 권 400,000	(차) 매 입 채 무 400,000 (대) 매입에누리와 환출 400,000
3. 17.	(차) 현 금 2,744,000 매 출 할 인 56,000* (대) 매 출 채 권 2,800,000	(차) 매 입 채 무 2,800,000 (대) 매 입 할 인 56,000* 현 금 2,744,000

* ₩2,800,000 × 2%

5-8 상품매매거래의 회계처리 오류 수정

	차변	금액	대변	금액
(1)	(차) 매 입 채 무	100,000	(대) 재 고 자 산	100,000
	소 모 품	100,000	미 지 급 금	100,000
(2)	(차) 현 금	50,000	(대) 운 송 비	50,000
	재 고 자 산	50,000	현 금	50,000
(3)	(차) 매 출 채 권	300,000	(대) 매 출	300,000
	매 출 할 인	300,000	매 출 채 권	300,000
	또는 (차) 매 출 할 인	300,000	(대) 매 출	300,000

(4) 신입직원은 매출시 매출원가를 인식하는 회계처리를 하지 않았다. 추가적으로 다음 회계처리를 한다.

차변	금액	대변	금액
(차) 매 출 원 가	100,000	(대) 재 고 자 산	100,000

5-9 매 출 원 가(Ⅱ)

	A		B		C		D	
기초재고자산		₩3,750		₩1,800		₩15,000	(j)	₩41,400
재고자산 총매입액		22,500		16,200	(g)	125,100		682,050
매입에누리와 환출		900	(d)	600		4,350	(k)	14,100
재고자산 순매입액	(a)	21,600		15,600		120,750		667,950
매 입 운 임		1,950	(e)	2,850		9,600		33,600
재고자산 취득원가	(b)	23,550		18,450	(h)	130,350	(l)	701,550
판매가능액		27,300		20,250	(i)	145,350		742,950
기말재고자산		4,650	(f)	2,000		21,750		93,450
매 출 원 가	(c)	22,650		18,250		123,600		649,500

5-10 손익계산서 작성

손익계산서

윤아(주) 20×1년 1월 1일부터 20×1년 12월 31일까지 (단위 : 원)

매 출 액		₩6,200,000
매 출 원 가		4,000,000
매출총이익		₩2,200,000
비 용 :		
운 송 비	₩600,000	
판매관리비	50,000	
보 험 료	30,000	680,000
당기순이익		₩1,520,000

순매출액 = ₩7,000,000 − ₩200,000 − ₩500,000 − ₩100,000

= ₩6,200,000

5-11 손익계산서 항목들

(1) 순매출액 = ₩90,000 − ₩5,000 − ₩1,000 = ₩84,000

(2) 순매입액 = ₩48,000 − ₩2,000 − ₩500 = ₩45,500

(3) 당기매입 재고자산 취득원가 = ₩45,500 + ₩400 = ₩45,900

(4) 매출원가 = ₩30,000 + ₩45,900 − ₩20,000 = ₩55,900

(5) 매출총이익 = ₩84,000 − ₩55,900 = ₩28,100

(6) 영업이익 = ₩28,100 − ₩800 − ₩6,000 = ₩21,300

(7) 당기순이익 = ₩21,300 − ₩3,000 − ₩4,200 = ₩14,100

5-12 수정분개와 마감분개 보론

1. 〈수정분개〉 보론 1

	차변	대변
(1) 매 출 원 가	90,000	
재고자산(1월 1일)		90,000
(2) 재고자산(12월 31일)	81,000	
매 출 원 가		81,000
(3) 매 출 원 가	271,000	
매 입		271,000

〈마감분개〉 보론 2

	차변	대변
(1) 집 합 손 익	371,000	
매 출 원 가		280,000
판 매 비		48,000
관 리 비		36,000
법인세비용		7,000
(2) 매 출	409,000	
집 합 손 익		409,000
(3) 집 합 손 익	38,000	
이익잉여금		38,000
(4) 이익잉여금	22,000	
배 당 금		22,000

2. 수정후시산표에서 손익계산서와 관련된 부분

핑그르스키(주) 1월 1일부터 12월 31일까지 (단위 : 원)

	차 변	대 변
재 고 자 산(12월 31일)	₩81,000	
매 출		₩409,000
매 출 원 가	280,000	
판 매 비	48,000	
관 리 비	36,000	
법인세비용	7,000	

손익계산서

핑그르스키(주)	1월 1일부터 12월 31일까지	(단위 : 원)
매 출 액		₩409,000
매 출 원 가		
기초재고자산	₩90,000	
매 입	271,000	
판매가능액	₩361,000	
기말재고자산	81,000	280,000
매출총이익		₩129,000
비 용		
판 매 비	48,000	
관 리 비	36,000	84,000
법인세차감전순이익		₩45,000
법인세비용		7,000
당기순이익		₩38,000

5-13 매출총이익률

	20×1년	20×2년	20×3년	20×4년
매 출 액		₩3,504,000	₩3,540,000	₩3,408,000
기말상품재고액	₩221,040	171,600	184,800	152,160
당기매입액		2,088,000	2,137,200	1,944,000
1. 매 출 원 가		2,137,440	2,124,000	1,976,640
2. 매출총이익		1,366,560	1,416,000	1,431,360
매출총이익률(%)		39.0	40.0	42.0

3. 20×4년의 매출액이 전년에 비하여 감소한 것은 사실이지만 매출원가가 더 큰 폭으로 감소하였기 때문에 매출총이익은 오히려 증가하고 있다. 3개년간 매출총이익률이 각각 39%, 40%, 42%로 향상되고 있으므로 CFO의 주장대로 수익성은 악화되지 않고 있다는 것을 알 수 있다.

5-14 매 입 할 인(Ⅱ)

1. ₩88,000 (= ₩4,400,000 × 2%)

2. 현금할인 가능금액을 매입시에 비망기록하고 실제 매입할인과 비교하면 기회를 상실한 현금할인액이 얼마인지 분명히 알 수 있기 때문에 경영자의 주의를 환기시킬 수 있다.

 본 교재에서 보여주지는 않았지만 처음부터 현금할인액을 차감한 금액으로 매입액을 기록하는 순액법을 채택하면 좀더 효율적인 현금할인 관리가 이루어질 수 있다. 순액법은 할인액을 먼저 차감한 금액으로 처음부터 기록하므로 할인기회가 상실되면 이 금액을 손실로 회계처리해야 하므로 경영자의 눈에 쉽게 띄게 된다.

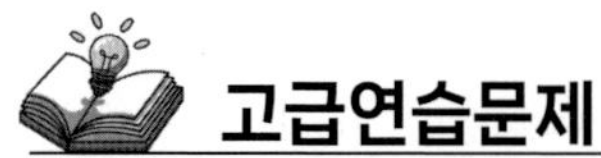

고급연습문제

5-15 외상거래와 매출원가

1.

일자	계정과목	차변	대변
8월 1일 :	재고자산	30,000	
	매입채무		30,000
8일 :	재고자산	36,400	
	매입채무		36,000
	현 금		400
8일 :	매입채무	3,000	
	재고자산		3,000
10일 :	매출채권	25,000	
	매 출		25,000
	매출원가	20,000	
	재고자산		20,000
18일 :	매입채무	36,000	
	현 금		35,280
	재고자산		720
25일 :	재고자산	22,800	
	매입채무		22,800

	계정과목	차변	대변
26일 :	매 출 채 권	20,000	
	매 출		20,000
	매 출 원 가	15,000	
	재 고 자 산		15,000
	운 송 비	300	
	현 금		300
30일 :	매 입 채 무	27,000	
	현 금		27,000
31일 :	현 금	44,600	
	매 출 할 인	400	
	매 출 채 권		45,000

2. 〈8월말의 재고자산〉

기초상품재고액(8/1)	₩10,000
당기상품 총매입액	88,800
매입에누리와 환출	(3,000)
매 입 할 인	(720)
매 입 운 임	400
판매가능액	₩95,480
매 출 원 가	(35,000)
기말상품재고액(8/31)	₩60,480

재 고 자 산

기초	10,000	8/8	3,000
8/1	30,000	8/10	20,000
8/8	36,400	8/18	720
8/25	22,800	8/26	15,000
	60,480		

3. 8월말의 매입채무 잔액(8월이 영업개시월이므로 기초잔액은 ₩0으로 가정)

매입채무의 증가	8/1	₩30,000
	8/8	36,000
	8/25	22,800
매입채무의 감소	8/8	(3,000)
	8/18	(36,000)
	8/30	(27,000)
		₩22,800

4. 매출원가의 계상

매출원가의 발생	8/10	₩20,000
	8/26	15,000
		₩35,000

5. 매출총이익＝순매출액－매출원가
＝(₩45,000－₩400*)－₩35,000
＝₩9,600

* 8월 26일의 매출채권에 대한 매출할인 (₩20,000×2%＝₩400)

5-16 수정전시산표와 보고기간말 수정사항

먼저 12월 31일에 필요한 수정분개를 실시한 후 재무제표를 작성하는 것이 바람직하다.

〈수정분개〉

(1)	매 출	200,000	매 출 할 인	200,000
(2)	급 여	50,000	미지급급여	50,000
(3)	감가상각비	250,000	유 형 자 산	250,000
(4)	임 차 료	200,000	선급임차료	200,000

1.

손익계산서

1월 1일부터
12월 31일까지

신라(주)	(단위 : 원)
매 출	₩7,200,000
매출원가	4,300,000
매출총이익	₩2,900,000
급 여	1,750,000
감가상각비	250,000
임 차 료	700,000
당기순이익	₩200,000

2.

재무상태표

12월 31일 현재

신라(주)			(단위 : 원)
〈자 산〉		〈부 채〉	
현 금	₩600,000	매입채무	₩3,200,000
매출채권	1,800,000	미지급급여	50,000
재고자산	2,500,000	부채총계	₩3,250,000
선급임차료	400,000	〈자 본〉	
유형자산	2,050,000[1]	자 본 금	₩2,000,000
		이익잉여금	2,100,000[2]
		자본총계	₩4,100,000
자산총계	₩7,350,000	부채와 자본총계	₩7,350,000

1) 감가상각누계액 ₩250,000을 차감형식으로 표시할 수도 있다(간접법).
2) 기초이익잉여금 ₩1,900,000＋당기순이익 ₩200,000

5-17 손익계산서의 작성

1. 당기매출액 :

총매출액		₩250,000
차 감 :	매출할인	(－)3,700
	매출에누리와 환입	(－)5,000
		₩241,300

2.

손익계산서

아니콜(주)	1월 1일부터 3월 31일까지	(단위 : 원)
매 출 액		₩241,300
매 출 원 가		(150,300)
매출총이익		₩91,000
판매비와관리비		(72,400)
법인세비용차감전이익		₩18,600
법인세비용		(3,400)
당기순이익		₩15,200

3. 보론 2

(1) 수정분개

		차변	대변
3월 31일 :	매 출	8,700	
	매출에누리와 환입		5,000
	매 출 할 인		3,700

(2) 마감분개

계정	차변	대변
집 합 손 익	226,100	
매 출 원 가		150,300
판매비와관리비		72,400
법인세비용		3,400
매 출	241,300	
집 합 손 익		241,300
집 합 손 익	15,200	
이익잉여금		15,200

5-18 수정후시산표의 작성

1. 수정분개

차변	금액	대변	금액
(차) 매 출	13,100	(대) 매출에누리와 환입	5,800
		매 출 할 인	7,300
(차) 보 험 료	2,400	(대) 선급보험료	2,400
(차) 소 모 품 비	1,100	(대) 소 모 품	1,100
(차) 특허권상각비	8,000	(대) 특 허 권	8,000
(차) 급 여	600	(대) 미지급급여	600
(차) 수도광열비	140	(대) 미지급비용	140

2. 수정후시산표

수정후시산표

태산도매(주) 12월 31일 현재 (단위 : 원)

계정과목	차 변	대 변
현 금	₩7,200	
매 출 채 권	40,500	
선급보험료	1,200	
소 모 품	2,100	
재 고 자 산(12/31)	72,000	
특 허 권	32,000	
매 입 채 무		₩34,800
미 지 급 금		9,500
미지급급여		600
미지급비용		140
자 본 금		84,000
배 당 금1)	13,000	
매 출2)		392,900
매 출 원 가	256,700	
급 여	54,600	
임 차 료	20,000	
차량유지비	9,200	
수도광열비	1,940	
보 험 료	2,400	
소 모 품 비	1,100	
특허권상각비	8,000	
	₩521,940	₩521,940

1) 배당금은 재무상태표에 표시되는 계정이 아니다. 정식재무상태표를 작성할 때에는 기초이익잉여금(₩0)에서 당기순이익(₩38,960)을 가산하고, 배당금(₩13,000)을 차감한 후의 잔액(₩25,960)만을 이익잉여금으로 표시한다.

2) 매출 ₩406,000－매출에누리와 환입 ₩5,800－매출할인 ₩7,300

5-19 종합문제(I) : 상품매매회사의 회계순환

1\. 9월

일자	계정과목	차변	대변
1일 :	재고자산	8,000,000	
	매입채무		8,000,000
2일 :	비품	1,000,000	
	현금		500,000
	미지급금		500,000
4일 :	현금	2,500,000	
	토지		2,000,000
	토지처분이익		500,000
9일 :	매출채권	5,000,000	
	매출		5,000,000
	매출원가	3,000,000	
	재고자산		3,000,000
15일 :	현금	9,000,000	
	매출		9,000,000
	매출원가	4,700,000	
	재고자산		4,700,000
18일 :	매출에누리와 환입	400,000	
	매출채권		400,000
	재고자산	200,000	
	매출원가		200,000
20일 :	매입채무	8,000,000	
	현금		7,900,000
	재고자산		100,000
25일 :	사채	1,000,000	
	현금		1,000,000
27일 :	미지급급여	300,000	
	급여	200,000	
	현금		500,000
28일 :	임차료	200,000	
	운영비	200,000	
	현금		400,000
30일 :	보험료	100,000	
	선급보험료		100,000

		차변	대변
30일 :	이 자 비 용	400,000	
	미지급이자		400,000
30일 :	감가상각비	325,000	
	건 물		225,000
	비 품		100,000
30일 :	급 여	400,000	
	미지급급여		400,000
30일 :	매 출	400,000	
	매출에누리와 환입		400,000

		차변	대변
2. 9월 1일 :	매 입	8,000,000	
	매 입 채 무		8,000,000
2일 :	비 품	1,000,000	
	현 금		500,000
	미 지 급 금		500,000
4일 :	현 금	2,500,000	
	토 지		2,000,000
	토지처분이익		500,000
9일 :	매 출 채 권	5,000,000	
	매 출		5,000,000
15일 :	현 금	9,000,000	
	매 출		9,000,000
18일 :	매출에누리와 환입	400,000	
	매 출 채 권		400,000
20일 :	매 입 채 무	8,000,000	
	현 금		7,900,000
	매입에누리와 환출		100,000
25일 :	사 채	1,000,000	
	현 금		1,000,000
27일 :	미지급급여	300,000	
	급 여	200,000	
	현 금		500,000
28일 :	임 차 료	200,000	
	운 영 비	200,000	
	현 금		400,000

	계정	차변	대변
30일 :	보 험 료	100,000	
	선급보험료		100,000
30일 :	이 자 비 용	400,000	
	미지급이자		400,000
30일 :	감가상각비	325,000	
	건 물		225,000
	비 품		100,000
30일 :	급 여	400,000	
	미지급급여		400,000
30일 :	매 출	400,000	
	매출에누리와 환입		400,000

〈매입 및 매출원가 관련 수정분개〉

	계정	차변	대변
30일 :	매입에누리와 환출	100,000	
	매 입		100,000
	매 출 원 가	7,900,000	
	매 입		7,900,000
	매 출 원 가	2,000,000	
	재 고 자 산		2,000,000
	재 고 자 산	2,400,000	
	매 출 원 가		2,400,000

3.

손익계산서

종로(주) 9월 1일부터 9월 30일까지 (단위 : 원)

매 출		₩13,600,000
매 출 원 가		7,500,000[1]
매출총이익		₩6,100,000
기타수익(토지처분이익)		500,000
비 용 :		
급 여	₩600,000	
임 차 료	200,000	
운 영 비	200,000	
보 험 료	100,000	
감가상각비	325,000	
이 자 비 용	400,000	1,825,000
당기순이익		₩4,775,000

1) 계속기록법의 경우

재고자산 (단위 : 천원)

차변	금액	대변	금액
기 초(9/1)	2,000	매출(9/9)	3,000
매 입(9/1)	8,000	매출(9/15)	4,700
매출환입(9/18)	200	매입에누리(9/20)	100
		기말(9/30)	2,400
	10,200		10,200

∴ 매출원가 = ₩3,000 + ₩4,700 − ₩200 = ₩7,500

2) 실지재고조사법의 경우
매출원가 = ₩2,000,000(기초재고) + ₩7,900,000(순매입액) − ₩2,400,000(기말재고) = ₩7,500,000

4.

재무상태표

종로(주) 9월 30일 현재 (단위 : 원)

자산	금액	부채 및 자본	금액
현 금	₩3,200,000	매 입 채 무	₩4,000,000
매 출 채 권	7,600,000	미지급급여	400,000
선급보험료	400,000	미지급이자	400,000
재 고 자 산	2,400,000	미 지 급 금	500,000
토 지	8,000,000	사 채	7,000,000
비 품	900,000	자 본 금	5,000,000
건 물	4,275,000	이익잉여금	9,475,000[1]
	₩26,775,000		₩26,775,000

1) 기초이익잉여금(₩4,700,000) + 당기순이익(₩4,775,000)

5. 보론 2 〈마감분개〉

		차변	대변
(1) 집합손익		9,325,000	
	매출원가		7,500,000
	급여		600,000
	임차료		200,000
	운영비		200,000
	보험료		100,000
	감가상각비		325,000
	이자비용		400,000
(2) 매출		13,600,000	
토지처분이익		500,000	
	집합손익		14,100,000
(3) 집합손익		4,775,000	
	이익잉여금		4,775,000

5-20 종합문제(Ⅱ) : 상품매매회사의 회계순환

1. 〈기중거래의 분개〉 :

			차변	대변
9월 1일 :	현금		620,000	
		매출		620,000
	매출원가		400,000	
		재고자산		400,000
2일 :	비품		300,000	
		현금		50,000
		미지급금		250,000
7일 :	재고자산		600,000	
		매입채무		600,000
	재고자산		30,000	
		현금		30,000
8일 :	현금		400,000	
	매출채권		500,000	
		매출		900,000
	매출원가		600,000	
		재고자산		600,000
10일 :	대여금		400,000	
		현금		400,000

15일 : 현 금	392,000	
매 출 할 인	8,000	
매 출 채 권		400,000
매 입 채 무	392,000	
현 금		392,000
20일 : 전 기 료	16,000	
현 금		16,000
25일 : 급 여	400,000	
현 금		400,000
28일 : 임 차 료	30,000	
현 금		30,000
29일 : 현 금	410,000	
대 여 금		400,000
이 자 수 익		10,000
30일 : 재 해 손 실	100,000	
비 품		100,000

2. 4.의 수정분개와 7.의 마감분개를 포함시켜 원장을 정리하였다.

현 금					계정번호 11
일 자	적 요	분면	차 변	대 변	잔 액
9월 1일	기초잔액	1	1,000,000		1,000,000
1일	매출	1	620,000		1,620,000
2일	비품 매입	1		50,000	1,570,000
7일	매입운임			30,000	1,540,000
8일	매출	1	400,000		1,940,000
10일	대여금	1		400,000	1,540,000
15일	매출채권 회수, 매입채무 상환	1	392,000	392,000	1,540,000
20일	전기료	1		16,000	1,524,000
25일	급여	1		400,000	1,124,000
28일	임차료	1		30,000	1,094,000
29일	대여금 및 이자 회수	1	410,000		1,504,000

매 출 채 권					계정번호 12
일 자	적 요	분면	차 변	대 변	잔 액
9월 8일		1	500,000		500,000
15일				400,000	100,000

재 고 자 산					계정번호 13
일 자	적 요	분면	차 변	대 변	잔 액
9월 1일	기초잔액	1	800,000		800,000
1일	매출	1		400,000	400,000
7일	매입	1	600,000		1,000,000
	매입운임		30,000		1,030,000
8일	매출	1		600,000	430,000

선급보험료					계정번호 14
일 자	적 요	분면	차 변	대 변	잔 액
9월 1일	기초잔액	1	100,000		100,000
30일	수정분개	1		20,000	80,000

대 여 금					계정번호 15
일 자	적 요	분면	차 변	대 변	잔 액
9월 10일	대여	1	400,000		400,000
29일	회수	1		400,000	0

비 품					계정번호 16
일 자	적 요	분면	차 변	대 변	잔 액
9월 2일		1	300,000		300,000
30일	재해손실	1		100,000	200,000

매 입 채 무					계정번호 21
일 자	적 요	분면	차 변	대 변	잔 액
9월 7일		1		600,000	600,000
15일		1	392,000		208,000

미지급이자					계정번호 22
일 자	적 요	분면	차 변	대 변	잔 액
9월 30일	수정분개	1		40,000	40,000

미 지 급 금					계정번호 23
일 자	적 요	분면	차 변	대 변	잔 액
9월 2일	비품 매입	1		250,000	250,000

장기차입금					계정번호 24
일 자	적 요	분면	차 변	대 변	잔 액
9월 1일	기초잔액	1		300,000	300,000

자 본 금					계정번호 31
일 자	적 요	분면	차 변	대 변	잔 액
9월 1일	기초잔액	1		1,250,000	1,250,000

이익잉여금					계정번호 32
일 자	적 요	분면	차 변	대 변	잔 액
9월 1일	기초잔액	1		350,000	350,000
30일	마감분개		84,000		266,000

매 출					계정번호 41
일 자	적 요	분면	차 변	대 변	잔 액
9월 1일		1		620,000	620,000
8일				900,000	1,520,000
30일	수정분개		8,000		1,512,000
30일	마감분개		1,512,000		0

임 차 료					계정번호 43
일 자	적 요	분면	차 변	대 변	잔 액
9월 28일		1	30,000		30,000
30일	마감분개			30,000	0

전 기 료					계정번호 44
일 자	적 요	분면	차 변	대 변	잔 액
9월 20일			16,000		16,000
30일	마감분개			16,000	0

보 험 료					계정번호 45
일 자	적 요	분면	차 변	대 변	잔 액
9월 30일	수정분개		20,000		20,000
30일	마감분개			20,000	0

급 여					계정번호 46
일 자	적 요	분면	차 변	대 변	잔 액
9월 25일		1	400,000		400,000
30일	마감분개			400,000	0

재해손실					계정번호 47
일 자	적 요	분면	차 변	대 변	잔 액
9월 30일		1	100,000		100,000
30일	마감분개			100,000	0

이자수익					계정번호 48
일 자	적 요	분면	차 변	대 변	잔 액
9월 30일				10,000	10,000
30일	마감분개		10,000		0

이자비용					계정번호 49
일 자	적 요	분면	차 변	대 변	잔 액
9월 30일		1	40,000		40,000
30일	수정분개	1		40,000	0

매출원가					계정번호 50
일 자	적 요	분면	차 변	대 변	잔 액
9월 1일	매출		400,000		400,000
8일	매출		600,000		1,000,000
30일	마감분개			1,000,000	0

집합손익					계정번호 33
일자	적요	분면	차변	대변	잔액
9월 30일	마감분개		1,606,000		1,606,000
30일	마감분개			1,522,000	84,000
30일	마감분개			84,000	0

3.

수정전시산표

신나(주) 9월 30일 현재 (단위 : 원)

현금	₩1,504,000	매입채무	₩208,000
매출채권	100,000	미지급금	250,000
선급보험료	100,000	장기차입금	300,000
재고자산	430,000	자본금	1,250,000
비품	200,000	이익잉여금	350,000
매출원가	1,000,000	매출	1,520,000
전기료	16,000	이자수익	10,000
급여	400,000		
임차료	30,000		
재해손실	100,000		
매출할인	8,000		
	₩3,888,000		₩3,888,000

4. 〈수정분개〉

(1) 보험료	20,000	
선급보험료		20,000
(2) 이자비용	40,000	
미지급이자		40,000
(3) 매출	8,000	
매출할인		8,000

5.

수정후시산표

신나(주)		9월 30일 현재	(단위 : 원)
현금	₩1,504,000	매입채무	₩208,000
매출채권	100,000	미지급이자	40,000
선급보험료	80,000	미지급금	250,000
재고자산	430,000	장기차입금	300,000
비품	200,000	자본금	1,250,000
매출원가	1,000,000	이익잉여금	350,000
전기료	16,000	매출	1,512,000
급여	400,000	이자수익	10,000
임차료	30,000		
재해손실	100,000		
보험료	20,000		
이자비용	40,000		
계	₩3,920,000	계	₩3,920,000

6. (1)

손익계산서

신나(주)	9월 1일부터 9월 30일까지	(단위 : 원)
매출액		₩1,512,000
매출원가		1,000,000
매출총이익		₩512,000
이자수익		10,000
비용		
전기료	₩16,000	
급여	400,000	
임차료	30,000	
보험료	20,000	
이자비용	40,000	
재해손실	100,000	606,000
당기순손실		(₩84,000)

(2)

재무상태표

신나(주) 9월 30일 현재 (단위 : 원)

〈자 산〉		〈부 채〉	
유동자산		유동부채	
현 금	₩1,504,000	매입채무	₩208,000
매출채권	100,000	미지급이자	40,000
선급보험료	80,000	미지급금	250,000
재고자산	430,000	유동부채합계	₩498,000
유동자산합계	₩2,114,000	비유동부채	
비유동자산		장기차입금	300,000
비 품	200,000	부채합계	₩798,000
		〈자 본〉	
		자 본 금	₩1,250,000
		이익잉여금	266,000
		(당기순손실 : ₩84,000)	
		자본합계	₩1,516,000
자산총계	₩2,314,000	부채 및 자본총계	₩2,314,000

7. 〈마감분개〉

		차변	대변
9월 30일 :	집합손익	1,606,000	
	매출원가		1,000,000
	전 기 료		16,000
	급 여		400,000
	재해손실		100,000
	이자비용		40,000
	보 험 료		20,000
	임 차 료		30,000
9월 30일 :	매 출	1,512,000	
	이자수익	10,000	
	집합손익		1,522,000
9월 30일 :	이익잉여금	84,000	
	집합손익		84,000

5-21 상품매매와 윤리적 판단

1. 윤리적인 행동이라고 할 수 없다. 사회 신용질서를 전제로 하는 일반적인 상거래관습을 어지럽히는 취미이다.

2. 고객들의 반품에 대한 과거의 경험적 자료가 있으면 이를 합리적으로 추정하여 회계기말의 재무제표 작성시에 반품추정액을 매출액에서 미리 차감하여 순매출액을 계산한다. 그러나 이러한 통계적 자료가 없다면 반품시점에 매출환입으로 회계처리를 해야 할 것이다.
   만약 판매하는 옷이 고가인 경우에는 고객명부를 작성하여 김바람 씨와 같은 고객을 파악하여 특별관리, 판매거부, 또는 반품제한하는 등 적절한 조치를 취할 수 있을 것이다.

5-22 회계정보의 활용 – 매출총이익률

- A쇼핑 매출총이익률＝매출총이익/매출액＝₩9,707/₩10,863＝89.4%
- B쇼핑 매출총이익률＝매출총이익/매출액＝₩7,426/₩10,177＝73.0%

따라서 A쇼핑의 매출원가 대비 판매가격의 마진이 더 높다.

사례연구 1 상품매매회사의 손익계산서

1. 매출액순이익률(return on sales)의 계산 :
   ₩36,500(순이익)÷₩375,000(매출액)＝9.73%

2. 판매부장의 제안 수락 후의 손익계산서 :

매 출 액	₩455,000*1)
매 출 원 가	325,000*2)
매출총이익	₩130,000
영 업 비 용	97,350*3)
당기순이익	₩32,650

*1) 올해 매출액에 대한 표시가격 : ₩375,000 / 75%＝₩500,000
매출액의 증가 : ₩500,000×130%＝₩650,000
30% 거래할인 후의 매출액 : ₩650,000×70%＝₩455,000
*2) ₩250,000×130%＝₩325,000
*3) ₩88,500×110%＝₩97,350

∴ 판매부장의 제안 수락 후의 매출액순이익률 : ₩32,650÷₩455,000＝7.18%

3. 판매부장의 제안은 받아들이지 않아야 한다.
왜냐하면, 순이익의 절대금액은 ₩3,850만큼 감소되며, 매출액순이익률도 9.73%에서 7.18%로 낮아져 모든 수익성이 악화되기 때문이다.

사례연구 2 판매단가, 판매수량, 그리고 영업비용

1.

추정손익계산서
1월 1일부터
12월 31일까지

한두백화점(주) (단위 : 천원)

	① 한호 씨의 제안	② 두호 씨의 제안
매 출 액	₩74,200*1)	₩70,000
매 출 원 가	58,338	54,600
매출총이익	₩15,862*2)	₩15,400
영 업 비 용		
판 매 비	10,000	9,750*3)
관 리 비	2,500	2,500
당기순이익	₩3,362	₩3,150

*1) ₩70,000 × 1.06 = ₩74,200
*2) ₩15,400 × 1.03 = ₩15,862
*3) 판매원급여 ₩300 + 70,000 × 2% = ₩1,700
배 달 비 용 ₩3,000 × 55% = 1,650
기타판매비 6,400
계 ₩9,750

2. (1) 한호 씨의 제안
한호 씨의 제안대로라면 매출원가는 오히려 상승하게 되어 경영의 효율성이 떨어진다. 매출총이익률도 하락(22.0% → 21.4%)한다. 대량구매를 하면 매출할인을 받게 되지만 반대로 과다재고는 운전자금의 부족을 초래할 수 있다. 단, 제안이 성공적일 경우 매출액순이익률은 4.14%에서 4.53%로 증가할 수 있다.

(2) 두호 씨의 제안
판매원의 급여지급방법을 변경시켜서 매출촉진전략을 세울 수도 있을 것이다. 상품배달 횟수를 줄이면 소비자들의 불만이 증대되어 오히려 매출액이 감소할 위험이 있다. 단, 제안이 성공적일 경우 매출액순이익률은 4.14%에서 4.50%로 증가할 수 있다.

3.

추정손익계산서

1월 1일부터
12월 31일까지

한두백화점(주)		(단위 : 천원)
순매출액		₩74,200
매출원가		58,338
매출총이익		₩15,862
영업비용 :		
판매비	₩9,750	
관리비	2,500	12,250
당기순이익		₩3,612

제 6 장 재무보고와 수익인식

익힘문제

1. 기업은 기업 내·외부의 정보이용자들을 대상으로 그들의 의사결정에 도움이 되는 재무정보를 제공한다. 이때 정보이용자들에게 재무정보를 전달하는 일체의 과정과 내용을 포괄적으로 **재무보고**(financial reporting)라 부른다. 이를 위해 작성되는 재무보고 내용 중 모든 이해관계자들이 공통적으로 사용할 수 있는 기본적이면서도 핵심적인 재무정보를 일반적으로 인정된 회계원칙에 따라 일정한 보고형식의 틀에 맞추어 정기적으로 작성한 것을 **재무제표**(financial statements)라고 한다. 재무제표는 재무보고의 가장 중추적이고 핵심적인 전달 수단이 되고 있다. 그러나 재무보고는 재무제표뿐만 아니라 영업보고서, 부속명세서 및 기타의 재무보고서 등을 통해 경제적 실체에 관해 계량화하기 어려운 질적인 정보까지를 서술적 형태로 전달하는 영역도 포함한다. 또한 그 형식과 내용이 정형화되어 있지 않고 기업의 미래에 대한 전망이나 경영자의 해설 및 설명적 정보도 포괄한다.

2. **재무보고**는 투자자나 채권자 등 기업의 외부이해관계자를 대상으로 그들의 투자 및 신용의사결정에 유용한 정보를 측정·보고하는 것을 **기본목적**으로 하고 있다. 투자자와 채권자들의 의사결정시 기본적으로 필요로 하는 정보는 기업의 **미래현금흐름의 시기**, **금액** 및 이들의 **불확실성**에 관한 전망을 평가하는 데 유용한 정보이다. 경영자는 이러한 욕구를 충족시키기 위해서 기업의 재무상태(경제적 자원과 자원에 대한 청구권), 재무성과 및 재무상태의 변동에 관한 정보를 제공한다.

3. 국제회계기준에서 정하고 있는 재무제표는 재무상태표, 포괄손익계산서, 자본변동표와 현금흐름표의 네 가지 재무제표와 주석을 포함한다. 이 중 재무상태표는 일정시점에서 기업이 보유하고 있는 경제적 자원과 채무 및 소유주지분에 관한 정보를 제공하기 위해 작성되는 **정태적 재무제표**이고, 포괄손익계산서는 일정기간 동안의 경영성과를, 자본변동표는 일정기간 동안의 자본의 변동을, 그리고 현금흐름표는 일정기간 동안의 현금흐름을 세 가지 원천별로 설명해 주는 **동태적 재무제표**이다.

4. 재무제표의 **유용성**은 다음과 같이 정리될 수 있다.
   ① 다양한 정보이용자들의 합리적 의사결정에 유용한 정보를 전달함으로써 자원배분의 효율성 증가를 통해 사회 전체적인 부의 증가를 도모한다.
   ② 공정성 확보를 통해 기업을 둘러싼 이해관계자들의 상호 이해관계를 조정한다.

   재무제표의 **한계점**은 다음과 같이 정리될 수 있다.
   ① 기업에 중요한 영향을 미치지만 측정할 수 없거나 계량화하기 어려운 다수의 정보들이 반영되지 못한다(예, 인적자원에 관한 정보, 브랜드 가치).
   ② 여러 가지 가정, 추정, 임의적 배분에 기초한 재무정보가 전달되기 때문에 기업의 경제적 실질과는 괴리가 있을 수 있다.
   ③ 역사적 원가주의로 측정되는 항목들이 많으며 따라서 의사결정에 목적적합하지 않은 정보가 제공된다.

5. 재무상태표의 기본요소는 자산 · 부채 · 자본이다. 이 중 **자산**은 과거의 거래나 경제적 사건의 결과로 기업이 영업활동을 수행하거나 기타의 목적을 달성하기 위해 소유 또는 통제하고 있어야 하며, 미래에 그 기업에 경제적 효익을 제공할 수 있는 유형 · 무형의 재화, 용역 및 제반 경제적 자원을 말한다. **부채**는 과거의 거래나 경제적 사건의 결과로 기업이 미래에 금전, 재화 또는 용역을 제공해야 할 제반 경제적 의무를 지칭하며, 경제적 자원에 대한 미래의 희생을 유발한다. **자본**은 자산에서 부채를 차감한 후에 남은 잔여지분(residual equities)을 말하는데, 이는 기업의 순자산으로 소유주에게 귀속되어야 할 몫을 나타내기 때문에 소유주지분이라고도 부른다.

6. **1년 기준**은 자산과 부채를 1년을 기준으로 유동자산과 비유동자산으로, 또는 유동부채와 비유동부채로 구분한다는 원칙이다. 유동자산은 1년 이내에 현금으로 전환되거나 소비될 것으로 예측되는 자산을 말하며, 유동부채는 1년 이내에 상환되거나 관련 채무가 소멸될 것으로 예측되는 부채를 말한다. 유동항목과 비유동항목을 구분하는 기준으로 1년 기준을 적용하되,

필요한 경우 예외적으로 정상영업순환주기기준이 인정되고 있다. 다시 말해 정상영업순환주기가 1년보다 길 경우 유동/비유동 분류 기준을 정상영업순환주기로 할 수 있다.

7. 기업은 계약에 따라 거래상대방(고객)에게 재화나 용역을 제공하고 그 대가로 받을 것으로 예상하는 금액을 수익으로 인식해야 한다. 이때 기업은 다음의 5단계를 따라야 한다.
   - 1단계 : 고객과의 계약 식별
   - 2단계 : 수행의무의 식별
   - 3단계 : 거래가격의 산정
   - 4단계 : 계약 내 수행의무에 거래가격의 배분
   - 5단계 : 수행의무 이행에 따른 수익인식

8. 기업이 거래상대방에게 재화나 용역을 제공하는 시점을 판단하기 위하여 다음과 같은 기준을 적용한다.
   ① 자산(제공된 재화나 용역)에 대한 지급청구권이 기업에 있는가?
   ② 자산(제공된 재화나 용역)의 법적 소유권이 거래상대방에게 있는가?
   ③ 기업이 자산(제공된 재화나 용역)의 물리적 점유를 거래상대방에게 이전했는가?
   ④ 자산(제공된 재화나 용역)의 소유에 따른 위험과 보상이 거래상대방에게 있는가?
   ⑤ 거래상대방이 자산(제공된 재화나 용역)을 인수했는가?

9. 기업이 여러 회계기간에 걸쳐 재화나 용역을 거래상대방에게 제공하는 경우에는 재화나 용역에 대한 통제를 이전하는 과정에서 해당 수행의무의 진행 정도를 나타내야 한다. 이를 위하여 회계기간별로 재화나 용역의 제공이 진행된 정도, 즉 **진행률**(progress)을 측정하여 그에 따라 수익을 인식한다.

10. 상법, 주식회사 등의 외부감사에 관한 법률(외감법), 그리고 자본시장과 금융투자업에 관한 법률(자본시장법)을 들 수 있다. **상법**은 모든 회사가 매 결산기에 재무제표를 작성하여 열람 가능하도록 회사에 비치하게 함으로써 재무제표 작성의무를 강제 부과하고 있다는 점에 의의가 있다. **외감법**은 주권상장법인(코스피, 코스닥, 코넥스 시장)과 일정규모 이상의 주식회사와 유한회사에 대해 경영자가 현행 회계기준에 따라 재무제표를 작성하고 외부감사인에 의해 회계감사를 받도록 하고 있으며, 내부회계관리제도를 운영하게 하여 분식회계와 부정을 예방하게 하고 있다는 점에서 기업의 회계투명성을 높이는 데 큰 기여를 하고 있다. 한편 **자본시장법**은 모든 상장회사로 하여금 재무 및 회계에 관한 공시를 강제함으로써 일반투자자 및 채권자의 경제적 의사결정에 영향을 미칠 수 있는 기업의 중요한 정보를 신속하고 공

정하게 시장에 전달할 수 있는 기반을 제공한다. 특히 분기 및 반기 재무제표를 의무화함으로써 적시성 있는 재무정보를 제공하도록 하고 있다.

11. **외감법**에서는 재무제표를 현행 회계기준에 따라 적정하게 작성해야 할 책임을 회사경영자에게 부과하고 있으며, 회계처리기준에 위배하여 허위의 사실을 기재하거나 기재누락된 재무제표를 작성하여 보고한 때에는 2018년 11월 시행 외감법 제39조에 의거하여 10년 이하의 징역 또는 그 위반행위로 인하여 얻은 이익의 2배 이상 5배 이하의 벌금에 처하도록 규정하고 있다.

12. **주석**은 재무제표 전반 또는 재무제표상의 해당 과목에 기호를 붙이고 별지에 동일한 기호를 표시하여 그 내용의 세부적 사항을 서술적으로 표시하는 것이다. 재무제표 이외에 재무보고를 위하여 대신 사용하는 수단은 매우 다양하다. 먼저 **부속명세서**는 재무제표의 계정과목 중에서 중요한 항목들에 대한 상세한 내역을 표시한다.

한편, 자본시장법에서는 상장회사의 경우 **반기재무제표**나 **분기재무제표**를 작성하여 투자자들에게 적시성 있는 회계정보를 제공하도록 하고 있다. 또한「외감법」에서는 주권상장법인과 일정규모 이상의 기업들은 공인회계사에 의한 감사를 받고 **감사보고서**를 통하여 재무제표의 적정성 여부를 공시하게 하고 있다. 추가적으로 기업은 주주총회에서 영업보고서를 통하여 회사의 장래에 대한 정보와 같은 많은 설명적 정보를 주주에게 제공하고 있다.

13. **중간재무보고서**는 연차재무제표가 제공할 수 없는 적시성 있는 정보를 제공하여 정보의 유용성을 제고하는 역할을 한다. 구체적으로는 다음과 같은 정보를 제공한다.

① 직전 연차보고서 공시 이후에 발생한 경영환경에 대한 보충적 정보
② 회계기말 그리고 미래의 예측에 필요한 정보
③ 경영성과, 경영계획 등의 평가에 필요한 구체적인 정보

중간재무제표는 재무상태표, 포괄손익계산서, 자본변동표, 현금흐름표 및 주석을 포함하며 연차재무제표와 동일하거나 요약된 양식으로 작성한다.

14. 기업의 경영성과를 나타내는 손익계산서는 기업 전체에 대한 손익정보만을 제공한다. 오늘날 기업의 규모가 커지고 영업활동이 다각화되면서 투자자와 재무분석가들은 기업의 영업활동에 대한 좀더 상세한 **부문별 재무정보**를 요구한다. 예를 들면, 제품별, 지역별 또는 사업별 영업성과보고서와 같이 보고부문별로 상세한 정보를 필요로 하는 것이다. 이러한 정보가 제공되면 각 보고부문이 회사 전체의 수익성, 위험, 성장잠재력에 기여하는 정도를 파악할 수 있고, 기업의 미래현금흐름을 예측하는 데 도움이 될 것이다.

15. 오늘날의 기업은 수많은 이해관계자에게 둘러싸여 있다. 기업의 경영성과와 재무상태에 관한 정보는 이들의 경제적 의사결정에 큰 도움을 준다. 재무제표의 작성책임은 기업의 경영자에게 있다. 만약 경영자가 재무제표를 회계원칙에 따라 적정하게 작성하지 않는다면 많은 이해관계자들은 합리적인 의사결정을 할 수 없기 때문에 경제적인 손해를 볼 수 있고, 사회 전체적으로도 자원의 효율적 배분을 이룰 수 없게 된다. 따라서 기업과 이해관계가 없는 독립적인 제3자에게 경영자가 작성한 재무제표를 감사하게 함으로써, 일반적으로 인정된 회계원칙을 준수했는지 여부에 대하여 전문가로서의 의견을 이해관계자들에게 전달할 필요가 있다.

16. 감사의견에는 적정의견, 한정의견, 부적정의견, 그리고 의견거절의 네 종류가 있다. 적정의견은 감사범위에 어떠한 제한도 없었고 재무제표가 기업회계기준에 따라 중요성의 관점에서 적정하게 작성되었다고 판단되는 경우 표명되는 의견이다. 한정의견은 감사범위에 제한이 있었거나 기업회계기준에 위배된 정도가 중요하지만 전반적이지는 않은 경우에 표명되는 의견이다. 부적정의견은 기업회계기준에 위배된 정도가 매우 중요하고 동시에 전반적인 경우 표명되는 의견이고, 의견거절은 감사범위가 제한되어 감사의견을 제시할 충분한 감사증거를 입수할 수 없고 이로 인하여 발견되지 못한 재무제표의 왜곡표시가 중요하며 동시에 전반적일 때 표명되는 감사의견이다.

연습문제

6-1 재무상태표의 기본구조

자 산 총 계 :	현금및현금성자산	₩850,000
	단기대여금	250,000
	매 출 채 권	180,000
	재 고 자 산	820,000
	장기대여금	300,000
	토 지	2,300,000
	건 물	1,350,000
		₩6,050,000
부 채 총 계 :	매 입 채 무	₩250,000
	단기차입금	500,000
	사 채	1,500,000
		₩2,250,000
자 본 총 계 :	자 본 금	₩2,000,000
	이익잉여금	**1,800,000**
		₩3,800,000

6-2 재무상태표의 작성

재무상태표

혜화(주) 20×1년 12월 31일 현재 (단위 : 원)

자산	금액		부채·자본	금액	
〈유동자산〉			〈유동부채〉		
현금및현금성자산	₩80,000		매입채무	₩80,000	
매출채권	150,000		미지급금	130,000	
단기대여금	50,000		단기차입금	160,000	₩370,000
선급보험료	70,000		〈비유동부채〉		
재고자산	350,000	₩700,000	사채	₩300,000	
〈비유동자산〉			장기차입금	260,000	560,000
장기금융자산	₩150,000		부채총계		₩930,000
토지	225,000		〈자본〉		
건물	570,000		자본금		500,000
비품	174,000	1,119,000	자본잉여금		125,000
			이익잉여금		264,000
			자본총계		₩889,000
자산총계		₩1,819,000	부채와 자본총계		₩1,819,000

* 기말이익잉여금(₩264,000)=기초이익잉여금(₩186,000)+당기순이익－배당금(₩0)
  그러므로 당기순이익=₩78,000

6-3 손익계산서의 작성

손익계산서

20×1년 1월 1일부터
독도(주) 20×1년 12월 31일까지 (단위 : 원)

매 출 액		₩390,000
매 출 원 가		130,000
매출총이익		₩260,000
판 매 비		
판매원급여	₩90,000	
매점임차료	30,000	
광고선전비	15,000	
운 송 비	13,000	148,000
관 리 비		
관리사원급여	₩30,000	
소 모 품 비	5,000	
보 험 료	16,000	
대손상각비	8,000	59,000
영 업 이 익		₩53,000
금 융 수 익		
이 자 수 익	8,000	8,000
금 융 비 용		
이 자 비 용	₩12,000	
외화평가손실	2,500	14,500
기 타 수 익		
수수료수익	₩8,000	
유형자산처분이익	30,000	38,000
기 타 비 용		
재 해 손 실	₩20,000	20,000
법인세비용차감전순이익		₩64,500
법인세비용		14,000
당기순이익		₩50,500

6-4 수익의 인식기준(Ⅰ)

(1) 고객이 구매의사를 이미 밝혔다고 해도 아직 재고자산을 고객에게 인도하기 전이기 때문에 수익을 인식할 수 없다. 재고자산을 고객에게 인도하는 시점에 수익을 인식해야 한다.

(2) 인식할 수익금액은 ₩10,000,000 × ₩600,000/₩6,000,000 = ₩1,000,000이다. 그리고 건설비 지출액 ₩600,000이 비용인식금액이고, 당기이익은 ₩400,000(= ₩1,000,000 − ₩600,000)이다.

(3) 선적지인도조건으로 판매한 것이므로 20×1년 12월 29일 선적시점에서 상품의 소유권이 고객에게 인도된 것으로 본다. 따라서 화성(주)는 20×1년 12월 29일에 수익(매출)과 비용(매출원가)을 인식하고 재고자산을 감소시킨다.

(4) 위탁판매는 수탁자가 재고자산을 판매한 시점에 수익을 인식한다. 따라서 달성(주)가 재고자산을 판매한 20×1년 12월 28일에 목성(주)는 수익을 인식해야 한다. 비록 재고자산 판매사실을 20×2년에 알게 되었다고 해도 20×1년의 수익으로 인식해야 한다. 그리고 달성(주)는 수탁판매이므로 재고자산 판매대금을 수익으로 인식할 수 없고, 목성(주)로부터 판매수수료를 받으면 이를 수익으로 인식한다.

(5) 투자사채의 연이자수익은 ₩60,000(= ₩1,000,000 × 6%)이다. 사채의 취득일자가 12월 1일이고 결산일이 12월 31일이므로 20×1년 12월 31일에 ₩5,000(= ₩60,000 ÷ 12개월)을 이자수익으로 인식한다.

(6) 패키지를 판매한 시점에 소프트웨어 매출수익으로 ₩80,000(= ₩120,000 × (₩100,000/₩150,000))을 인식하고 업데이트 서비스와 관련된 ₩40,000은 향후 3년간 업데이트 서비스를 완료한 후 수익으로 인식해야 한다.

6-5 수익의 인식기준(Ⅱ)

(1) 진행기준을 적용한다. 당기에 발생한 비용은 총계약원가의 12.5%(= ₩90,000 ÷ ₩720,000)이다. 따라서 수익 ₩125,000(= ₩1,000,000 × 12.5%)은 당기에 인식되어야 한다. 나머지 수익 ₩875,000은 차기 이후에 인식한다.

(2) 진행기준을 적용하면 당기에 ₩20,000(= ₩80,000 × 25%)의 수익과 ₩14,000(= ₩56,000 × 25%)의 비용이 인식되어야 하는 한편, 차기에는 ₩60,000의 수익과 ₩42,000의 비용이 인식되어야 한다.

(3) 이 항목을 당기의 회계거래로 인식하는 것은 적절하지 못하다. 이는 단지 미래기간에 실현되어야 할 미이행계약(executory contract)일 뿐이다. 따라서 차기에 고객에게 인도될 때 ₩9,800의 수익과 ₩7,200의 비용이 인식되어야 한다.

6-6 건설계약의 수익인식(I)

1.

	20×1년	20×2년	20×3년
누적건설계약원가	₩150,000	₩750,000	₩1,200,000
총건설계약원가	1,200,000	1,200,000	1,200,000
건설계약진행률	12.5%	62.5%	100%
수 익	₩200,000	₩800,000	₩600,000
비 용	150,000	600,000	450,000
이 익	₩50,000	₩200,000	₩150,000

2.

수 익	₩0	₩0	₩1,600,000
비 용	₩0	₩0	1,200,000
이 익	₩0	₩0	₩400,000

3. 장기건설계약의 경우 생산활동과 영업활동의 노력과 성과를 기간별로 진행률에 따라 측정하여 당해 기간의 수익과 이익으로 반영시키는 진행기준이 보다 적절한 성과측정 방법이다.

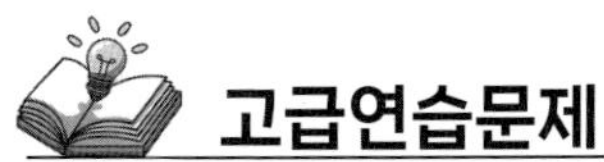

고급연습문제

6-7 포괄손익계산서의 작성

포괄손익계산서

가나(주) 20×1년 1월 1일부터 20×1년 12월 31일까지 (단위 : 천원)

과목		
매 출 액		₩15,600
매 출 원 가		8,900
매출총이익		₩6,700
판 매 비		
판매사원급여	₩2,200	
운 송 비	350	
광고선전비	400	
감가상각비(운송트럭)	520	
상가임차료	550	4,020
관 리 비		
관리사원급여	₩1,800	
소 모 품 비	420	
대손상각비	380	
감가상각비(본사빌딩)	600	3,200
영 업 이 익		(₩520)
금 융 수 익		
이 자 수 익	₩680	680
금 융 비 용		
이 자 비 용	₩1,240	1,240
기 타 수 익		
배당금수익	₩240	
금융자산처분이익	1,700	1,940
기 타 비 용		
기 부 금	₩100	100
법인세비용차감전순이익		₩760
법인세비용		210
당기순이익		₩550
기타포괄이익		
유형자산재평가이익	₩480	
기타포괄손익인식금융자산평가손실	(340)	140
당기총포괄이익		₩690

6-8 건설계약의 수익인식(Ⅱ)

1. 현금기준 :

	현금회수액	원　가	건설계약이익(손실)
20×1년	₩5,000,000	₩4,800,000	₩200,000
20×2년	20,000,000	23,200,000	(3,200,000)
20×3년	20,000,000	12,000,000	8,000,000
20×4년	5,000,000	0	5,000,000
총　계	₩50,000,000	₩40,000,000	₩10,000,000

2. (1) 진행기준 :

	누적계약원가		추정총계약원가		계약진행률
20×1년	₩4,800,000	÷	₩40,000,000	=	12%
20×2년	28,000,000	÷	40,000,000	=	70%
20×3년	40,000,000	÷	40,000,000	=	100%

	수　익		비　용		이　익
20×1년	₩6,000,000*	−	₩4,800,000	=	₩1,200,000
20×2년	29,000,000*	−	23,200,000	=	5,800,000
20×3년	15,000,000*	−	12,000,000	=	3,000,000
					₩10,000,000

* 20×1년 : ₩50,000,000 × 12% = ₩6,000,000
20×2년 : ₩50,000,000 × (70% − 12%) = ₩29,000,000
20×3년 : ₩50,000,000 × (100% − 70%) = ₩15,000,000

(2) 완성기준 : 매출이익은 건설계약의 완성 및 제품인도 연도인 20×3년에 모두 인식된다.

	수　익		비　용		이　익
20×1년	₩0	−	₩0	=	₩0
20×2년	0	−	0	=	0
20×3년	50,000,000	−	40,000,000	=	10,000,000
					₩10,000,000

3. 현금기준 회계는 실현된 수익과 발생된 비용을 적절히 대응시키지 못하고 경제적 노력(비용)에 의한 경제적 효익(수익)의 창출을 반영하지 못해 특정기간의 경영성과를 적절하게 표시하지 못한다는 문제점이 있다. 이 때문에 현행 회계기준에서는 발생기준에 의한 경영성과를 보고하도록 하고 있다. 수익의 계상은 일반적으로 실현주의 원칙에 입각하고 있으나 장기도급공사에 한하여 진행기준과 완성기준을 선택적으로 적용할 수 있다. 그러나 완성기준은 공사가 완성되기까지의 장기간에 거쳐 전혀 수익을 계상하지 못하다가 공사가 완성되었을 때 일시에 다액의 수익을 계상하기 때문에 기간손익의 불균형 현상이 발생할 수 있다. 일반적으로 총계약수익과 총계약원가를 알 수 있는 장기건설계약의 경우 기간손익을 건설계약진행률에 따라 인식할 수 있는 진행기준이 보다 적합한 방법이다.

6-9 건설계약의 수익인식(Ⅲ)

(1) 현금기준 :

	현금수취액	현금지급액	건설계약이익(손실)
20×0년	₩100,000		₩100,000
20×1년	250,000	₩440,000	(190,000)
20×2년	250,000	330,000	(80,000)
20×3년	250,000	330,000	(80,000)
20×4년	250,000	330,000	(80,000)
20×5년	250,000	330,000	(80,000)
20×6년	250,000	330,000	(80,000)
20×7년	1,400,000	110,000	1,290,000
총 계	₩3,000,000	₩2,200,000	₩800,000

(2) 진행기준 :

	누적계약원가		추정총계약원가		계약진행률
20×1년	₩440,000	÷	₩2,200,000	=	20%
20×2년	770,000	÷	2,200,000	=	35%
20×3년	1,100,000	÷	2,200,000	=	50%
20×4년	1,430,000	÷	2,200,000	=	65%
20×5년	1,760,000	÷	2,200,000	=	80%
20×6년	2,090,000	÷	2,200,000	=	95%
20×7년	2,200,000	÷	2,200,000	=	100%

	수 익		비 용		이 익
20×1년	₩3,000,000×20%	−	₩440,000	=	₩160,000
20×2년	₩3,000,000×(35%−20%)	−	330,000	=	120,000
20×3년	₩3,000,000×(50%−35%)	−	330,000	=	120,000
20×4년	₩3,000,000×(65%−50%)	−	330,000	=	120,000
20×5년	₩3,000,000×(80%−65%)	−	330,000	=	120,000
20×6년	₩3,000,000×(95%−80%)	−	330,000	=	120,000
20×7년	₩3,000,000×(100%−95%)	−	110,000	=	40,000
					₩800,000

(3) 완성기준 :

	수 익	비 용	이 익
20×7년	₩3,000,000	₩2,200,000	₩800,000
총 계	₩3,000,000	₩2,200,000	₩800,000

6-10 회계정보의 활용 – 공통형 재무상태표

공통형 재무상태표

온누리(주) 20×1년 12월 31일 현재 (단위 : %)

〈자 산〉		〈부 채〉	
유 동 자 산	48.6	유 동 부 채	12.6
현금및현금성자산	9.5	매 입 채 무	8.4
매 출 채 권	28.6	단기차입금	4.2
재 고 자 산	10.5	비유동부채	22.4
비유동자산	51.4	사 채	22.4
장기대여금	5.6	부채총계	35.0
건 물	45.8	〈자 본〉	
		자 본 금	2.8
		보통주자본금	2.8
		자본잉여금	2.4
		주식발행초과금	2.4
		기타포괄손익누계액	5.9
		토지재평가잉여금	5.9
		이익잉여금	53.9
		미처분이익잉여금	53.9
		자본총계	65.0
자산총계	100.0	부채와 자본총계	100.0

온누리(주)는 총자산 대비 비유동자산 비중이 51.4%로서 유동자산 비중(48.6%)보다 약간 더 높으며 유형자산(건물)의 비중(45.8%)이 가장 높다. 총자산 대비 부채 비중은 35.0%이고 비유동부채 비중(22.4%)이 유동부채 비중(12.6%)보다 9.8%p 높다. 총자산 대비 자본 비중은 65.0%인데 그중 이익잉여금 비중이 53.9%로서 거의 대부분을 차지한다. 자본 대비 부채비율은 53.8%(=35/65)이다.

6-11 회계정보의 활용 – 공통형 포괄손익계산서

공통형 포괄손익계산서

20×1년 1월 1일부터
20×1년 12월 31일까지

온누리(주) (단위 : %)

매 출 액	100.0
매 출 원 가	59.2
매출총이익	40.8
판 매 비	(11.8)
관 리 비	(9.0)
영 업 이 익	20.0
이 자 수 익	5.9
이 자 비 용	(2.8)
기 타 수 익	
임 대 수 익	3.9
기 타 비 용	
재 해 손 실	(0.8)
법인세비용차감전순이익	26.2
법인세비용	9.4
당기순이익	16.8
기타포괄손익	
토지재평가이익	5.5
당기총포괄이익	22.3
주당순이익 : ₩21,400	

온누리(주)의 비용 중 가장 큰 비중을 차지하는 것은 매출원가(매출액 대비 매출원가율 59.2%)이며, 매출액 대비 판매관리비 비중은 20.8%이다. 이에 따라 매출총이익률은 40.8%이고 매출액영업이익률은 20.0%이다. 이자수익과 임대수익 등으로 매출액 대비 법인세비용차감전순이익 비율(26.2%)은 매출액영업이익률보다 높으나 법인세비용을 차감한 후의 매출액순이익률은 16.8%이다.

6-12 수익인식과 경영윤리

김사장 씨의 태도는 윤리적으로 옳지 않다. 일반적인 변호사 업무시간 산정에 포함시키지 말아야 할 교통시간, 쉬는 시간, 대기시간도 변호사수임료에 가산시키고 있을 뿐 아니라 20×2년도에 인식해야 할 수익도 20×1년에 인식하도록 하고 있다. 이는 회계부정에 해당하므로 나중에 관련 법률에 의해서 처벌받을 수도 있는 행위이다.

사례연구 수익의 인식(현금기준 대비 발생기준)

1.

손익계산서

20×1년 1월 1일부터
20×1년 12월 31일까지

여우교습소 (단위 : 천원)

수 익 :		
회원입회금(₩150,000 × 1/10)	₩15,000	
회원정기회비	30,000	₩45,000
비 용 :		
임 차 료	₩18,000	
급 여	52,000	
광 고 비	20,000	
잡 비	15,000	105,000
당기순손실		(₩60,000)

재무상태표

여우교습소 20×1년 12월 31일 현재 (단위 : 천원)

〈자 산〉		〈부 채〉	
현 금	₩25,000	선수회원입회금	₩135,000
		〈자 본〉	(110,000)*
자산총계	₩25,000	부채와 자본총계	₩25,000

(주) 본 사례에서는 자본을 자본금과 이익잉여금으로 분리할 수가 없으므로 통합하여 자본으로 계상하였다.

* 자본=자산−부채=₩25,000−₩135,000=(₩110,000)

2. 20×2년 예상되는 현금수입액의 계산 :

회원입회금(신입회원이 없으므로)	₩0
회원정기회비(₩10,000×500명×12개월)	60,000,000
기대현금수입액	₩60,000,000

20×2년 예상되는 현금지출액의 계산 :

임 차 료	₩18,000,000
급 여	52,000,000
광 고 비(더 이상 지출되지 않음)	0
잡 비	15,000,000
기대현금지출액	₩85,000,000

3. 이정현 씨에 의해 작성된 현금기준 재무제표는 여우교습소의 영업 첫년도 20×1년말의 재무상태와 영업성과를 적절히 나타내 주지 못한다. 이 재무제표는 다음과 같은 오해의 소지가 있다.

① 영업은 재무제표(현금기준으로 작성된)에 나타난 것처럼 수익성이 좋은 것이 아니다. 사실상 첫년도의 영업은 전혀 수익성이 없었다.

② 여우교습소에 부채가 없다는 것은 사실이 아니다. 사실상 부채가 총자산을 초과하고 있다.

③ 여우교습소는 미래에 인출가능한 현금배당의 창출능력이 없다.

현금기준 재무제표의 근본적인 문제점은 회원입회금 ₩150,000,000이 올해 20×1년의 수익에 모두 포함된 점이다. 이 회원입회금은 5년간의 회원자격을 얻기 위해 회원들이 납부한 선수금이다. 따라서 이 회원입회금 수입은 회원권이 만료되는 5년 이내에는 또다시 받을 수 없는 성격이다. 또한 여우교습소는 회원들에게 용역을 제공해야 할 의무, 또는 선수된 회원입회금 중 미실현된 부분은 반환하거나 미래 용역을 제공해야 할 의무를 나타낸다. 이정현 씨는 이미 ₩50,000,000을 인출했으므로 회원이 탈퇴할 경우 미실현된 부분이 남아 있다면 이를 반환할 능력이 없다. 회원의 자격이 유지되고 반환하지 않는다면 여우교습소는 앞으로 그 금액만큼의 용역을 추가적인 대가 없이 제공해야 한다.

해답 1번에서와 같이 발생기준 회계에 의한 재무제표는 기업의 경영성과와 재무상태를 잘 나타낸다. 회원입회금 중 단지 1/10인 ₩15,000,000만이 올해에 실현된 수익임에 유의해야 한다. 결국 여우교습소의 재무제표는 수익과 순이익을 ₩135,000,000만큼 과대계상하고 있다. 다시 말하면, 여우교습소는 ₩75,000,000의 이익을 실현한 것이 아니라, 순손실 ₩60,000,000이 발생되었다.

여우교습소는 20×1년말 현재 미기록된 부채가 존재한다. 미실현된 회원입회금 ₩135,000,000에 대해서 미래에 회원들에게 용역을 제공하거나 혹은 탈퇴시 반환해야 하는 의무가 존재하고 있는 것이다. 이 부채가 이정현 씨에 의해 작성된 현금기준 재무상태표에 계상될 때 여우교습소는 ₩110,000,000만큼 오히려 부(−)의 자본금을 갖게 된다.

이정현 씨는 단지 5년제 회원권을 미리 팔았다는 이유 때문에 첫 연도에 현금 ₩50,000,000을 인출했다는 것이다. 이정현 씨는 최근 몇 개월 동안 새로운 회원권이 팔리지 않았고, 비용절감을 위해 광고를 계속할 필요가 없다고 대답하였다. 이런 계획 아래서 20×2년에 기대되는 현금흐름은 2번 해답에 나타나 있다. 2번 해답에서는 여우교습소가 20×2년부터 매년 ₩25,000,000의 부(−)의 현금흐름(₩60,000,000 − ₩85,000,000)이 발생하게 된다는 것을 알 수 있다. 이러한 현금흐름으로는 이정현 씨가 첫년도 영업에서 인출할 수 있었던 만큼의 금액을 인출할 수 없을 뿐만 아니라 오히려 현금을 추가로 메워야 할 것이다.

요약하면 여우교습소는 5년에 걸쳐 인식해야 할 수익을 한꺼번에 모두 당년도의 수익으로 인식하는 오류를 범하였다. 기업의 경영에 대한 미래전망을 평가하는 데에는 발생기준 회계에 의해서 작성된 재무제표를 분석해야 하며, 미래에 발생될 현금의 흐름을 고려해야 한다. 현금기준에 의한 금년도의 재무제표는 기업의 경영성과와 재무상태를 왜곡하고 있다.

제 7 장 현금과 내부통제

익힘문제

1. (1) 책임과 권한의 승인절차 : 주어진 일의 책임과 권한을 개별 종업원에게 부여하는 승인절차가 존재한다.
   (2) 적절한 업무분장 : 업무의 분장(segregation of duties)은 ① 관련 업무는 서로 다른 사람에게 시킴으로써 상호 견제와 균형을 유지하게 하고, ② 특정 실물 자산을 보관하고 관리하는 종업원에게는 해당 자산과 관련된 회계기록 업무를 시키지 말아야 한다는 원칙이다.
   (3) 문서화 및 기록절차의 유지 : 어떤 거래나 사건이 발생했을 때 문서화(documentation)하면 해당 거래나 사건에 대한 분명한 사후적 증거가 남게 된다.
   (4) 자산 및 기록자료에 대한 접근제한 : 특정 자산이나 장부기록에의 접근을 제한하기 위해서 물리적, 기계적, 전자적 통제장치를 사용한다.
   (5) 독립적인 내부검증 : 독립적 검증(independent check)은 다른 사람이 한 일을 검토, 확인시키는 것이다.

2. 도움이 된다. 금전등록기가 없는 경우에는 종업원들이 직접 현금을 다루기 때문에 계산상의 오류, 부정과 횡령의 가능성이 높다. 금전등록기를 이용하면 매출액이 금전등록기에 입력되므로 금전등록기의 현금서랍에 있는 현금잔액과 매출액을 비교하여 정확한 매출액과 현금시재액을 파악할 수 있다. 그리고 한 사람의 종업원에게 하나의 금전등록기를 사용하게 함으로써 책임의 설정을 할 수 있고, 금전등록기의 기록과 현금잔액을 제3자에게 확인하게 하여 독립적인 내부검증도 가능하다.

3. 인터넷뱅킹을 위해 필요한 공인인증서, 보안카드 등은 내부통제원칙 중에서 접근제한을 위한 것이다. **접근제한**(restrict access) 통제는 해당 자산에 대한 횡령, 도난 등을 방지하고 자산을 보호할 수 있도록 해준다.

4. 현금의 입출금을 다루는 일과 이를 기록하는 일은 각기 다른 사람에게 부여해야 한다. 이를 **업무의 분장**(segregation of duties)이라고 한다. 업무분장을 위해서는 ① 관련된 업무는 서로 다른 사람에게 시킴으로써 상호 견제와 균형을 유지하게 하고, ② 특정 실물 자산을 보관하고 관리하는 종업원에게는 해당 자산과 관련된 회계기록 업무를 시키지 말아야 한다. 관련된 업무를 분장시키지 않으면 오류나 부정의 발생가능성을 높이게 된다. 예를 들면 현금출납을 담당하는 사원이 현금출납장이나 매출채권장부를 기록하는 업무를 겸임하면, 고객으로부터 현금을 받고도 매출에서 누락시키거나, 반대로 회수된 매출채권을 미수액으로 남겨놓는 방법으로 현금을 횡령할 수 있을 것이다.

5. **현금성자산**이란 현금으로 전환이 용이하고 이자율의 변동에 따라서 가치의 변동이 중요하지 않은 금융자산 및 단기금융상품으로서 취득당시에 만기(또는 상환일)가 3개월 이내에 도래하는 것을 말한다.

(예) 취득당시에 만기가 3개월 이내에 도래하는 채권, 취득당시에 상환일까지의 기간이 3개월 이내인 상환우선주, 3개월 이내의 환매조건인 환매채

6. **현금성자산**에 해당되는 단기금융상품은 취득당시에 만기(또는 상환일)가 3개월 이내에 도래하는 채권을 말하고, **단기금융자산**은 현금성자산을 제외한 단기자금운용목적의 금융자산 및 단기매매금융상품이거나 1년 내에 만기가 도래하는 정기예금, 정기적금 또는 사용이 제한되어 있는 예금 등을 총칭하는 개념이다.

7. (1) 현금 및 예금을 관리하기 위한 내부통제의 필요성

(2) 기말시점의 당좌예금잔액을 재무제표에 정확하게 보고하기 위하여

8. (1) **은행의 이용** : 가능한 한 회사의 모든 수입과 지출 거래를 은행을 통해 집행한다. 회사의 현금수입액은 은행계정을 통해 입금시키는 한편 지출을 원칙적으로 온라인뱅킹 거래나 수표를 발행하여 지급하면, 은행 및 회사에 별개 기록이 이중으로 존재하기 때문에 부정과 오류의 발생가능성이 줄어든다. 또한 회사는 자체적으로 현금을 보유하지 않고도 은행을 통해서 자금을 관리하므로 현금도난의 위험이 그만큼 감소된다.

(2) **현금과 관련된 업무의 분장** : 현금과 관련하여 이해상충 위험이 있는 업무는 상호 견제가 가능하도록 적절히 분장되어야 한다. 예를 들면 현금출납담당자는 현금수입장의 기록

업무를 담당하지 않도록 한다. 왜냐하면 만약 한 사람이 이 두 가지 업무를 동시에 수행한다면 고객으로부터 현금을 수령하고서도 고의로 현금수입장에 기록하지 않을 경우에 현금 실사를 하더라도 사실상 이러한 횡령을 적발하기 어렵기 때문이다. 따라서 현금의 수취업무와 장부기록업무를 분리하여 담당자 상호간에 업무의 견제를 통해 횡령위험을 낮춰야 한다.

(3) **정기적인 은행계정조정표의 작성** : 기업측의 당좌예금잔액과 은행측의 은행계정명세서에 기록된 잔액은 이론적으로 항상 일치해야 하지만 실무에서는 여러 가지 이유로 금액이 일치하지 않을 때가 많다. 기업은 두 가지 잔액의 일치여부를 확인하기 위한 은행계정조정표를 정기적으로 작성하여 차이가 발생하는 내역을 확인하고, 정상적인 기록시점의 차이 이외에 종업원의 자산횡령이나 회계부정에 의한 차이가 발생했는지를 검증한다.

9. 다음은 은행계정조정표의 대표적인 항목들이다.

	기업측 잔액	은행측 잔액
수정전 잔액	○○○	△△△
① 미결제수표		−
② 미기록예금		+
③ 미통지예금	+	
④ 은행수수료	−	
⑤ 이 자 비 용(또는 이자수익)	−(또는 +)	
⑥ 부 도 수 표	−	
⑦ 기 장 오 류*	+ 또는 −	+ 또는 −
수정후 잔액	×××	×××

* 기업측의 기장오류일 경우에는 기업이 잔액을 조정하지만, 은행측의 기장오류일 경우에는 은행이 잔액을 조정해야 한다.

10. 회계부정을 유발할 수 있는 위험요소로는 경영진이나 종업원이 부정을 행하게 하는 동기나 압력, 부정행위를 유인하는 기회나 사건, 그리고 회계부정에 대한 합리화 가능성이 있다.

(1) **부정을 행하는 동기/압력** : 경영진이나 종업원이 부정한 재무보고를 저지르게 하는 동기 혹은 중압감으로서 가장 많이 드는 예가 기업의 재무적 안정성이나 수익성에 대한 전망이 좋지 않을 때이다. 때로는 시장의 이익전망치, 은행의 대출약정기준 또는 주식옵션이나 상여금 기준을 맞추기 위해서도 이익조정을 시도한다. 자산횡령의 동기는 자금담당 임직원의 개인적인 금융채무, 고용불안, 사치생활 등으로 금전적 욕구가 커질 때 증대된다.

(2) **부정행위를 가능하게 하는 기회** : 부정한 재무보고의 기회는 어떤 상황의 특성이나 환경에 따라 증가될 수도 있고 억제될 수도 있다. 예를 들어 내부통제가 취약하고 지배기구의 감시가 효과적이지 않은 기업은 이익조정 시도가 실제로 적발될 기회가 적을 것이다.

(3) **부정행위의 합리화 가능성** : 개인은 자신이 저지른 부정한 행위를 합리화하려는 속성이 있는데, 특정 상황에서의 합리화 가능성은 의식적이고 의도적으로 부정한 행위를 저지르는 태도나 윤리적 가치관 형성에 지대한 영향을 미친다. 부정행위의 예방노력 및 발생에 대한 경영진의 태도, 특히 기업윤리와 내부통제에 대한 최고경영진의 관심, 그리고 교육훈련 및 보상제도는 임직원의 부정에 대한 자기합리화의 가능성을 감소시키는 결정적인 역할을 한다.

11. 기업내부의 회계부정을 예방 혹은 발견하는 장치로는 다음의 세 가지 요소가 특히 중요한 역할을 한다.

(1) **정직과 높은 수준의 기업윤리 문화** : 정직과 높은 윤리라는 핵심가치는 임직원에게 자긍심을 부여하는 행위지침이 되며, 개별직무를 수행하는 기초 덕목으로서 기업문화 창조에 이바지한다.

(2) **부정위험을 상시 통제하는 경영진의 노력** : 부정을 행하고 또한 이를 숨길 수 있는 기회가 주어지지 않으면 부정은 발생할 수 없다. 따라서 경영진은 기업 내에 존재하는 부정위험요소를 파악하고 이를 완화시키기 위한 조치를 취하며, 부정을 효과적으로 예방하고 적발할 수 있는 내부통제를 설계하고 운용할 책임이 있다.

(3) **지배기구의 효과적인 감시장치** : 이사회나 감사위원회 등 기업의 지배기구는 경영진에 대한 감시를 통해 재무보고 적절성을 파악하고, 경영진 및 종업원의 부정위험 감시와 법규준수 등에 대해 적절한 통제가 실시되고 있는지 확인할 책임이 있다. 부정을 감시하는 특정 지배기구는 기업에 따라 다르나 통상적으로 이사회나 감사위원회가 이러한 역할을 수행한다.

12. (1) **수익의 과대계상** : 부정한 재무보고에서 가장 많이 사용되는 방법이 매출의 과대계상이다. 일반적으로 가공의 수익을 계상하거나 조기에 수익을 인식하면서 관련 매출원가는 누락시키기 때문에 수익의 조정폭만큼 이익이 조정될 수 있다.

(2) **자산의 과대계상** : 매출을 과대계상할 때 상대계정과목으로 가공의 매출채권이나 재고자산의 과대계상방법을 가장 많이 활용한다. 매출채권이나 재고자산은 거래빈도가 많을 뿐만 아니라 금액과 형태가 다양하기 때문이다.

(3) **비용의 과소계상** : 실제로 발생한 비용을 의도적으로 기록에서 누락하면 당기순이익은

과대계상되고 관련 부채는 과소계상된다. 또한 회계추정이나 기간배분 방법을 이용하여 계상하는 대손상각비, 감가상각비 등을 당기에 의도적으로 과소계상할 수도 있다.

(4) **부채의 과소계상 또는 기록누락** : 비용을 과소계상할 때 가장 많이 사용되는 상대계정과목은 관련 부채의 과소계상 혹은 기록누락이다. 매입액 축소에 따른 매입채무의 과소계상, 미지급비용의 기재누락, 충당부채의 인식누락 등을 예로 들 수 있다.

(5) **공시의 누락 또는 허위공시** : 최근 들어 공시를 누락시키거나 부적절한 형태의 공시로 부정한 재무보고를 시도하는 경우가 늘고 있다. 진행중인 중요한 소송사건의 공시누락, 담보로 제공된 자산, 관계회사에 대한 채무보증 등을 재무제표 본문에 반영하지 않는다는 이유로 주석공시사항에서 누락시키기도 한다.

연습문제

7-1 현금및현금성자산

1. 현금및현금성자산

〈현금〉

통　　화	₩600,000
타인발행수표	350,000
만기가 도래한 국채이자표	15,000
지급기일이 도래한 사채이자표	20,000
당 좌 예 금	300,000
〈현금성자산〉	
환매채 (취득시 만기가 2개월)	400,000
	₩1,685,000

2. 양도성 예금증서　　　　: 단기금융자산

2개월 후 만기인 정기예금 : 단기금융자산

7-2 내부통제의 원칙(Ⅰ)

(1) 한 종업원이 매표소에서 표를 팔고, 다른 종업원이 문에서 표를 받는 업무를 하는 것은 내부통제원칙 중에서 업무의 분장(segregation of duties)의 원칙이다. 업무분장을 위해서는 ① 관련된 업무는 서로 다른 사람에게 시켜야 하고, ② 특정 자산을 보관하고 관리하는 종업원에게는 해당자산과 관련된 회계기록 업무를 시키지 말아야 한다. 관련된 업무를 분장시키지 않으면 오류나 부정의 발생가능성을 높이게 된다. 이 문제에서는 만약 매표소에서 표를 파는 일과 문에서 입장시키는 일을 동일한 사람이 하게 되면 돈을 받지 않고 입장시킬 수도 있고, 가짜로 만든 표를 팔아서 받은 현금을 종업원이 횡령하더라도 알 수가 없게 된다. 두 사람이 업무를 분장하면 서로 견제가 이루어져서 부정행위를 할 수 있는 가능성이 줄어든다.

(2) 양로원을 대신해서 모금활동을 할 때, 모금을 한 지역주민들에게 모두 정확한 금액의 영수증을 발부해야 한다. 만약 영수증이 없으면 누가 얼마를 기부했는지도 모를 뿐만 아니라 모금활동을 한 사람이 개인적으로 이 돈을 유용해도 알 수가 없다. 영수증 발급과 관련되는 원칙은 문서화의 원칙이다.

7-3 내부통제의 원칙(Ⅱ)

번호	내부통제 적절/부적절	관련된 내부통제원칙
(1)	부적절	주기적 순환근무 필요, 명령휴가제도 필요
(2)	부적절	제3자가 독립적으로 근무시간 기록
(3)	적절	독립적인 내부검증
(4)	적절	책임과 권한의 승인
(5)	부적절	적절한 업무분장 필요

7-4 현금관리와 내부통제

(1) 책임의 설정(금전등록기 사용자 기록)과 자산 및 기록에의 접근 제한(아이디와 패스워드로 로그인)

(2) 독립적인 내부검증

(3) 문서화

(4) 독립적인 내부검증

(5) 업무의 분장

7-5 은행계정조정표 항목과 수정분개

(a)-(4)　(b)-(4)　(c)-(1)　(d)-(2)　(e)-(1)　(f)-(4)

기업에서 수정분개가 필요한 사항은 (a), (b), (f)이며 다음과 같은 계정을 사용한다.

(a) (차) 수 수 료 (대) 당 좌 예 금　(b) (차) 외상매출금 (대) 당 좌 예 금

(f) (차) 외상매입금 (대) 당 좌 예 금

7-6 기말의 예금계정잔액 계산

1. 은행예금잔액	₩256,000
(가산) 미기록예금	28,900
(차감) 미결제수표	34,000
	₩250,900

2. 수정된 금액	₩250,900
(가산) 은행수수료	2,500
(차감) 미통지예금	100,000
(가산) 부도수표	40,000
수정 전 금액	₩193,400

7-7 은행계정조정표의 작성(Ⅰ)

1. 은행계정조정표

은행계정명세서상 당좌예금잔액	₩158,000
(a) 미기록예금	+43,800
(b) 미결제수표	−28,600
수정후 잔액	₩173,200
회사장부상 당좌예금잔액	₩176,000
(1) 미통지예금	+20,300
(2) 예금이자	+1,500
(3) 부도수표	−23,800
(4) 은행수수료	−800
수정후 잔액	₩173,200

2. 수정분개

(1) (차) 당 좌 예 금	20,300	(대) 매 출 채 권	20,300
(2) (차) 당 좌 예 금	1,500	(대) 이 자 수 익	1,500
(3) (차) 매 출 채 권	23,800	(대) 당 좌 예 금	23,800
(4) (차) 은행수수료	800	(대) 당 좌 예 금	800

7-8 미기록예금과 미결제수표의 조정

1. 5월말 현재 미기록예금

(기초)	4월말 현재 미기록예금	₩28,500
+ (증가)	회사측 5월중 예입액	589,000
− (감소)	은행측 5월중 수취액	−518,500
= (기말)	5월말 현재 미기록예금	₩99,000

2. 5월말 현재 미결제수표

(기초)	4월말 현재 미결제수표	₩48,800
+ (증가)	회사측 5월중 수표발행액	435,500
− (감소)	은행측 5월중 수표지급액	−392,000
= (기말)	5월말 현재 미결제수표	₩92,300

7-9 회계부정의 개념

〈틀린 항목〉 (2), (3), (4), (5), (6), (7)

〈이유〉 (2) 두 가지가 결합될 때 부정의 실행이 가능해진다.

(3) 자산횡령과 부정한 재무보고는 독립적인 개념으로, 두 개가 개별적으로 또는 결합하여 발생가능하다.

(4) 경제적 가치가 있는 폐품의 사적 용도를 위한 처분은 자산횡령에 속한다.

(5) 자산횡령이 수반되지 않은 부정한 재무보고이다.

(6) 의도적으로 할인혜택을 포기했더라도 실제 지급한 높은(할인포기된) 가격이 취득원가로 보고되었으므로 부정한 재무보고(회계분식)는 없었다. 다만 할인포기의 대가로 스키콘도 무료사용 서비스를 제공받았기 때문에 배임에 따른 자산횡령에 해당된다.

(7) 경영자는 모든 부정과 오류를 예방·적발할 책임이 있다. 다만 감사인은 합리적 확신 수준하에서만 부정과 오류의 적발 책임이 있다.

7-10 내부통제환경이 부정한 재무보고 가능성에 미치는 영향

〈영향〉 왜곡표시의 발생가능성 증가 항목 : (3), (4), (6), (8)

왜곡표시의 발생가능성 감소 항목 : (1), (5), (7)

직접적인 영향 없음 : (2), (9)

〈이유〉 (3) 시장이자율의 변동은 금융자산 및 금융부채의 가치평가에 직접 영향을 미친다. 따라서 의도적 또는 비의도적 평가오류의 발생가능성은 높아진다.

(4) 소유와 경영 미분리에 따른 최대주주의 도덕적 해이 가능성이 높아진다.

(6) 해당 조직의 회계시스템 이해부족이나 회계전문지식의 미숙 등으로 전기 또는 전임자와의 일관성이 결여된 회계처리 가능성이 존재한다.

(8) 인센티브를 받기 위한 과도한 목표달성 욕구가 허위 재무보고의 동기를 증가시킨다.

(9) 자산의 유용가능성은 존재할 수 있으나, 부정한 재무보고 자체와는 다른 별개의 부정 유형이다. 즉 횡령이 발생했다 하더라도 이 경우에는 재무제표가 잘못 작성된 것은 아니다.

7-11 은행계정조정표의 작성(Ⅱ)

1. 은행계정조정표

은행계정조정표

식스월드(주)	20×1년 9월	30일 현재		(단위 : 원)
기업의 당좌예금잔액	₩547,460	은행계정명세서 잔액		₩592,990
가산 : 받을어음	170,000	가산 : 미기록예금		95,000
이자수익	1,200			
차감 : 부도수표	112,000	차감 : 미결제수표		
기장오류	270	#12	₩54,000	
추심수수료	3,400	#14	31,000	85,000
수정후 잔액	₩602,990	수정후 잔액		₩602,990

2. 기업측의 수정분개

(차) 외상매출금	112,000	(대) 당 좌 예 금	112,000
(차) 매 출	270	(대) 당 좌 예 금	270
(차) 당 좌 예 금	170,000	(대) 받 을 어 음	170,000
(차) 추심수수료	3,400	(대) 당 좌 예 금	3,400

(차) 당 좌 예 금	1,200	(대) 이 자 수 익	1,200

3. 정확한 기말잔액 : ₩602,990

고급연습문제

7-12 통제활동의 절차

절 차	개념과 구체적 사례
(1) 책임과 권한의 승인절차	• 개념 : 모든 주어진 업무에 대한 책임과 권한의 승인절차 수립 • 사례 ① 종업원이 개별적으로 담당하는 현금출납에 대한 책임부여 ② 분장된 업무에 대한 책임의 부여
(2) 적절한 업무분장	• 개념 : 거래의 승인 및 기록, 관련 자산의 보관 등 이해상충업무에 대한 동일인에 의한 집행금지 • 사례 ① 매출대금의 회수기능과 회수거래의 기록기능을 분리 ② 자금집행을 승인하는 부서와 자금을 집행하는 부서의 분리
(3) 문서화/기록절차 유지	• 개념 : 거래 증빙서류나 회계장부의 문서화 • 사례 ① 제품출고(적송)시 적송부서에서 사전에 일련번호가 기재된 적송서류를 작성 ② 검수부서가 검수 후 검수보고서를 작성하여 관련 부서에 전달
(4) 접근제한/물리적 통제	• 개념 : 자산이나 서류 등에 대한 제한적 접근 또는 사용통제 • 사례 ① 창고는 잠금장치로 보호하며, 승인받은 사람만 접근가능하게 함 ② 어음·수표를 발행할 수 있는 인감도장은 승인권자가 보관
(5) 독립적인 내부검증	• 개념 : 독립적인 제3자에 의해 주기적인 대조, 비교, 조정 등의 내부검증 • 사례 ① 독립적인 제3자에 의한 주기적인 은행계정조정표의 작성 및 검토 ② 독립적인 제3자에 의한 재고자산의 실사

7-13 내부통제 – 간단한 사례

제일 큰 문제는 내부통제원칙인 업무의 분장이 되고 있지 않다는 점이다. 업무분장은 ① 관련된 업무는 서로 다른 사람에게 시켜야 하고, ② 특정 실물 자산을 보관하고 관리하는 종업원에게는 해당자산과 관련된 회계기록 업무를 시키지 말아야 한다는 원칙이다. 관련된 업무를 분장시키지 않으면 오류나 부정의 발생가능성을 높이게 된다.

회사에서 조카 김씨는 회사의 현금거래와 거의 모든 회계처리를 맡고 있다. 조카는 직접 현금 입출금을 하며 이에 대한 회계처리도 하고 은행입금과 중요한 지출업무에 대한 승인도 하고 있다. 따라서 현금거래와 이의 회계처리, 그리고 지출업무에 대한 승인을 서로 다른 종업원에게 시켜야 한다.

이 회사에는 업무가 분장되어 있지 않아서 조카가 여러 건의 부정행위를 해도 알 수가 없었다. 즉, 다음과 같은 일들은 업무분장이 되어 있지 않아서 발생하는 사건들이다.

(1) 현금매출은 가끔씩 금전등록기에는 기록되어 있으나 현금수입장에는 기록되지 않았다.

➡ 현금 입출금과 회계기록은 업무분장이 되어야 한다.

(2) 회사의 경비지출 중에는 실제로 회사경비에 지출되지 않은 금액이 회사의 장부에서 지출되었고 가공의 지급증명서를 만들어놓았다.

➡ 현금 입출금과 회계기록은 업무분장이 되어야 한다.

(3) 거래처로부터 회수된 외상매출금을 입금하지 않고 개인적으로 사용했으며, 이를 매출환입 및 에누리로 회계처리하였다.

➡ 현금 입출금과 매출환입 및 에누리에 대한 승인업무, 그리고 외상매출금에 관한 회계기록 업무가 분장되어야 한다.

7-14 은행계정조정표의 작성(Ⅲ)

1. 은행계정조정표의 작성

은행계정조정표

당좌예금계정 잔액 조정		은행계정명세서 잔액 조정	
8월말 잔액	₩75,000	8월말 잔액	₩85,500
이자비용	−500	미기록예금 미결제수표	+11,000 −22,000
수정후 8월말 잔액	₩74,500	수정후 8월말 잔액	₩74,500

8월말의 미기록예금 = 8월중 당좌예금계정의 입금액(₩62,000) + 7월말 미기록예금(₩18,000)
−8월중 은행계정명세서의 예입액(₩69,000) = ₩11,000

8월말의 미결제수표=8월중 당좌예금계정의 수표발행액(₩71,000)+7월말 미결제수표(₩24,000)
−8월중 은행계정명세서의 수표결제액(₩73,000)=₩22,000

2. 송도(주)의 회계처리

(차) 이 자 비 용	500	(대) 당 좌 예 금	500

3. 조정후 잔액 : ₩74,500

4. 8월말의 재무상태표에 표시할 현금및현금성자산은 당좌예금 ₩74,500, 보통예금 ₩20,000, 금고속에 보관중인 현금 ₩30,000, 소액현금 ₩10,000의 합계금액인 ₩134,500이다.
3개월 후 만기인 정기적금은 단기금융자산으로 처리해야 한다.

7-15 은행계정조정표의 작성(Ⅳ)

1. 은행계정조정표의 작성

은행계정조정표

광주(주) 6월 30일 현재 (단위 : 원)

기업의 당좌예금잔액	₩893,250	은행계정명세서 잔액	₩1,349,061
차감 : 부도수표	58,000	가산 : 미기록예금	211,821
이자비용	2,168	차감 : 미결제수표	503,900
자동이체미기입	157,500	기장오류	381,400
수정후 잔액	₩675,582	수정후 잔액	₩675,582

2. 기업측의 수정분개

(차) 매 출 채 권	58,000	(대) 당 좌 예 금	58,000
(차) 이 자 비 용	2,168	(대) 당 좌 예 금	2,168
(차) 임 차 료	157,500	(대) 당 좌 예 금	157,500

3. 정확한 기말잔액 : ₩675,582

7-16 내부통제의 취약점

(1) 신용승인기능을 영업부서에 부여해서는 안 된다. 따라서 별도의 신용부서에서 객관적인 기준에 따라 신용조사가 이루어지도록 하고 승인된 판매지시서에 의해서 재고자산이 출고될 수 있도록 한다.

(2) 회계부서(기록기능)에 대손승인기능을 부여해서는 안 된다. 따라서 대손승인기능이 법률부서와 같은 별도의 부서에서 이루어지도록 기능을 분리한다.

(3) 구매주문서가 관련된 모든 부서에 다 송부되지 않고 있다. 구매주문서는 검수부서, 구매요청부서 외에 공급자, 창고부서, 지급결의부서, 회계부서 등에 전달되어야 한다.

7-17 회계부정과 경영진의 책임

1. 부정의 예방과 발견에 대한 책임은 일차적으로 기업의 경영자에게 있다. 경영자는 부정을 예방하고 적발하기 위해 지배기구의 감시하에 적절한 조직환경을 설정하고, 정직하고 윤리적인 기업문화를 유지하며 적절한 통제절차를 수립할 책임이 있다.

   그리고 기업의 이사회나 감사위원회 등 지배기구는 경영진에 대한 감시를 통해 재무보고 적절성의 파악뿐만 아니라 경영진 및 종업원의 부정위험 감시와 재무통제 그리고 법규준수 등에 대해 적절한 통제가 운용되고 있는지 확인할 책임이 있다.

2. 외부감사인에게도 회계부정에 대한 책임이 있다. 그러나 재무제표감사의 목적은 재무제표가 중요성의 관점에서 재무보고체계를 준수하여 공정하게 작성되었는지에 대해 감사인이 의견을 표명하는 데 있다. 감사는 부정이든 오류든 그 자체에 관심이 있는 것이 아니라 이들로 인하여 재무제표에 미치는 중요한 왜곡표시가 없다는 사실에 대해 합리적 확신을 제공하도록 설계된다. 따라서 감사인이 의무를 충실하게 하지 못했거나 중대한 과실로 회계부정을 발견하지 못하여 재무제표에 미치는 영향을 발견하지 못한 경우에는 책임이 있다. 또한 경영진과 공모를 하여 부정한 재무보고를 하는 경우에는 형사상 처벌과 함께 민사상 손해배상책임도 지게 된다.

7-18 현금수준과 윤리문제

은행과의 대출계약으로 인하여 회계기간말 현금잔고가 ₩3,000,000이 되어야 하나 회사의 현금잔고는 ₩1,000,000에 불과하다. 거래처에서 보내온 수표 ₩2,500,000이 우편으로 오는 도중이라고 하나 아직 회사에 도착하지 않았다. 정상적인 거래에서는 거래처의 수표는 도착일인 7월 2일에 입금을 기록해야 할 것이다.

만약 6월 30일의 잔고가 ₩3,000,000이 되지 않으면 거래은행에서 빌린 돈을 바로 상환해야 한다. 그러면 회사는 부도가 발생하고, 회사의 모든 종업원들이 실직을 할지도 모른다고 한다면 의사결정하기가 쉽지 않을 것이다. 그러나 회계담당자의 입장에서는 이러한 회계처리가 올바르지 않다는 것을 경영자에게 알려야 한다. 그래서 경영자로 하여금 돈을 차입한 은행에 회사의 현금잔고가 곧 정상으로 돌아와서 7월 2일에는 ₩3,500,000이 된다는 사실을 알리게 하고 은행과의 계약에 문제가 생기지 않도록 은행과 협의 조치하는 것이 좋을 것이다.

7-19 회계정보의 활용 – 유동비율

1. A회사의 유동비율은 1.52(=₩2,040/₩1,340)이고 B회사의 유동비율은 0.98(=₩1,680/₩1,710)이다. 다른 모든 조건이 동일하다면 A회사의 단기채무 상환능력, 즉 단기유동성이 더 좋다고 볼 수 있다. 다만 유휴자금을 적절히 활용하지 못해 현금및현금성자산이 너무 많거나, 신용정책이나 신용관리가 원활하지 못해 매출채권이 빨리 회수되지 않거나, 판매상의 애로 때문에 재고자산이 과대 적체되어 있어서 유동비율이 높을 수도 있다는 점을 항상 염두에 두고 유동비율을 해석해야 한다.

2. 유동비율이 200%일 때 유동자산과 유동부채가 같은 금액으로 증가한다면 유동비율은 감소한다. 한편 다른 모든 조건이 동일할 때 유상증자를 통해 현금을 조달받으면 유동비율은 증가한다.

사례연구 내부통제 - 입장료수입 및 현금 내부통제

취 약 점	개 선 방 안
1. 입장인원을 확인하기 위한 문서화 통제절차가 수립되어 있지 않다.	1. 일련번호가 부여된 입장권을 입장료의 수령과 동시에 발행한다.
2. 입장료를 수령하는 수납담당자와 입장을 승인하는 검표담당자의 업무분장이 이루어지고 있지 않다.	2. 한 사람(입장권판매원)은 입장료를 수납하고 일련번호가 부여된 입장권을 발행하고 판매대장을 기록하게 한다. 반면에 다른 담당자(검표원)는 입장권이나 회원증을 받고 입장을 시킨다.
3. 입장인의 인원에 대한 독립적 검증기능이 없다.	3. 검표원은 일련번호가 기입된 입장권 일부를 절취하여 영수증 보관함에 보관하도록 한다.
4. 입장수입액의 정확성을 검증할 별도의 방법이 없다.	4. 매일 회계원은 절취 회수한 입장권 영수증이 입장권판매대장 및 수령된 입장료수입액과 일치하는지를 검증한다.
5. 현금수입장이 적시에 작성되지 않는다.	5. 현금수입액을 입장권판매원이 매일 현금수입장에 기록하여 자산보존에 대한 책임근거로서 활용한다.
6. 현금수입액이 즉시 예입되지 않고 1주일 정도 미예입 상태로 방치된다.	6. 현금예입을 최소한 하루에 한 번 실시하도록 한다.
7. 예입된 현금의 정확성을 검증할 수 있는 방법이 없다.	7. 입금담당자가 아닌 제3자가 입금확인서를 매일매일의 현금수입장기록과 대조해야 한다. 만약 차이가 발생하면 그 차이를 즉각 조사하고 원인을 규명한다. 추가로 회계원은 현금수입에 대해 분석적 검토절차 등을 통한 합리성을 검증하는 절차를 수립한다.
8. 현금의 내부회계책임에 대한 기록 및 증빙서류가 없다.	8. 회계원은 입장권판매원으로부터 수령한 모든 현금액에 대하여 서명날인을 한 수령증을 보관하여 추후 입장권 판매대장, 현금수입장 및 예입기록에 대해 정기적으로 대조 등을 통한 내부검증을 시행한다.

제 8 장 수취채권 및 지급채무

익힘문제

1. 외상매출금(accounts receivable)이란 고객에게 외상으로 상품을 판매하거나 용역을 제공하여 발생하는 수취채권으로서 보통 30일에서 90일 이내에 회수한다. 외상매출금은 신용거래에서 발생하고 서류로 채권을 확보하지 않으며, 회수기간이 짧기 때문에 대부분 이자가 붙지 않는다.

 받을어음(notes receivable)은 고객에게 상품을 판매하거나 용역을 제공하고 발생할 수도 있지만 외상거래처의 외상매출금 회수를 촉진시키는 수단으로 사용되기도 하며, 제3자에게 돈을 빌려주고 이에 대한 증명서로서 어음을 받기도 한다. 어음에는 일반적으로 이자가 포함된다.

2. 국내외적으로 인정된 우대신용카드를 이용하는 고객에게만 신용판매를 허용하는 정책은 다음과 같은 이점이 있다.
 (1) 회사가 고객별로 외상매출금을 기록하고 대금을 청구하며 이를 회수해야 하는 번거로움을 제거할 수 있다.
 (2) 신용판매 후 빠른 시일 내에 대금을 회수할 수 있다.
 (3) 손상채권의 발생위험을 제거할 수 있다.
 (4) 신용매출 이전에 확인해야 할 고객의 신용도 조사를 하지 않아도 된다.
 (5) 카드를 소지한 다른 고객이 이용할 수도 있으므로, 오히려 매출을 신장시킬 수도 있다.

3. 만나식당은 외면적으로는 새로운 정책에 의한 이득을 얻지 못했다. 이전에는 모든 매출이 현금으로 이루어졌으므로 대금의 회수나 손상채권 설정 등의 문제가 없었다.

 그러나 새로운 정책에 의해 이익을 증가시키는 유일한 방법은 매출의 증가를 통해서 가능하지만 실제 매출은 증가하지 않았다. 이전의 고객들이 현금 대신 신용카드를 이용하게 되었으므로 대금회수기간이 다소 늦어지게 될 뿐만 아니라 신용카드회사에 할인료를 지불해야만 한다. 따라서 매출이 증가하지 않는 한 이 새로운 정책은 재고되어야 한다.

4. 회계기말에 매출채권에 대하여 손상검사를 실시하고 미래에 회수가 불가능할 것으로 예상되는 매출채권의 손실발생가능액을 추정한다. 새롭게 추정된 손실발생가능액이 곧 재무상태표의 기말 대손충당금(또는 손실충당금)이 된다. 따라서 회계기말에 분개를 통해 설정해야 하는 대손충당금 금액(회계기말의 대손충당금 또는 대손상각비 계상액)은 새롭게 추정한 대손충당금 금액에서 이미 장부에 기록되어 있던 대손충당금 대변 잔액을 차감한 금액이 된다.

5. 전년도말의 매출채권 중 대손가능성이 있는 매출채권에 대해서 미리 대손충당금계정을 설정하여 전년도의 대손상각비용으로 보고되었다. 당해연도에 대손이 확정되었을 때의 회계처리는 관련 매출채권과 전년도말에 인식한 대손충당금 중 동액만큼만 장부에서 제거시키기 때문에 매출채권 감소, 대손충당금 감소로 매출채권의 순장부금액(매출채권－대손충당금)은 변하지 않는다. 한편 대손확정에 대한 회계처리는 재무상태표 항목에만 영향을 주기 때문에 당기손익에는 영향을 주지 않게 된다.

6. 외상매출금을 보유하고 있는 회사는 일반적으로 외상매출금에 상응하는 현금을 회수하면서 외상매출금을 장부에서 제거한다. 그러나 경우에 따라서는 외상매출금을 외부 채권추심회사나 할부금융회사에 매각하기도 하는데, 이를 외상매출금의 **팩토링**(factoring)이라고 한다. 회사가 외상매출금을 매각할 때에는 매각하는 외상매출금 금액의 일정비율을 수수료로 지급한다. 외상매출금을 매각하는 이유는 ① 회사가 현금이 부족하여 급히 자금을 필요로 하는 경우 또는 ② 외상매출금 회수에 시간이 오래 걸리거나 회수비용이 많이 들 때이다.

7. 상품매입의 대가로 발행한 지급어음은 매입채무의 일종으로서 재무상태표에 "지급어음"계정을 사용하여 보고된다. 그러나 자금차입목적으로 발행한 지급어음은 매입채무가 아니며, 이는 "차입금" 항목으로 보고되어야 한다.

8. 근로소득세 및 주민세는 종업원, 즉 급여수혜자의 부담비용이지 회사의 부담비용은 아니다. 회사는 다만 급여지급액 중 관련세금을 원천적으로 차감하여 종업원에게 지급하고, 원천징수액을 세무당국에 대신 납부해야 할 책임을 갖게 된다. 회사는 원천징수액을 다음과 같이 예수금(유동부채)계정으로 처리한다.

(차) 급 여	×××	(대) 현 금	×××
		예 수 금	×××

9. **미수수익**은 실현주의에 의해 당기의 수익으로 인식되어야 하나 아직 대가를 지급받지 못한 경우로서 미수이자, 미수임대료 등이 있다. **미지급비용**은 당기에 이미 비용이 발생·보고되었으나 아직 지급기일이 도래하지 않아 그 대가가 지급되지 않은 비용으로서 미지급급여나 미지급이자 등이 있다.

10. 부도발생시 거래상대방이 발행한 어음을 자신이 소유하고 있는 경우에는 별도의 회계처리를 하지 않는다. 회계기말에는 부도어음의 대손가능성을 추정해서 대손충당금을 설정한다. 그리고 부도어음의 회수가능성이 없는 경우에는 대손처리한다.

11. 직접상각법은 대손이 확정될 때마다 대손상각비를 인식하고 매출채권을 제거하는 방법이다. 이 방법은 두 가지 큰 문제점을 가지고 있는데 첫째, 수익비용대응원칙에 어긋나고 둘째, 재무상태표상의 매출채권이 순실현가능가치를 보여주지 못하고 과대계상될 수 있다는 것이다. 반면 충당금설정법은 회계기말에 매출채권의 손상차손을 추정하여 대손상각비와 대손충당금을 설정하는 방법이다. 이는 대손상각비를 당기수익에 보다 잘 대응시키기 때문에 수익비용대응원칙에 보다 부합되고, 재무상태표상의 매출채권도 실현가능한 순매출채권을 보고한다는 측면에서 이용자의 의사결정에 보다 목적적합한 정보를 제공한다.

연습문제

8-1 매출채권과 매출할인

(1) (차)	매 출 채 권	3,400,000	(대) 매 출	3,400,000
	매 출 원 가	2,040,000	재 고 자 산	2,040,000
(2) (차)	매출에누리와 환입	600,000	(대) 매 출 채 권	600,000
	재 고 자 산	360,000	매 출 원 가	360,000
(3) (차)	현 금	1,764,000	(대) 매 출 채 권	1,800,000
	매 출 할 인	36,000*		

* 10일 이내에 대금을 지급했으므로 2% 매출할인을 받는다.
₩1,800,000 × 0.02 = ₩36,000

(4) (차)	현 금	1,000,000	(대) 매 출 채 권	1,000,000

8-2 외상매출금과 받을어음의 거래

5월 7일 :	(차) 현 금	28,800	(대) 매 출	30,000
	수수료비용 (또는 할인료)	1,200		
	(차) 매 출 원 가	22,000	(대) 재 고 자 산	22,000
5월 10일 :	(차) 외상매출금	18,000	(대) 매 출	18,000
	(차) 매 출 원 가	12,000	(대) 재 고 자 산	12,000
5월 12일 :	(차) 현 금	17,460	(대) 외상매출금	18,000
	수수료비용	540		
6월 1일 :	(차) 받 을 어 음	50,000	(대) 매 출	50,000
	(차) 매 출 원 가	40,000	(대) 재 고 자 산	40,000
7월 1일 :	(차) 현 금	50,250	(대) 받 을 어 음	50,000
			이 자 수 익	250*

* ₩50,000 × 0.06 × (1/12) = ₩250

8-3 외상매출과 매출채권의 장부금액

1. 매출원가 : ₩70,000 + ₩80,000 − ₩60,000 = ₩90,000

   매출액 : ₩90,000 + ₩40,000 = ₩130,000

   외상매출액 : ₩130,000 − ₩30,000 = ₩100,000

2. 연말 매출채권 장부금액

   연초 매출채권 장부금액 ₩40,000 + 외상매출액 ₩100,000 − 매출채권 회수액 ₩65,000

   − 대손상각비(대손충당금) 설정액 ₩6,000

   = ₩69,000

   매출채권 장부금액은 외상매출액만큼 증가하고 매출채권 회수액만큼 감소한다. 연중에 대손상각 ₩7,000이 확정되면 매출채권이 ₩7,000만큼 감소하고 대손충당금이 ₩7,000만큼 감소하여 장부금액에는 영향을 주지 않으며 연말에 대손상각비(대손충당금)가 ₩6,000만큼 설정되면 대손충당금 잔액이 증가하여 매출채권 장부금액은 동액만큼 감소한다.

8-4 대손충당금 설정 및 환입

	(차)		(대)	
(1)	대손상각비	20,000	대손충당금	20,000*
(2)	대손상각비	30,000	대손충당금	30,000
(3)	대손충당금	22,000	대손충당금환입	22,000*

(1) * ₩600,000 × 0.1 − ₩40,000 = ₩20,000

(3) * ₩600,000 × 0.03 − ₩40,000 = − ₩22,000

8-5 매출채권의 평가 - 대손확정의 회계처리

(1) 매출채권이 대손확정되면 설정되어 있는 대손충당금 한도 내에서 대손충당금과 상계한다.

(차)		(대)	
대손충당금	30,000	매 출 채 권	30,000

(2) ① 영랑상회의 도산 직전

매 출 채 권	₩780,000	
대손충당금	(84,000)	₩696,000

② 영랑상회에 대한 대손회계처리 후

매 출 채 권	₩750,000	
대손충당금	(54,000)	₩696,000

대손처리 전후의 매출채권의 장부금액은 동일하다. 그 이유는 20×1년말에 이미 손상이 발생했다고 평가된 매출채권에 대하여 대손충당금을 설정하면서 매출채권의 장부금액을 이미 감소시켜 놓았기 때문이다.

(3) (2)에서 대손회계처리한 금액 중에서 ₩20,000을 회수했으므로 이에 대하여 역분개를 실시한다. 그 다음에 매출채권 회수를 정상적으로 회계처리한다.

(차)		(대)	
매 출 채 권	20,000	대손충당금	20,000
현 금	20,000	매 출 채 권	20,000

8-6 연령분석법에 의한 매출채권 손상검사(Ⅰ)

손상추정액

금 액		발 생 률		대손충당금 잔액
₩140,000	×	2%	=	₩2,800
24,000	×	4%	=	960
9,000	×	10%	=	900
3,000	×	20%	=	600
2,000	×	40%	=	800
				₩6,060

1. (차) 대손상각비 4,860 (대) 대손충당금 4,860

2. 대손충당금 설정액이 ₩6,060이므로 수정전 대손충당금 ₩7,000에서 ₩940을 환입시켜야 한다.

   (차) 대손충당금 940 (대) 대손충당금환입 940

3. (차) 대손충당금 500 (대) 매 출 채 권 500

8-7 외상매출금의 팩토링과 신용카드 매출

(1) 〈속초(주)〉

차변	금액	대변	금액
(차) 현 금	291,000	(대) 외상매출금	300,000
수수료비용 (또는 할인료)	9,000		

〈동해캐피탈(주)〉

차변	금액	대변	금액
(차) 외상매출금	300,000	(대) 현 금	291,000
		수수료수익	9,000

(2) 〈코디회사 : 7월 3일 판매시점〉

차변	금액	대변	금액
(차) 외상매출금	1,000,000	(대) 매 출	1,000,000
매 출 원 가	700,000	재 고 자 산	700,000

〈코디회사 : 7월 3일 입금시점〉

차변	금액	대변	금액
(차) 현 금	980,000	(대) 외상매출금	1,000,000
수수료비용 (또는 할인료)	20,000		

코디회사가 7월 3일 하루 결산분개를 한다면 다음과 같이 해도 됨.

〈코디회사 : 7월 3일〉

(차) 현 금	980,000	(대) 매 출	1,000,000
수수료비용 (또는 할인료)	20,000		
(차) 매 출 원 가	700,000	(대) 재 고 자 산	700,000

〈강남은행 : 7월 3일 입금시점〉

(차) 외상매출금	1,000,000	(대) 현 금	980,000
		수수료수익	20,000

8-8 받을어음에 대한 회계처리

1\.

3월 17일	(차) 외상매출금	96,000	(대) 매 출	96,000
	매 출 원 가	80,000	재 고 자 산	80,000
4월 16일	(차) 받 을 어 음	96,000	(대) 외상매출금	96,000
6월 15일	(차) 현 금	97,280*	(대) 받 을 어 음	96,000
			이 자 수 익	1,280#

* 어음의 액면금액	₩96,000	
발생이자	1,280#	97,280

\# ₩96,000 × 0.08 × 60/360 = ₩1,280

6월 25일	(차) 대 여 금	72,000	(대) 현 금	72,000

2\. 〈수정분개〉

(차) 미 수 이 자	120	(대) 이 자 수 익*	120

* 이자수익의 계산
송인(주) 대여금에 대한 이자 : ₩72,000 × 12% × 5/360 = ₩120

8-9 지급어음에 대한 회계처리

1. 3월 17일 (차) 재 고 자 산 96,000 (대) 외상매입금 96,000

   4월 16일 (차) 외상매입금 96,000 (대) 지 급 어 음 96,000

   6월 15일 (차) 지 급 어 음 96,000 (대) 현 금 97,280
   이 자 비 용 1,280

   6월 25일 (차) 현 금 72,000 (대) 차 입 금 72,000

2. 〈수정분개〉

   (차) 이 자 비 용 120 (대) 미지급이자 120

8-10 받을어음의 이자계산

〈5월 1일 발행 받을어음〉

(1) 만기일 : 6월 30일

(2) 총이자비용 : $₩100{,}000 \times 0.09 \times \frac{60}{360^{*}} = ₩1{,}500$

* 실무에서는 360일을 자주 사용하지만, 정확성을 위하여 365일로 계산해도 된다. 금액의 차이가 중요하면 365일을 사용하는 것이 타당하다.

〈7월 10일 발행 받을어음〉

(3) 만기일 : 8월 9일

(4) 총이자비용 : $₩150{,}000 \times x \times \frac{30}{360} = ₩1{,}250$

연간이자율 : $x = 10\%$

〈8월 20일 발행 받을어음〉

(5) 만기일 : 11월 20일

(6) 총이자비용 : $₩200{,}000 \times 0.11 \times \frac{3}{12} = ₩5{,}500$

〈9월 30일 발행 받을어음〉

(7) 만기일 : 12월 29일

(8) 총이자비용 : $x \times 0.06 \times \frac{90}{360} =$ ₩4,800

원금 : $x =$ ₩320,000

8-11 받을어음의 할인

1년을 360일로 가정한다.

어음의 할인액 : ₩2,000,000 $\times 0.06 \times \frac{30}{360} =$ ₩10,000

현금수령액 : ₩2,000,000 − ₩10,000 = ₩1,990,000

(차) 현　　금	1,990,000	(대) 받을어음	2,000,000
이자비용(할인수수료)	10,000		

8-12 받을어음과 대손상각

1. 어음의 기간이 60일이므로 9월 15일부터 60일 후가 어음의 만기일이다. 즉 11월 14일이 어음 발행일로부터 60일이다.

2.

(차) 현　　금	510,000	(대) 받을어음	500,000
		이자수익	10,000*

* 2달간의 이자수익이다.

3. 매출채권 회수가 확실하다고 평가하는 경우에는 대손에 관한 회계처리를 할 필요가 없을 것이다. 받을어음에 대한 이자수익 발생액은 보고기간말에 수정분개에 반영한다. 만일 현재 시점에서 이자수익의 발생만 회계처리한다면 다음과 같이 분개한다.

(차) 미수이자	10,000	(대) 이자수익	10,000

받을어음의 회수가 늦어져서, 예를 들어 만기일 10일 이후에 회수하게 되면 만기일 이후부터 10일간의 이자를 계산해서 추가로 받게 된다. 이 이자금액도 이자수익으로 인식한다.

4. 이자수익을 인식하는 분개를 별도로 할 경우 다음과 같이 만기일까지 발생한 이자수익을 대변에 인식하고 미수이자를 차변에 인식할 것이다.

(차) 미수이자	10,000	(대) 이자수익	10,000

그 다음 대손처리하는 분개를 하는데, 아래 두 가지 경우 모두 가능하다.

(1)	(차) 대손충당금	300,000	(대) 받 을 어 음	500,000
	대손상각비	210,000	미 수 이 자	10,000

즉, 대손충당금 잔액 한도 내에서만 대손충당금을 줄여준다. 이 경우 분개 후 대손충당금 잔액은 ₩0이다.

(2)	(차) 대손충당금	510,000	(대) 받 을 어 음	500,000
			미 수 이 자	10,000

즉 대손상각비를 인식하지 않고 대손충당금만 줄여준다. 이 경우 분개 후 대손충당금 잔액은 차변 잔액 ₩210,000이다.

위 두 방법이 모두 가능한 이유는 결국 회계기말에 손익계산서와 재무상태표에 미치는 영향이 동일하기 때문이다. 예를 들어 회계기말에 새롭게 추정된 대손충당금이 ₩600,000이라고 가정하자. (1)의 방법으로 회계처리했다면 대손충당금 잔액이 ₩0이므로 회계기말에 대손충당금과 관련하여 다음과 같은 분개를 해야 한다.

(1′)	(차) 대손상각비	600,000	(대) 대손충당금	600,000

(2)의 방법으로 회계처리했다면 대손충당금 잔액이 −₩210,000이므로 회계기말에 대손충당금과 관련하여 다음과 같은 분개를 해야 한다.

(2′)	(차) 대손상각비	810,000	(대) 대손충당금	810,000

(1)과 같이 분개했다면 회계기말에 손익계산서에 인식하는 총비용(대손상각비−이자수익)은 ₩210,000+₩600,000−₩10,000=₩800,000이고 회계기말 대손충당금은 ₩600,000이다. 이는 (2)와 같이 분개했을 때의 총비용(₩810,000−₩10,000=₩800,000), 대손충당금(₩810,000−₩210,000=₩600,000)과 같다.

또한 대손이 확정되었기 때문에 다음과 같이 이자수익을 인식하는 별도의 분개를 하지 않고 직접 대손처리를 해도 되는데, 이 경우에도 두 가지 방법이 가능하다. 즉 이자수익을 대손처리 분개의 대변에 기입해도 되고 아예 기입하지 않아도 된다. 위에서 (1)과 같이 대손충당금 한도 내에서 대손충당금을 줄여준다면 (1-1)과 (1-2) 모두 가능하다.

(1-1)	(차) 대손충당금	300,000	(대) 받 을 어 음	500,000
	대손상각비	210,000	이 자 수 익	10,000

(1-2)	(차) 대손충당금	300,000	(대) 받을어음	500,000
	대손상각비	200,000		

(1-1)과 (1′)의 분개로 회계기말에 손익계산서에 인식하는 총비용(대손상각비－이자수익)은 ₩210,000＋₩600,000－₩10,000＝₩800,000이고 회계기말 대손충당금은 ₩600,000이다. 한편 (1-2)와 (1′)의 분개로 총비용은 ₩200,000＋₩600,000＝₩800,000이고 회계기말 대손충당금은 ₩600,000이다. (2)의 경우도 미수이자 대신 이자수익을 대변에 기입해도 되고 아예 이자수익 없이 분개해도 된다.

(2-1)	(차) 대손충당금	510,000	(대) 받을어음	500,000
			이자수익	10,000
(2-2)	(차) 대손충당금	500,000	(대) 받을어음	500,000

결론적으로 이자수익을 인식하는 별도의 분개 후 (1) 또는 (2)와 같이 분개하는 것과 이자수익을 인식하는 별도의 분개 없이 (1-1), (1-2), (2-1), 또는 (2-2)와 같이 분개하는 것은 모두 가능하다.

8-13 외상매출금, 차입금, 미수금의 회계처리

일자	차변	금액	대변	금액
7월 10일 :	(차) 대손충당금	2,000	(대) 외상매출금	2,000
20일 :	(차) 현금	300,000	(대) 차입금	300,000
8월 20일 :	(차) 현금	192,000	(대) 받을어음	200,000
	수수료	8,000		
22일 :	(차) 외상매출금	120,000	(대) 매출	120,000
	매출원가	80,000	재고자산	80,000
9월 1일 :	(차) 현금	116,400	(대) 외상매출금	120,000
	매출할인	3,600		
9월 18일 :	(차) 차입금	300,000	(대) 현금	305,000
	이자비용	5,000		
20일 :	(차) 현금	400,000	(대) 토지	1,000,000
	미수금	600,000		
23일 :	(차) 현금	600,000	(대) 미수금	600,000

8-14 채권 및 채무 관련 계정들

(1) 외상매출금
(2) 미수금
(3) 선급금
(4) 미지급금
(5) 선수수익-선수임대료
(6) 선급금
(7) 미수수익-미수이자
(8) 지급어음
(9) 선급비용-선급보험료
(10) 차입금
(11) 미지급비용-미지급전기세
(12) 선수금
(13) 선수금

8-15 예수금의 기록

1. 상품 A : ₩660,000÷(1+0.10)=₩600,000
   상품 B : ₩920,000÷(1+0.10+0.05)=₩800,000
   따라서 만경(주)의 매출액은 ₩1,400,000이다.

2. 〈상품 A〉

(차)	현 금	660,000	(대)	매 출	600,000
				예수금-부가가치세	60,000

〈상품 B〉

(차)	외상매출금	920,000	(대)	매 출	800,000
				예수금-부가가치세	80,000
				예수금-개별소비세	40,000

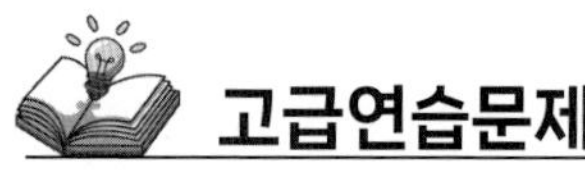

고급연습문제

8-16 매출채권 손상차손의 회계처리

(1)	(차) 대손상각비	41,000	(대) 대손충당금	41,000
(2)	(차) 대손충당금	20,000	(대) 매 출 채 권	20,000
(3)	(차) 대손충당금	10,000	(대) 매 출 채 권	10,000
(4)	(차) 대손충당금	15,000	(대) 매 출 채 권	25,000
	대손상각비	10,000		
	또는			
	(차) 대손충당금	25,000	(대) 매 출 채 권	25,000
(5)	(4)에서 첫 번째로 분개했다면			
	(차) 대손상각비	45,000	(대) 대손충당금	45,000
	(4)에서 두 번째로 분개했다면			
	(차) 대손상각비	55,000	(대) 대손충당금	55,000

8-17 매출채권과 대손상각

1. 매출, 매출환입과 에누리, 매출할인, 매출채권의 회수

(차) 현 금	1,000,000	(대) 매 출	5,000,000
매 출 채 권	4,000,000		
(차) 매출환입및에누리	100,000	(대) 매 출 채 권	100,000
매 출 할 인	400,000	매 출 채 권	400,000
(차) 현 금	2,000,000	(대) 매 출 채 권	2,000,000

2. 기중 발생 대손상각과 상각처리된 채권의 회수

(차) 대손충당금	50,000	(대) 매 출 채 권	50,000
(차) 매 출 채 권	30,000	(대) 대손충당금	30,000
현 금	30,000	매 출 채 권	30,000

3. 기말 대손충당금 설정

(차) 대손상각비	30,000	(대) 대손충당금	30,000*

* ₩70,000 − (₩60,000 − ₩50,000 + ₩30,000) = ₩30,000

8-18 매출채권의 손상차손 추정

1. 20×2년 한 해 동안 대손이 확정될 때마다 회계처리한 것을 모두 결합하면 다음과 같다.

(1) (차) 대손충당금 7,000 (대) 매 출 채 권 9,000
대손상각비 2,000

또는

(2) (차) 대손충당금 9,000 (대) 매 출 채 권 9,000

(1)처럼 회계처리했다면 20×2년말의 대손충당금 설정 분개는

(차) 대손상각비 4,000 (대) 대손충당금 4,000

(2)처럼 회계처리했다면 20×2년말의 대손충당금 설정 분개는

(차) 대손상각비 6,000 (대) 대손충당금 6,000

결국 (1)처럼 회계처리하든 (2)처럼 회계처리하든 20×2년말 손익계산서에 보고되는 대손상각비는 ₩6,000이다.

2. 20×2년 대손확정처리 분개를 한 후 대손충당금 잔액은 ₩5,000이고 20×2년말 대손충당금 잔액은 ₩4,000이므로 20×2년말의 대손충당금 설정 분개는 다음과 같다.

(차) 대손충당금 1,000 (대) 대손충당금환입 1,000

따라서 20×2년말 손익계산서에 보고되는 대손상각 관련 손익은 당기이익항목인 대손충당금환입 ₩1,000이다.

8-19 부도어음과 대손확정

1. 대손발생시에는 국제상사가 별도의 분개를 하지 않아도 된다. 다만, 국제상사는 회계기말에 부도어음이 포함된 매출채권을 평가할 때 회수불능액을 평가하여 대손충당금을 증가시키게 된다. 만일 회수가능성이 없다고 판단되면 대손충당금 잔액이 충분한 경우에 미수된 받을어음 및 이자수익에 대하여 다음과 같은 대손확정 회계처리를 해야 할 것이다

(차) 대손충당금 152,250 (대) 받 을 어 음 150,000
이 자 수 익 2,250*

* ₩150,000 × 6% × 3/12 = ₩2,250

(주) 연습문제 [8-11]의 3.에 이자부어음의 대손확정을 회계처리하는 여러 가지 방법이 소개되어 있으므로 참조할 것.

2. 추후에 글로벌상사로부터 부도어음을 회수했다면 국제상사는 다음의 분개를 한다.

〈대손확정분개의 역분개〉

(차) 받 을 어 음	150,000	(대) 대손충당금	152,250
이 자 수 익	2,250		

〈현금회수 분개〉

(차) 현 금	152,250	(대) 받 을 어 음	150,000
		이 자 수 익	2,250

또는 대손확정분개의 역분개와 현금회수 분개를 일괄하여 다음과 같이 분개해도 된다.

(차) 현 금	152,250	(대) 대손충당금	152,250

8-20 연령분석법에 의한 매출채권 손상검사(Ⅱ)

1. 20×1년 손상채권 추정액 = ₩270,000 × 0.01 + ₩88,000 × 0.03 + ₩42,000 × 0.05 + ₩36,000 × 0.1 + ₩40,000 × 0.5 = ₩31,040

대손충당금 추가설정 필요액 = ₩31,040 − ₩15,000 = ₩16,040

(차) 대손상각비	16,040	(대) 대손충당금	16,040

2.

①	(차) 대손충당금	20,000	(대) 매 출 채 권	20,000
②	(차) 대손충당금	11,040	(대) 매 출 채 권	20,000
	대손상각비	8,960		

매출채권의 대손확정시 해당 매출채권이 어느 연도에 발생한 것인지는 구분하지 않고 회계처리한다.

③	(차) 매 출 채 권	5,000	(대) 대손충당금	5,000
	(차) 현 금	5,000	(대) 매 출 채 권	5,000

3.

(차) 대손상각비	25,000	(대) 대손충당금	25,000

20×2년에 인식한 총대손상각비는 ₩8,960 + ₩25,000 = ₩33,960이다.

8-21 매출채권 관련 거래의 영향

1. ① (차) 매 출 채 권 300,000 (대) 매 출 300,000
   ② (차) 대손충당금 25,000 (대) 매 출 채 권 25,000
   ③ (차) 현 금 5,000 (대) 대손충당금 5,000
   ④ (차) 현 금 30,000 (대) 매 출 채 권 30,000
   ⑤ (차) 현 금 480,000 (대) 매 출 채 권 500,000
   지급수수료 20,000
   ⑥ (차) 대손상각비 15,000 (대) 대손충당금 15,000

   * 수정분개 전 대손충당금 잔액=₩45,000－₩25,000＋₩5,000＝₩25,000
   따라서 새롭게 추정된 대손충당금 ₩40,000이 기말잔액이 되도록 수정분개

2.

거래	매출채권 장부금액	당기순이익
①	증가	증가
②	불변	불변
③	감소	불변
④	감소	불변
⑤	감소	감소
⑥	감소	감소

8-22 회계정보의 활용－매출채권회전율과 매출채권 평균회수기간

1. 매출채권회전율

〈A회사〉 20×1년 : $\frac{₩60,000}{₩4,000}=15$

20×2년 : $\frac{₩84,000}{₩10,000}=8.4$

〈B회사〉 20×1년 : $\frac{₩70,000}{₩2,000}=35$

20×2년 : $\frac{₩80,000}{₩1,500}=53.3$

2. 매출채권 평균회수기간

〈A회사〉 20×1년 : 365일÷15=24.3일

20×2년 : 365일÷8.4=43.4일

〈B회사〉 20×1년 : 365일÷35=10.4일

20×2년 : 365일÷53.3=6.8일

3. 매출채권회전율이 높고 매출채권 평균회수기간이 짧은 B회사가 더 효율적이다.

4. 매출채권회전율이 낮고 매출채권 평균회수기간이 긴 A회사의 매출채권 손상차손이 더 클 것이다.

8-23 매출채권의 평가와 윤리적 판단

1. 충당금설정법에 의하면 매기말 합리적이고 객관적인 손상추정방법에 따라 추정된 금액이 대손충당금으로 설정되어야 한다. 따라서 손상추정액이 줄어들면 결과적으로 대손충당금이 감소하여 총자산이 증가하게 되고 손익계산서상 대손상각비의 감소 혹은 대손충당금환입액의 증가가 이루어져 당기순이익이 증가하게 된다.

2. 정당하지 못하다.
   일반적으로 인정된 회계원칙에서는 매 회계기간말에 회수불가능한 채권을 합리적이고 객관적인 기준(예 : 연령분석법)에 따라서 대손을 추산하고 이를 매기 적용하도록 하고 있다. 하나 양은 이익조작목적으로 손상추정액을 임의로 정하고자 하므로 이는 일반적으로 인정된 회계원칙을 위반한 것이다.

3. 두나 양에게 매기 합리적이고 객관적인 손상추정방법을 이용하도록 하고 그 산출근거를 제시하도록 한다. 만약 두나 양과 하나 양이 공모를 할 수 있는 친구사이라면 종업원을 바꿀 수 있을 것이다. 그리고 옷가게 주인이 매출채권의 손상률을 계산하여 손상추정액을 직접 확인할 수도 있을 것이다.

사례연구 1 신용정책의 변경과 추정손익계산서

1. 먼저 갬방(주)의 20×1년의 총매출액은 다음과 같다.

   $x - x \times 0.02 - x \times (2/3) \times 0.02 =$ ₩580,000

   $x =$ ₩600,000

   그러므로 20×2년의 추정 총매출액은 ₩600,000×1.35=₩810,000

   갬방(주)의 20×2년 추정손익계산서를 작성하면 다음과 같다.

추정손익계산서

20×2년 1월 1일부터
20×2년 12월 31일까지

갬방(주)	(단위 : 원)
총 매 출 (₩600,000×135%)	₩810,000
매 출 할 인 (2%×2/3×₩810,000)	(10,800)
매출에누리 (3%×₩810,000)	(24,300)
순 매 출	₩774,900
매 출 원 가	(516,626)
매출총이익 (₩774,900의 33.33%)	₩258,274
판 매 비 (₩774,900의 25%)	(193,725)
대손상각비 (₩774,900의 2%)	(15,498)
기타관리비	(30,000)
순 이 익	₩19,051

2. 서남문 씨의 제안에 따르면 갬방(주)의 순이익은 오히려 ₩4,149*이 감소하므로 이 제안은 기각되어야 한다.

   * ₩23,200－₩19,051＝₩4,149

사례연구 2 매출채권 직접상각법과 충당금설정법의 사례비교

1.

요약손익계산서

갑(주) 20×1년 1월 1일부터 20×1년 12월 31일까지 (단위 : 원)

매 출	₩315,000*
매 출 원 가	(210,000)
매출총이익	₩105,000
이 자 수 익	12,900***
판매비와관리비	(100,200**)
당기순이익	₩17,700

* 보고된 매출액	₩387,000
(차감) 할부금에 포함된 이자수익	72,000
정확한 매출액(현금기준)	₩315,000
** 보고된 판매비와관리비	₩63,000
(가산) 기말에 추정한 대손상각비	37,200
	₩100,200
*** 할부금에 포함된 이자수익	₩72,000
(차감) 미실현 이자수익	59,100
실현된 이자수익	₩12,900

2. 수정된 손익계산서가 갑(주)의 영업성과를 보다 적절하게 나타내 주고 있다.

이 회사에서 작성한 손익계산서에는 매출시점으로부터 3년 동안에 걸쳐 회수될 이자해당액을 영업 첫해에 모두 매출액으로 인식하여 당기순이익이 과대계상되었다. 또한 손상추정액(비용)을 당기수익과 적절히 대응시키지 못하고 있다. 수정된 손익계산서는 이자수익총액 중 당기에 실현된 부분만을 인식하였고 대손비용도 다른 비용과 같이 당년도의 수익에 적절하게 대응시키고 있다.

3. 두 회사의 수익력에 차이가 크게 발생하는 가장 중요한 이유는 대손비용의 크기가 서로 현저하게 다르다는 점이다. 두 회사는 매출총이익도 비슷하고 동일한 생산품을 같은 기간에 같은 가격으로 판매하였다. 그러나 갑(주)의 대손비용이 ₩39,300(=₩2,100+₩37,200)임에 비해 을(주)는 ₩11,100에 불과하다. 대손비용에서의 차이 ₩28,200은 같은 기준에서 비교한 전체적인 당기순이익의 차이 ₩28,300과 거의 동일한 금액이다.

만약 이와 같이 큰 차이가 발생한 대손비용추정액(매출의 12.5%)을 줄이고자 한다면 갑(주)는 신용매출을 하기 이전에 고객을 대상으로 그들의 신용도를 주의깊게 조사해야 한다. 엄격한 사전 신용조사정책으로 인해 향후에 신용매출액이 감소될 가능성이 존재한다 하더라도 장기적으로 보면 추후 대손비용의 감소액이 매출감소에 따른 당기순이익의 영향을 충분히 상쇄할 수 있을 것이다.

제 9 장 재고자산

익힘문제

1. 취득원가는 구입가격에 부대원가를 가산해야 한다. 만약 현금할인이나 에누리가 있다면 이 금액을 차감한다. 따라서 이 모자 한 상자의 취득원가는 구입가격 ₩3,900,000+운송비 ₩50,000+운송보험료 ₩10,000=₩3,960,000이다. 모자 구매를 위하여 출장 간 직원의 여비는 일상적인 지출로 보아 재고자산의 취득원가보다는 일반관리비로 처리해야 한다.

2. 위탁판매인 경우에는 수탁자가 고객에게 재화나 용역을 판매했을 때 수익을 인식하므로 수탁자가 판매한 시점에서 재고자산을 장부에서 제거해야 한다. 수탁자인 신라기업이 20×2년 1월 10일에 판매를 했으므로 판매시점 전까지는 백제기업의 재고자산이다. 따라서 20×1년 12월 31일에 해당자산을 연도말 재고자산에 포함시켜야 하는 것은 백제기업이다.

3. **실지재고조사법**의 경우, 소유하고 있는 재고자산의 수량은 회계기말의 실지재고조사에 의해 결정되고 매출원가 역시 실사된 기말재고자산액에 근거하여 결정된다. 반면 **계속기록법**은 매입・매출에 따르는 재고자산의 증감과 매출원가를 계속하여 기록하기 때문에 언제든지 소유하고 있는 재고자산의 수량과 그 시점까지의 매출원가를 알 수 있다.

   일반적으로 계속기록법은 비용이 많이 소요되는 방법이다. 과거에는 계속기록법의 큰 비용과 번거로움 때문에 대부분의 기업들이 실지재고조사법을 사용하여 왔으나 오늘날에는 재고자산관리가 컴퓨터시스템화되면서 두 방법간의 비용 차이가 많이 좁혀졌고 재고자산통제에 필요한 적시성 있는 정보의 제공 등 계속기록법의 이점이 상당하기 때문에 대부분의 기업들이 계속기록법을 사용하고 있다. 식당이나 약국 등과 같이 대부분의 소규모사업체들은 컴퓨터화된 재고자산시스템이 불필요할 수도 있고 비경제적일 수 있기 때문에 실지재고조사법을 실무에 적용하는 것이 더 바람직할 것이다. 반면에 자동차, 가전제품 등 상대적으로 고가품을 판매하는 업체나 큰 슈퍼마켓 등은 계속기록법을 사용하는 것이 훨씬 더 실용적이다.

4. 재고자산의 원가배분은 재고자산의 물리적 흐름과 일치하는 것이 가장 이상적이다. 이 경우에는 수익·비용 대응의 원칙이 정확하게 지켜질 수 있다. 그러나 상품의 수량과 종류가 많고 매입 및 매출 거래가 빈번한 경우에는 개별상품에 대한 원가를 파악하는 것이 실무적으로 번거롭고 때로는 사실상 불가능한 경우도 있다. 특히, 가스나 액체와 같은 경우는 재고자산의 물리적 흐름에 맞는 원가결정방법을 적용하기 어렵다. 이러한 한계점 때문에 재고자산의 실물흐름에 관계없이 재고자산의 원가흐름에 대한 일정한 가정을 통하여 매출된 상품과 보관중인 기말상품의 원가에 대한 상호관계를 파악하는 방법을 사용하고 있다. 이러한 방법에는 평균법, 선입선출법, 후입선출법 등이 있다. 국제회계기준은 평균법과 선입선출법의 사용을 허용하고 있다.

5. ① 실제 재고자산의 물적 흐름과 일치하는 방법은 개별법이다.
   ② 판매가능 재고자산은 모두 동일하다고 가정하는 방법은 평균법이다.
   ③ 가장 최근에 구입한 재고자산이 가장 먼저 팔린다고 가정하는 방법은 후입선출법이다.
   ④ 식료품이나 의류와 같이 시간이 지남에 따라 품질이 저하되거나 기능이 진부화되는 재고자산의 실제 물적 흐름과 가장 유사한 방법은 선입선출법이다.

6. **개별법**이 가장 적절하다. 현재 이씨가 소장하고 있는 그림들은 모두 서로 다르며 가격도 고가이므로 그림을 판매한 경우의 매출총이익은 각 그림별로 판매가액에서 매입가액을 차감하여 구하는 것이 논리적으로 타당하다.

   기말재고자산의 원가결정 역시 기말에 소유하고 있는 개별 그림들의 취득원가를 중심으로 결정하는 것이 적절하다.

7. (1) **선입선출법**이다. 가격이 상승하는 기간에는 선입선출법을 적용할 경우 매출원가는 가장 낮게 계상되는 반면, 기말재고자산은 가장 높게 계상된다.
   (2) **후입선출법**이다. 가격이 하락하는 기간에는 후입선출법을 적용할 경우 매출원가는 가장 낮게 계상되는 반면, 기말재고자산은 가장 높게 계상된다.

8. 올해의 전체 매출액은 ₩2,000,000이고 판매가능 재고자산의 소매가격이 ₩2,400,000이므로 판매가격으로 계산되는 기말재고자산의 금액은 ₩400,000이다. 원가는 소매가격의 75%이므로 기말재고자산의 원가는 ₩300,000(= ₩400,000 × 0.75)으로 결정된다.

9. 20×1년의 기말재고자산을 ₩7,000만큼 과대계상한 경우, ① 20×1년의 순이익은 ₩7,000만큼 과대계상되고, ② 20×2년의 순이익은 ₩7,000만큼 과소계상되며, ③ 20×1년과 20×2년의 순이익의 합은 영향이 없다. 왜냐하면 재고자산 오류는 자동상쇄적 오류이므로 두 회계기간이 경과하면 오류가 자동적으로 상쇄된다.

10. 실지재고조사법하에서의 평균법(가중평균법)은 기초재고자산과 당기매입액의 단가가 동일하다는 가정을 한다. 왜냐하면 단가 계산의 산식이 (기초재고자산+당기매입액)÷(기초재고자산의 수량+당기매입수량)이기 때문이다. 그러나 계속기록법에서는 재고자산의 입고와 출고가 계속 기록되기 때문에 출고시의 재고자산 단가는 출고시점까지 남아 있는 재고자산의 가중평균단가가 된다. 이 방법으로는 재고자산의 취득시마다 새로운 평균이 계산되므로 이를 이동평균법(moving average method)이라고도 한다. 보론

11. 실지재고조사법은 기중에 재고자산을 구매할 때에 기록하고 판매할 때에는 기록하지 않고 있다가 기말에 실지재고조사를 통하여 기말재고를 확정한 후에 역으로 매출원가를 결정한다. 즉 기초재고, 당기매입 및 기말재고를 이용한 수정분개를 통하여 매출원가를 파악한다. 보론

12. 회계기준에서 후입선출법을 허용하지 않는 이유는 거의 대부분의 경우에 실제 재고자산의 물적 흐름이 후입선출법 가정과 유사하지 않음에도 불구하고 후입선출법을 자의적으로 사용하여 기업성과나 재무상태가 왜곡될 수 있기 때문이다. 실제로 후입선출법을 허용하는 미국회계기준하에서는 매우 많은 기업들이 세금절감목적으로 후입선출법을 사용하고 있다. 후입선출법 가정이 대부분의 기업에게 있어서 실제 재고자산의 물적 흐름과 일치하지 않는 것은 사실이지만 몇몇 기업에게 있어서는 후입선출법 가정이 가장 타당할 수 있다. 예를 들어, 석탄이나 건축자재처럼 야적되어 있는 상품을 파는 업체의 경우 후입선출법 가정이 실제 재고자산의 물적 흐름과 가장 유사할 수 있다.

13. ① 후입선출법 : 가장 최근에 구입한 재고자산부터 판매되는 것으로 가정하므로 수익·비용대응의 원칙에 가장 충실한 방법이다.
② 후입선출법 : 가장 최근에 구입한 재고자산부터 판매되므로 기말재고자산은 오래전에 구입단가가 낮을 때 구입한 재고자산으로 평가된다.
③ 선입선출법 : 가장 먼저 구입한 재고자산부터 판매되는 것으로 가정하므로 기말재고자산은 가장 최근에 구입한 금액으로 평가되어 현행원가에 가까운 금액이 된다.
④ 후입선출법 : 구입단가가 계속 증가하면, 후입선출법은 가장 최근에 구입한 재고자산부터

판매된다고 가정하여 매출원가는 가장 크게, 매출총이익은 가장 작게 산출된다. 이에 따라서 납부할 세금도 작아진다.

14. 저가법은 보수주의에 입각한 회계처리방법이다. 만약 재고자산의 순실현가능가치가 취득원가보다 낮음에도 불구하고 취득원가로 계속 표시된다면 기말재고자산과 당기순이익이 과대계상될 것이다. 재고자산을 구입하는 시점에서는 순실현가능가치가 취득원가보다 낮은 경우가 거의 없을 것이다. 상품을 팔아 이익을 얻어야 하는데 순실현가능가치가 취득원가보다 낮다면 이익을 얻을 수 없기 때문이다. 그러나 시간이 지나면서 순실현가능가치는 취득원가보다 낮아질 수 있다. 물리적으로 손상되거나 진부화되었기 때문일 수도 있고, 수요 하락 또는 마케팅전략으로서 판매가격을 낮출 수도 있으며, 값싼 대체재 출현 또는 유행의 변화로 더 이상 취득원가 이상으로 판매할 수 없기 때문일 수도 있다.

연습문제

9-1 기말재고자산에 포함되는 상품

12월 31일 기말재고자산의 평가액은 현재 창고에 물리적으로 보유하고 있는 ₩360,000에서 위탁상품 E ₩10,000을 차감하고 운송중인 상품 중 FOB조건으로 구입한 상품 A ₩60,000과 DAP조건으로 판매한 상품 C ₩80,000 그리고 시용품으로 인도한 상품 F ₩30,000을 가산한 ₩520,000이다.

(1) FOB조건으로 구입한 경우에는 선적과 동시에 소유권이 구매자에게 이전되므로 12월 28일자로 만선해운(주)가 구입한 상품 ₩60,000은 만선해운(주)의 재고자산에 포함되어야 한다. 즉, 12월 31일 현재 운송중인 상품 A ₩60,000은 만선해운(주)에 도착하지 않았더라도 만선해운(주)의 재고자산이며 만선해운(주)는 동액만큼의 매입채무를 갖게 된다.

(2) FOB조건으로 12월 30일 매출한 상품 ₩40,000은 만선해운(주)의 기말재고자산에 산입되어서는 안 된다. 선적의 완료와 동시에 상품의 소유권은 만선해운(주)로부터 매입한 고객에게 이전되었으며 동시에 매출채권이 증가하게 된다.

(3) 12월 29일에 DAP조건으로 운송한 경우에는 상품 C가 거래처에 도착했을 때 소유권이 이전된다. 따라서 12월 31일 현재 운송중인 상품 C가 창고에는 존재하지 않지만 만선해운(주)의 기말재고자산에 포함시켜야 한다.

(4) 상품 D는 DAP조건으로 구입했는데 1월 2일에 회사의 창고에 도착할 예정이고 12월 31일 현재 운송중인 상품이므로 12월 31일의 재고자산에는 포함시키지 말아야 한다. 상품 D는 12월 31일 현재 판매자의 재고자산이다.

(5) 위탁상품은 판매되기 전까지 위탁자인 한선(주)의 재고자산에 속한다. 따라서 수탁자인 만선해운(주)는 상품 E를 물리적으로 보유하고 있더라도 자신의 재고자산에 포함시킬 수 없다.

(6) 시용품은 거래처가 매입의사를 표시한 날 매출을 인식하고 재고자산에서 제외시킨다. 따라서 매입의사를 표시하기 전인 12월 31일 현재 상품 F가 창고에 없더라도 여전히 만선해운(주)의 재고자산이다.

(7) 할부판매 역시 판매시점에서 매출을 인식하고 재고자산에서 제외시킨다.

9-2 재고자산의 취득원가

상품매매회사의 재고자산 취득원가는 매입가격뿐만 아니라 재고자산을 판매가능한 장소 및 상태에 이르게 하는 모든 매입부대원가를 가산하여 결정한다.

(1) 스포츠카의 취득원가

구입가격(₩50,000)+운송비(₩500)+수입관세(₩1,000)+세관창고보관비용(₩100)
+운송보험료(₩700)=₩52,300

* 광고비 ₩1,000과 판매담당사원에게 지급한 수수료 ₩3,000은 취득원가가 아니고 판매비로 처리한다.

(2) 공작기계의 취득원가

구입가격(₩10,000)+운송비(₩1,000)+관세(₩2,000)−할인액(₩3,000)+수리비(₩2,000)
=₩12,000

9-3 재고자산의 원가결정방법(Ⅰ)

1. 이동평균법

일 자	매입 수 량	매입 단 가	판매수량	재 고	매출원가
5/ 1	100	@₩10,000			
5/ 5	60	11,000		160@10,375	
5/ 8			100	60@10,375	100@10,375
5/10	140	12,000		200@11,512.5	
5/15			150	50@11,512.5	150@11,512.5
5/17	200	13,000		250@12,702.5	
5/20			180	70@12,702.5	180@12,702.5
	500		430		

5/ 8 평균단가＝(₩1,000,000＋₩660,000)÷(100＋60)＝₩10,375

매출원가＝100×₩10,375＝₩1,037,500 재고액 : 60×₩10,375

5/15 평균단가＝(60×₩10,375＋₩1,680,000)÷(60＋140)＝₩11,512.5

매출원가＝150×₩11,512.5＝₩1,726,875 재고액 : 50×₩11,512.5

5/20 평균단가＝(50×₩11,512.5＋₩2,600,000)÷(50＋200)＝₩12,702.5

매출원가＝180×₩12,702.5＝₩2,286,450 재고액 : 70×₩12,702.5

기말재고자산＝70×₩12,702.5＝₩889,175

당기매출원가＝₩1,037,500＋₩1,726,875＋₩2,286,450＝₩5,050,825

(또는 ₩5,940,000－₩889,175＝₩5,050,825)

매출총이익＝₩7,740,000－₩5,050,825＝₩2,689,175

2. 선입선출법

일 자	매 입 수 량	매 입 단 가	판매 수량	재 고	매출원가
5/ 1	100	@₩10,000			
5/ 5	60	11,000		100@10,000＋60@11,000	
5/ 8			100	60@11,000	100@10,000
5/10	140	12,000		60@11,000＋140@12,000	
5/15			150	50@12,000	60@11,000＋90@12,000
5/17	200	13,000		50@12,000＋200@13,000	
5/20			180	70@13,000	50@12,000＋130@13,000
	500		430		

기말재고자산＝70×₩13,000＝₩910,000

당기매출원가＝₩1,000,000＋₩660,000＋₩1,080,000＋₩2,290,000＝₩5,030,000

(또는 ₩5,940,000－₩910,000＝₩5,030,000)

매출총이익＝₩7,740,000－₩5,030,000＝₩2,710,000

3. 후입선출법

일 자	매 입 수 량	매 입 단 가	판매 수량	재 고	매출원가
5/ 1	100	@₩10,000			
5/ 5	60	11,000		100@10,000＋60@11,000	
5/ 8			100	60@10,000	60@11,000＋40@10,000
5/10	140	12,000		60@10,000＋140@12,000	
5/15			150	50@10,000	140@12,000＋10@10,000
5/17	200	13,000		50@10,000＋200@13,000	
5/20			180	50@10,000＋20@13,000	180@13,000
	500		430		

기말재고자산＝50×₩10,000＋20×₩13,000＝₩760,000

당기매출원가＝₩660,000＋₩400,000＋₩1,680,000＋₩100,000＋₩2,340,000＝₩5,180,000

(또는 ₩5,940,000－₩760,000＝₩5,180,000)

매출총이익＝₩7,740,000－₩5,180,000＝₩2,560,000

4. 회계기간 동안 구입단가가 상승할 경우 선입선출법이 가장 큰 기말재고자산과 가장 작은 매출원가(따라서 가장 큰 매출총이익)를 재무제표에 보고할 것이다. 최근의 높은 구입단가가 기말재고자산에 더 많이 반영되고 과거의 낮은 구입단가가 매출원가에 더 많이 반영되기 때문이다. 반면 후입선출법은 가장 작은 기말재고자산과 가장 큰 매출원가(따라서 가장 작은 매출총이익)를 보여주고, 이동평균법의 기말재고자산과 매출원가는 선입선출법과 후입선출법의 해당 금액 사이에서 결정된다. 한편 회계기간 동안 구입단가가 하락한다면 기말재고자산과 매출원가의 상대적 크기는 정반대가 된다. 즉 선입선출법이 가장 작은 기말재고자산과 가장 큰 매출원가를 재무제표에 보고할 것이다. 최근의 낮은 구입단가가 기말재고자산에 더 많이 반영되고 과거의 높은 구입단가가 매출원가에 더 많이 반영되기 때문이다.

5. 선입선출법은 가장 최근에 매입한 상품의 원가를 재무상태표의 기말재고자산으로 계상하기 때문에 기말재고자산이 현행가격에 가장 근사한 금액, 즉 공정가치로 표시된다는 장점이 있다. 그러나 매출원가는 과거의 구입가격으로 표시되어 현행의 판매가로 보고되는 매출액과의 대응측면에서 적합하지 않다는 단점이 있다.

   반면 후입선출법은 최근의 원가가 매출원가에 보다 많이 반영되므로 선입선출법에 비하여 매출원가가 현행원가에 보다 근접하게 표시된다. 그러나 재무상태표에는 과거의 원가가 기말재고자산으로 표시되어 기말재고자산의 가치가 공정가치와 크게 다를 수 있다.

9-4 재고자산의 원가결정방법(Ⅱ)

1. 계속기록법-이동평균법

일 자	매 입		판매수량	재 고	매출원가
	수 량	단 가			
1/ 1	100	@₩64			
3/15	200	58			
8/20	300	52		600@56	
10/10			550	50@56	550@56
11/30	200	50		250@51.2	
12/20			150	100@51.2	150@51.2
	800		700	₩5,120	₩38,480

10/10 평균단가=(₩6,400+₩11,600+₩15,600)÷(100+200+300)=₩56
매출원가=550×₩56=₩30,800 재고액 : 50×₩56
12/20 평균단가=(50×₩56+₩10,000)÷(50+200)=₩51.2
매출원가=150×₩51.2=₩7,680 재고액 : 100×₩51.2
기말재고자산=100×₩51.2=₩5,120
당기매출원가=₩30,800+₩7,680=₩38,480 (또는 ₩43,600−₩5,120=₩38,480)

2. 계속기록법-선입선출법

일 자	매 입 수 량	매 입 단 가	판매 수량	재 고	매출원가
1/ 1	100	@₩64			
3/15	200	58			
8/20	300	52		100@64+200@58+300@52	
10/10			550	50@52	100@64+200@58+250@52
11/30	200	50		50@52+200@50	
12/20			150	100@50	50@52+100@50
	800		700	₩5,000	₩38,600

기말재고자산=100×₩50=₩5,000
당기매출원가=₩6,400+₩11,600+₩13,000+₩2,600+₩5,000=₩38,600
(또는 ₩43,600−₩5,000=₩38,600)

3. 계속기록법-후입선출법

일 자	매 입 수 량	매 입 단 가	판매 수량	재 고	매출원가
1/ 1	100	@₩64			
3/15	200	58			
8/20	300	52		100@64+200@58+300@52	
10/10			550	50@64	300@52+200@58+50@64
11/30	200	50		50@64+200@50	
12/20			150	50@64+50@50	150@50
	800		700	₩5,700	₩37,900

기말재고자산＝50×₩64＋50×₩50＝₩5,700

당기매출원가＝₩15,600＋₩11,600＋₩3,200＋₩7,500＝₩37,900

(또는 ₩43,600－₩5,700＝₩37,900)

4. 실지재고조사법-가중평균법 보론

평균단가＝₩43,600/800＝₩54.5

기말재고자산＝기말재고수량×가중평균단가＝100×₩54.5＝₩5,450

당기매출원가＝매출수량×가중평균단가＝700×₩54.5＝₩38,150

(또는 ₩43,600－₩5,450＝₩38,150)

5. 실지재고조사법-선입선출법 보론

기말재고수량 100개는 11월 30일 매입한 200개 중 100개가 남았다고 가정한다.

기말재고자산＝100×₩50＝₩5,000

당기매출원가＝₩6,400＋₩11,600＋₩15,600＋₩5,000＝₩38,600

(또는 ₩43,600－₩5,000＝₩38,600)

6. 실지재고조사법-후입선출법 보론

기말재고수량 100개는 기초재고자산 100개가 남았다고 가정한다.

기말재고자산＝100×₩64＝₩6,400

당기매출원가＝₩10,000＋₩15,600＋₩11,600＝₩37,200

(또는 ₩43,600－₩6,400＝₩37,200)

9-5 소매재고법(Ⅰ)

소매재고법에서는 ① 먼저 판매가격으로 표시된 기말재고자산을 구하고, ② 판매가능재고자산의 원가율을 계산한 다음 ③ ①과 ②를 곱하여 기말재고자산의 원가를 추정한다.

〈여성복〉

기말재고자산(매출가격기준)

＝기초재고자산(매출가격기준)＋당기매입액(매출가격기준)－매출액

＝₩175,500＋₩605,750－₩650,000＝₩131,250

원가율=원가기준 판매가능액÷매출가격기준 판매가능액

=[기초재고자산(원가)+당기매입액(원가)]÷[기초재고자산(매출가)+당기매입액(매출가)]

=(₩120,000+₩380,000)÷(₩175,500+₩605,750)=₩500,000÷₩781,250=0.64

기말재고자산(원가기준)=₩131,250×0.64=₩84,000

매출원가=₩500,000−₩84,000=₩416,000 (또는 ₩650,000×0.64=₩416,000)

〈남성복〉

기말재고자산(매출가격기준)

=기초재고자산(매출가격기준)+당기매입액(매출가격기준)−매출액

=₩155,000+₩445,000−₩450,000=₩150,000

원가율=원가기준 판매가능액÷매출가격기준 판매가능액

=[기초재고자산(원가)+당기매입액(원가)]÷[기초재고자산(매출가)+당기매입액(매출가)]

=(₩100,000+₩260,000)÷(₩155,000+₩445,000)=₩360,000÷₩600,000=0.60

기말재고자산(원가기준)=₩150,000×0.60=₩90,000

매출원가=₩360,000−₩90,000=₩270,000 (또는 ₩450,000×0.60=₩270,000)

9-6 재고자산의 저가평가(Ⅰ)

1.

	재고수량	단위당 금액			재고자산평가손실
		취득원가	순실현가능가치	평가손실	
A	1,100	₩3,200	₩3,700	₩0	₩0
B	1,500	3,500	3,400	100	150,000
C	900	2,300	2,100	200	180,000
계					₩330,000

2. 저가기준(취득원가와 순실현가능가치 중 작은 금액)으로 기말재고자산을 표시해야 하므로 상품 A의 단위당 재고자산 금액은 ₩3,200, 상품 B의 단위당 재고자산 금액은 ₩3,400, 상품 C의 단위당 재고자산 금액은 ₩2,100이다. 따라서 재무상태표에 표시되는 총기말재고자산은 1,100×₩3,200+1,500×₩3,400+900×₩2,100=₩10,510,000이다. 즉 기말재고자산은 취득원가 기준 재고자산금액 ₩10,840,000에서 재고자산평가손실 ₩330,000을 차감한 금액이다. 한편 매출원가는 다음과 같다.

기초재고자산	₩8,000,000
당기매입액	46,000,000
판매가능액	₩54,000,000
기말재고자산취득가액	(10,840,000)
재고자산평가손실	330,000
매 출 원 가	₩43,490,000

3.
(차) 매 출 원 가	8,000,000	(대) 재 고 자 산	8,000,000
(차) 매 출 원 가	46,000,000	(대) 매 입	46,000,000
(차) 재 고 자 산	10,840,000	(대) 매 출 원 가	10,840,000
(차) 매 출 원 가 (재고자산평가손실)	330,000	(대) 재 고 자 산	330,000

4. 저가기준을 적용한 후의 장부의 기말재고자산액은 ₩10,510,000이고 실사로 파악한 기말재고자산액은 1,050 × ₩3,200 + 1,480 × ₩3,400 + 870 × ₩2,100 = ₩10,219,000이다. 따라서 재고자산감모손실은 ₩291,000이다. 필요한 회계처리는 다음과 같다.

(차) 재고자산감모손실	291,000	(대) 재 고 자 산	291,000

결과적으로 재무상태표에 표시되는 기말재고자산은 ₩10,219,000이며 재고자산감모손실은 당기매출원가에 가산된다. 만약 계속기록법을 사용하는 기업이 기말실사를 하지 않는다면 위와 같은 감모손실을 파악할 수 없어서 재무제표에 반영시킬 수 없을 것이다. 따라서 감모손실만큼 기말재고자산과 당기순이익이 과대계상된다.

9-7 재고자산의 오류

1. 기말재고자산의 오류가 없었다면 각 연도의 매출원가는 다음과 같다.

	기 간			
	20×1년	20×2년	20×3년	20×4년
기 초 재 고	₩36,000	₩20,000	₩33,000	₩20,000
순 매 입 액	50,000	74,000	45,000	39,000
판매가능액	₩86,000	₩94,000	₩78,000	₩59,000
기 말 재 고	20,000	33,000	20,000	23,000
매 출 원 가	₩66,000	₩61,000	₩58,000	₩36,000

기말재고자산의 오류가 각 연도의 매출원가에 미치는 영향은 다음과 같다.

20×1년 : 기말재고자산 ₩4,000 과대계상 → 매출원가 ₩4,000 과소계상 (즉 정확한 매출원가는 ₩66,000인데 ₩62,000으로 계상되었음)

20×2년 : 기초재고자산 ₩4,000 과대계상, 기말재고자산 ₩3,000 과소계상 → 매출원가 ₩7,000 과대계상 (즉 정확한 매출원가는 ₩61,000인데 ₩68,000으로 계상되었음)

20×3년 : 기초재고자산 ₩3,000 과소계상, 기말재고자산 ₩2,000 과대계상 → 매출원가 ₩5,000 과소계상 (즉 정확한 매출원가는 ₩58,000인데 ₩53,000으로 계상되었음)

20×4년 : 기초재고자산 ₩2,000 과대계상 → 매출원가 ₩2,000 과대계상 (즉 정확한 매출원가는 ₩36,000인데 ₩38,000으로 계상되었음)

2. 기말재고자산의 오류가 있었을 경우 20×4년말의 이익잉여금에 미치는 매출원가의 영향은 －₩62,000－₩68,000－₩53,000－₩38,000＝－₩221,000이며 이는 오류가 없었을 경우에 20×4년말의 이익잉여금에 미치는 매출원가의 영향(－₩66,000－₩61,000－₩58,000－₩36,000＝－₩221,000)과 같다. 즉 기말재고자산의 오류로 인해 20×1년 매출원가 ₩4,000 과소계상, 20×2년 매출원가 ₩7,000 과대계상, 20×3년 매출원가 ₩5,000 과소계상, 20×4년 매출원가 ₩2,000 과대계상되는데, 과대계상분 ₩9,000과 과소계상분 ₩9,000이 상쇄되어 20×4년말의 이익잉여금에는 영향을 미치지 않는다. 이를 자동조정오류 또는 자동상쇄오류라고 한다.

9-8 소매재고법(Ⅱ)

원가율＝원가기준 판매가능액÷매출가격기준 판매가능액

＝[기초재고자산(원가)＋순매입액(원가)＋매입운임(원가)]

÷[기초재고자산(매출가)＋순매입액(매출가)]

＝(₩233,500＋₩1,059,800＋₩136,180)÷(₩467,000＋₩2,282,000)

＝₩1,429,480÷₩2,749,000＝0.52

기말재고자산(매출가격기준)＝매출가격기준 판매가능액－매출액

＝₩2,749,000－₩2,435,000＝₩314,000

기말재고자산(원가기준)＝기말재고자산(매출가격기준)×원가율＝₩314,000×0.52＝₩163,280

매출원가＝원가기준 판매가능액－원가기준 기말재고자산＝₩1,429,480－₩163,280＝₩1,266,200

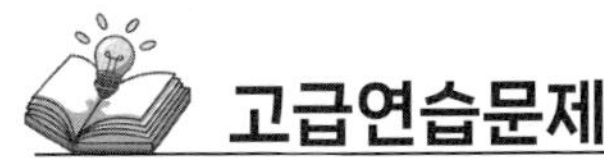

고급연습문제

9-9 회계연도말 재고자산의 장부금액 결정

(1) 기말재고자산에 포함시키지 않는 것이 맞다. 판매목적이 아니고 다음 해에 이브닝글로리(주)가 회사의 소모품으로 사용할 예정인 자산들은 재고자산에 포함시켜야 할 자산이 아니고, 유동자산 중에서 소모품으로 처리해야 한다.

(2) 기말재고자산에 포함시키는 것이 맞다. 위탁판매를 하기 위해 거래처에 보낸 재고자산은 적송품이라고도 하는데, 수탁자가 재고자산을 판매하는 시점에 재고자산에서 제거한다.

(3) 기말재고자산에 포함시키는 것이 맞다. FOB조건으로 구입한 재고자산은 선적시에 재고자산의 소유권이 이브닝글로리(주)로 넘어오게 된다. 이 재고자산은 미착상품이라는 계정과목으로 재고자산에 포함된다.

(4) 기말재고자산에 포함시키지 말아야 한다. 기말재고자산은 저가법을 적용하여 평가한다. 즉, 취득원가와 순실현가능가치 중에서 낮은 금액으로 평가한다. 문제에서 이 재고자산은 판매하기 어려울 것으로 판단하고 있으므로 순실현가능가치가 ₩0이다. 따라서 재고자산을 제거하고 재고자산평가손실 ₩30,000을 인식하여야 한다.

(5) 기말재고자산에 포함시키지 말아야 한다. 회사의 영업활동에 사용중인 사무용 복사기는 유형자산 중의 한 항목인 사무용비품으로 분류해야 할 것이다.

(6) 기말재고자산에 포함시키지 말아야 한다. 12월 29일부로 재고자산의 소유권이 이브닝글로리(주)에서 베타문구점으로 이전되었기 때문이다. 1월 2일 베타문구점은 주문과는 전혀 다른 제품이 도착했다고 연락하면서 물건을 반송하겠다고 밝혔으나 이는 결산일 이후의 일이다. 따라서 이 제품에 대해서는 다음 회계기간에 매출환입으로 처리해야 한다.

(7) 기말재고자산에 포함시키지 않는 것이 맞다. DAP조건으로 구매하였으므로 이브닝글로리(주)는 상품이 도착한 시점에서 재고자산에 포함시켜야 한다.

(8) 기말재고자산에 포함시켜야 한다. 시용품의 경우 거래처가 매입의사를 표시하기 전까지는 이브닝글로리(주)의 재고자산이다.

(9) 기말재고자산에 포함시켜야 한다. DAP조건으로 판매한 경우 구매자가 상품을 받기 전까지는 판매자의 재고자산이다.

따라서 결산일의 재고자산으로 표시해야 할 금액은 ₩1,000,000 − ₩30,000 − ₩100,000 − ₩13,000 + ₩20,000 + ₩35,000 = ₩912,000이다.

9-10 재고자산의 원가결정방법(Ⅲ)

1. 〈평균법(계속기록법하에서의 평균법을 이동평균법이라고 한다)〉

일 자	매입 수 량	매입 단 가	판매수량	재 고	매출원가
6/ 1	150	@₩40			
6/ 5	100	45		250@₩42	
6/10			200	50@₩42	200@₩42
6/12	150	50			
6/20	200	60		400@₩54	
6/25			300	100@₩54	300@₩54
	600		500	₩5,400	₩24,600

6/10 평균단가=(150×₩40+100×₩45)÷(150+100)=₩42

매출원가=200×₩42=₩8,400 재고액 : 50×₩42

6/25 평균단가=(50×₩42+150×₩50+200×₩60)÷(50+150+200)=₩54

매출원가=300×₩54=₩16,200 재고액 : 100×₩54

기말재고자산=100×₩54=₩5,400

당기매출원가=₩8,400+₩16,200=₩24,600 (또는 ₩30,000−₩5,400=₩24,600)

〈선입선출법〉

일 자	매입 수 량	매입 단 가	판매수량	재 고	매출원가
6/ 1	150	@₩40			
6/ 5	100	45		150@₩40+100@₩45	
6/10			200	50@₩45	150@₩40+50@₩45
6/12	150	50			
6/20	200	60		50@₩45+150@₩50+200@₩60	
6/25			300	100@₩60	50@₩45+150@₩50+100@₩60
	600		500	₩6,000	₩24,000

기말재고자산=100×₩60=₩6,000

당기매출원가=150×₩40+100×₩45+150×₩50+100×₩60=₩24,000

(또는 ₩30,000−₩6,000=₩24,000)

〈후입선출법〉

일 자	매 입		판매	재 고	매출원가
	수 량	단 가	수량		
6/ 1	150	@₩40			
6/ 5	100	45		150@₩40+100@₩45	
6/10			200	50@₩40	100@₩45+100@₩40
6/12	150	50			
6/20	200	60		50@₩40+150@₩50+200@₩60	
6/25			300	50@₩40+50@₩50	200@₩60+100@₩50
	600		500	₩4,500	₩25,500

기말재고자산=50×₩40+50×₩50=₩4,500

당기매출원가=100×₩45+100×₩40+200×₩60+100×₩50=₩25,500

(또는 ₩30,000−₩4,500=₩25,500)

2. 보론

〈평균법(실지재고조사법하에서의 평균법을 총평균법 또는 가중평균법이라고 한다)〉

가중평균단가=(150×₩40+100×₩45+150×₩50+200×₩60)/(150+100+150+200)=₩50

기말재고자산=기말재고수량×가중평균단가=100×₩50=₩5,000

당기매출원가=매출수량×가중평균단가=500×₩50=₩25,000

(또는 ₩30,000−₩5,000=₩25,000)

〈선입선출법〉

기말재고자산=100×₩60=₩6,000

당기매출원가=150×₩40+100×₩45+150×₩50+100×₩60=₩24,000

(또는 ₩30,000−₩6,000=₩24,000)

기말재고수량 100개는 6월 20일에 구입한 200개에서 100개가 남았다고 가정하므로 기말재고자산은 100×₩60=₩6,000이고 매출수량 500개는 먼저 구입한 순서대로 판매된 것으로 가정하므로 기초재고 150개, 6월 5일 구입한 100개, 6월 12일 구입한 150개, 그리고 6월 20일 구입한 200개 중 100개가 될 것이다. 따라서 매출원가는 150×₩40+100×₩45+150×₩50+100×₩60=₩24,000이다.

〈후입선출법〉

기말재고자산＝100×₩40＝₩4,000

당기매출원가＝200×₩60＋150×₩50＋100×₩45＋50×₩40＝₩26,000

(또는 ₩30,000－₩4,000＝₩26,000)

기말재고수량 100개는 기초재고 150개에서 100개가 남았다고 가정하므로 기말재고자산은 100×₩40＝₩4,000이고 매출수량 500개는 최근에 구입한 순서대로 판매된 것으로 가정하므로 6월 20일 구입한 200개, 6월 12일 구입한 150개, 6월 5일 구입한 100개, 그리고 기초재고 150개 중 50개가 될 것이다. 따라서 매출원가는 200×₩60＋150×₩50＋100×₩45＋50×₩40＝₩26,000이다.

3. 재고자산 원가결정방법으로 선입선출법을 사용하면 계속기록법으로 회계처리하든 실지재고조사법으로 회계처리하든 기말재고자산과 매출원가는 항상 동일하다. 그러나 평균법이나 후입선출법을 재고자산 원가결정방법으로 사용할 경우 계속기록법으로 회계처리할 때와 실지재고조사법으로 회계처리할 때 기말재고자산과 매출원가는 달라질 수 있다.

4. 모든 단가의 단순평균은 ₩48.75[＝(₩40＋₩45＋₩50＋₩60)÷4]이고 6월 10일 판매시점에서의 단가의 단순평균은 ₩42.5[＝(₩40＋₩45)÷2]이다. 먼저 계속기록법에서 평균법을 적용할 때 ₩42.5은 판매시점의 재고자산 수량을 고려하지 않은 평균이다. 6월 10일 판매시점에서 재고자산 수량을 고려하면 단가 ₩40은 총 250개 중 150개에 해당되고 단가 ₩45은 총 250개 중 100개에 해당된다. 따라서 가중치를 고려한 평균단가는 ₩40×(150/250)＋₩45×(100/250)＝₩42이다. 계속기록법하에서는 매입이 발생할 때마다 평균단가를 계산하기 때문에 이동평균법이라고 하는데, 보다 정확히 말하면 이동가중평균법이 되는 것이다. 한편 실지재고조사법하에서의 총평균법은 가중평균법이라고도 불리는데, 이 역시 단가가 다른 판매가능 재고자산의 수량을 고려해서 평균단가를 계산하기 때문이다. 즉 단가 ₩40은 총 600개 중 150개에, 단가 ₩45은 총 600개 중 100개에, 단가 ₩50은 총 600개 중 150개에, 단가 ₩60은 총 600개 중 200개에 해당된다. 따라서 가중치를 고려한 실지재고조사법에서의 평균단가는 ₩40×(150/600)＋₩45×(100/600)＋₩50×(150/600)＋₩60×(200/600)＝₩50이 된다.

5. 법인세차감전순이익이 최소가 되어야만 법인세가 최소가 될 수 있다. 따라서 다른 모든 조건이 동일하다면 매출원가가 가장 크게 계상되는 재고자산 원가결정방법을 선택해야 한다. 계속기록법을 사용하든 실지재고조사법을 사용하든 구입단가가 상승하는 기간에는 후입선출법이 가장 큰 매출원가를 계상하게 될 것이다(반면 구입단가가 하락하는 기간에는 선입선출법이 가장

큰 매출원가를 계상하게 된다).

	계속기록법			실지재고조사법		
	평균법	선입선출법	후입선출법	평균법	선입선출법	후입선출법
매출원가	₩24,600	₩24,000	₩25,500	₩25,000	₩24,000	₩26,000
기말재고자산	₩5,400	₩6,000	₩4,500	₩5,000	₩6,000	₩4,000

게임나라(주)의 경우 후입선출법을 선택함으로써 매출원가를 가장 크게 보고하고 법인세를 가장 많이 절약할 수 있다. 그러나 회계기준에서는 후입선출법을 허용하지 않는다. 따라서 게임나라(주)가 회계기준에 따라 재무제표를 작성해야 한다면 차선책으로 평균법을 사용하는 것이 선입선출법을 사용하는 것보다 법인세를 더 절감할 수 있다.

참고로 구입단가가 상승하는 것이 일반적이고 미국회계기준은 후입선출법을 허용하기 때문에 많은 미국기업들이 재고자산의 실물흐름과 후입선출법의 가정이 불일치함에도 불구하고 법인세 절감목적으로 후입선출법을 사용하고 있다.

9-11 재고자산의 원가결정방법(Ⅳ)

1. (1) 선입선출법

	매 입		판매		
일자	수 량	단 가	수량	재 고	매출원가
7/ 1	1,300	@₩56		1,300@₩56	
7/ 3			500	800@₩56	500@₩56
7/ 8	1,200	58		800@₩56+1,200@₩58	
7/13			1,500	500@₩58	800@₩56+700@₩58
7/19	1,600	62			
7/23	900	64		500@₩58+1,600@₩62+900@₩64	
7/28			1,800	300@₩62+900@₩64	500@₩58+1,300@₩62
	5,000		3,800	₩76,200	₩223,000

		수 량	단 가	금 액
7월 3일	매출원가 :	500 (개)	₩56	₩28,000
7월 13일	매출원가 :	800	56	₩44,800
		700	58	40,600
		1,500		₩85,400
7월 28일	매출원가 :	500	58	₩29,000
		1,300	62	80,600
		1,800		₩109,600

따라서 7월중의 총매출원가는 ₩223,000(=₩28,000+₩85,400+₩109,600)이고 7월말 기말재고자산은 ₩76,200이다.

(2) 후입선출법

일 자	매입 수 량	매입 단 가	판매 수량	재 고	매출원가
7/ 1	1,300	@₩56		1,300@₩56	
7/ 3			500	800@₩56	500@₩56
7/ 8	1,200	58		800@₩56+1,200@₩58	
7/13			1,500	500@₩56	1,200@₩58+300@₩56
7/19	1,600	62			
7/23	900	64		500@₩56+1,600@₩62+900@₩64	
7/28			1,800	500@₩56+700@₩62	900@₩64+900@₩62
	5,000		3,800	₩71,400	₩227,800

	수 량	단 가	금 액
7월 3일	500 (개)	₩56	₩28,000
7월 13일	1,200	58	₩69,600
	300	56	16,800
	1,500		₩86,400
7월 28일	900	64	₩57,600
	900	62	55,800
	1,800		₩113,400

따라서 7월중이 총매출원가는 ₩227,800(=₩28,000+₩86,400+₩113,400)이고 7월말 기말재고자산은 ₩71,400이다.

(3) 이동평균법

일 자	매 입		판매수량	재 고	매출원가
	수 량	단 가			
7/ 1	1,300	@₩56		1,300@₩56	
7/ 3			500	800@₩56	500@₩56
7/ 8	1,200	58		2,000@₩57.2	
7/13			1,500	500@₩57.2	1,500@₩57.2
7/19	1,600	62			
7/23	900	64		3,000@₩61.8	
7/28			1,800	1,200@₩61.8	1,800@₩61.8
	5,000		3,800	₩74,160	₩225,040

7/ 3 매출원가＝500×₩56＝₩28,000

7/13 평균단가＝(800×₩56＋1,200×₩58)÷(800＋1,200)＝₩57.2

매출원가＝1,500×₩57.2＝₩85,800

7/28 평균단가＝(500×₩57.2＋1,600×₩62＋900×₩64)÷(500＋1,600＋900)＝₩61.8

매출원가＝1,800×₩61.8＝₩111,240

따라서 7월중의 총매출원가는 ₩225,040(＝₩28,000＋₩85,800＋₩111,240)이고 7월말 기말재고자산은 ₩74,160이다.

2. 보론

	수 량	단 가	금 액
기초재고	1,300 (개)	₩56	₩72,800
매 입	1,200	58	69,600
	1,600	62	99,200
	900	64	57,600
판매가능상품	5,000		₩299,200
매 출(500＋1,500＋1,800)	3,800		
기말재고	1,200 (개)		?

(1) 선입선출법

수 량	단 가	금 액	
900 (개)	₩64	₩57,600	
300	62	18,600	
1,200		₩76,200	기말재고

매출원가 : ₩299,200 − ₩76,200 = ₩223,000

(2) 후입선출법

수 량	단 가	금 액	
1,200 (개)	₩56	₩67,200	
1,200		₩67,200	기말재고

매출원가 : ₩299,200 − ₩67,200 = ₩232,000

(3) 가중평균법
평균단위원가 : ₩299,200 / 5,000 = ₩59.84
기말재고 : 1,200 × ₩59.84 = ₩71,808
매출원가 : ₩299,200 − ₩71,808 = ₩227,392

3. (1) 대부분 상품의 경우 선입선출법이 비교적 실제물량흐름을 잘 나타낸다. 왜냐하면 대부분의 기업들은 먼저 구입한 상품을 먼저 판매하려고 할 것이기 때문이다. 특히 핑클(주)와 같이 진부화 가능성이 크거나 부패가 우려되는 상품을 취급하는 경우 선입선출법은 가장 적합한 재고자산평가방법이 될 것이다.

(2) 구입단가가 상승하는 기간에는 후입선출법이 매출원가를 가장 크게 평가한다. 그 결과 법인세차감전이익과 법인세가 가장 작게 계상된다. 실제로 후입선출법을 허용하는 미국에서는 많은 기업들이 법인세 절감 목적으로 후입선출법을 사용하고 있다.

(3) 구입단가가 상승하는 기간에는 선입선출법이 매출원가를 가장 작게 평가하므로 가장 큰 당기순이익을 보고할 수 있다.

9-12 재고자산 원가결정방법의 선택

1. 기말재고자산의 수량은 30개(기초재고자산수량 + 당기구입수량 − 매출수량 = 50 + 240 − 260 = 30)이다.

선입선출법에 의한 기말재고자산은 11월말에 단가 ₩5,500으로 구입한 재고자산으로 구성되어 있을 것이다. 그리고 후입선출법에 의한 기말재고자산은 기초재고자산 중의 일부로 구성되어 있을 것이다.

기말재고자산-선입선출법 = 30 × ₩5,500 = ₩165,000

기말재고자산-후입선출법 = 30 × ₩7,500 = ₩225,000

매출원가-선입선출법 = ₩1,900,000 − ₩165,000 = ₩1,735,000

매출원가-후입선출법 = ₩1,900,000 − ₩225,000 = ₩1,675,000

당기순이익 = 매출액 − 매출원가 − 일반판매관리비

당기순이익-선입선출법 = ₩3,000,000 − ₩1,735,000 − ₩400,000 = ₩865,000

당기순이익-후입선출법 = ₩3,000,000 − ₩1,675,000 − ₩400,000 = ₩925,000

2. 최근에 구입한 상품의 단가를 기말재고자산에 보다 많이 반영하는 원가결정방법, 즉 선입선출법이 기말재고자산의 장부금액을 현행원가와 가까운 금액으로 나타낸다는 점에서 보다 적정한 방법이다. TV 가격이 하락하고 있는 추세에서는 후입선출법으로 평가한 기말재고자산은 자산의 과대평가를 초래할 수도 있다.

3. 순이익은 후입선출법이 보다 적정하다. 왜냐하면 후입선출법은 최근의 수익에 최근의 원가를 대응시켜서 적정한 수익·비용 대응의 원칙을 상대적으로 잘 지킬 수 있도록 하기 때문이다. 특히 이 경우에는 TV의 구입가격이 하락하고 있으므로 매출단가가 변하지 않는 한 당기순이익은 큰 금액이 현실적일 것이다. 그러나 TV 구입가격의 하락은 경쟁업체들과의 경쟁으로 인하여 장기적으로 매출단가를 하락시킬 위험이 있다. 이는 순이익의 하락을 가져올 수도 있다. 그러나 또 한편으로는 매출단가의 하락은 TV에 대한 수요를 진작시켜서 전체적인 매출액이 증가할 수도 있다.

4. 현금흐름에는 차이가 없다. 용산전자(주)의 현금흐름은 매출액과 매입액, 그리고 일반판매관리비의 영향을 받는데, 재고자산평가방법에 따라서 현금흐름은 변동하지 않는다. 다시 말해 선입선출법과 후입선출법(그리고 평균법)은 재고자산의 흐름에 대한 가정일 뿐이며 현금흐름에는 영향을 미치지 않는다.

5. 매출총이익률 = 매출총이익 ÷ 매출액 = (매출액 − 매출원가) ÷ 매출액

   매출총이익률-선입선출법 = (₩3,000,000 − ₩1,735,000) ÷ ₩3,000,000 = 42.17%

   매출총이익률-후입선출법 = (₩3,000,000 − ₩1,675,000) ÷ ₩3,000,000 = 44.17%

   따라서 가격이 하락하는 기간에는 후입선출법이 보다 큰 매출마진을 보여준다.

6. 법인세가 있다면 재고자산 원가결정방법에 따라서 현금흐름에 차이가 발생할 수 있다. 이는 법인세가 법인세차감전순이익을 기준으로 결정되기 때문이다. 즉 재고자산평가방법에 따라 매출원가가 영향을 받으면 법인세차감전순이익도 영향을 받고 그 결과 법인세가 달라진다. TV 구입가격이 하락하고 있으므로 선입선출법이 가장 큰 매출원가와 가장 작은 법인세차감전순이익 및 법인세를 계상할 것이다. 따라서 현금흐름을 중시한다면 법인세차감전순이익과 법인세를 가장 작게 계상하는 선입선출법을 선택하는 것이 합리적이다.

9-13 재고자산의 저가평가(Ⅱ)

1.

	재고수량	단위당 금액			재고자산 평가손실
		취득원가	순실현가능가치	평가손실	
상 품	400	₩1,200	₩1,400	₩0	₩0
제 품	700	900	800	100	70,000
반 제 품	300	500	450	50	15,000
원 재 료	200	150	100	50	10,000
계					₩95,000

(차) 재고자산평가손실 95,000 (대) 재고자산(또는 재고자산평가충당금) 95,000

재고자산 장부금액=(400×₩1,200+700×₩900+300×₩500+200×₩150)−₩95,000=₩1,195,000

2. 상품의 순실현가능가치가 여전히 취득원가보다 크므로 회계처리할 필요가 없으며, 제품의 순실현가능가치는 ₩800에서 ₩850으로 ₩50 증가하였다. 이는 20×1년 12월 31일 인식하였던 재고자산평가손실금액 ₩70,000을 ₩35,000(=₩50×700)만큼 감소시키므로 다음과 같이 분개한다.

(차) 재고자산(또는 재고자산평가충당금) 35,000 (대) 재고자산평가손실환입 35,000

한편 분개의 결과로 재고자산 장부금액은 ₩35,000만큼 증가할 것이다.

재고자산 장부금액=₩1,195,000+₩35,000=₩1,230,000

3. 제품의 순실현가능가치가 ₩800에서 ₩950으로 ₩150 증가하였다. 이는 20×1년 12월 31일 인식하였던 재고자산평가손실금액 ₩70,000을 초과하는 금액이다(₩150×700=₩105,000). 이전에 인식하였던 재고자산평가손실금액의 한도 내에서만 평가손실환입을 계상해주어야 하므로 다음과 같이 분개한다.

(차) 재고자산(또는 재고자산평가충당금) 70,000 (대) 재고자산평가손실환입 70,000

분개의 결과로 재고자산 장부금액은 ₩70,000만큼 증가할 것이다.

재고자산 장부금액 = ₩1,195,000 + ₩70,000 = ₩1,265,000

9-14 재고자산오류의 수정

20×1년 : 기말재고자산 ₩100,000 과소계상 → 매출원가 ₩100,000 과대계상 → 순이익 ₩100,000 과소계상. 따라서 20×1년말 이익잉여금에 미치는 순영향은 순이익 ₩100,000 과소계상으로부터 ₩100,000 과소계상

20×2년 : 기초재고자산 ₩100,000 과소계상, 기말재고자산 ₩200,000 과대계상 → 매출원가 ₩300,000 과소계상 → 순이익 ₩300,000 과대계상. 따라서 20×2년말 이익잉여금에 미치는 순영향은 20×1년 순이익 ₩100,000 과소계상, 20×2년 순이익 ₩300,000 과대계상으로부터 ₩200,000 과대계상

20×3년 : 기초재고자산 ₩200,000 과대계상 → 매출원가 ₩200,000 과대계상 → 순이익 ₩200,000 과소계상. 따라서 20×3년말 이익잉여금에 미치는 순영향은 20×1년 순이익 ₩100,000 과소계상, 20×2년 순이익 ₩300,000 과대계상, 순이익 ₩200,000 과소계상으로부터 ₩0

〈수정 후〉	20×1년	20×2년	20×3년
매 출 원 가	₩700,000	₩1,200,000	₩500,000
순 이 익	200,000	−180,000	330,000
	20×1년 12월 31일	20×2년 12월 31일	20×3년 12월 31일
재 고 자 산	₩1,100,000	₩1,000,000	₩1,300,000
이익잉여금	3,100,000	3,300,000	3,200,000

9-15 재고자산 회계처리와 관련된 윤리적 의사결정

1. 내년도 매출원가를 늘려서 순이익을 낮추어 소득세를 절감하기 위해서이다. 매출원가는 [기초재고자산 + 당기매입액 − 기말재고자산]으로 산출되는데 이 산식에서 내년도 기초재고자산이 커지면 매출원가가 커지고 따라서 순이익이 작아진다. 그러나 다른 모든 상황이 변하지 않는다는 조건에서만 소득세 절감을 통한 효익을 누릴 수 있을 것이다. 노트북 컴퓨터의 구입가격과 더불어 매출단가도 지속적으로 하락하고 있는 시점에서 상대적으로 높은 가격으로 노트북 컴퓨터를 대량구입하는 것은 내년도 매출마진을 크게 줄일 수 있다. 특히 래이니어 전자상점은 선입선출법을 사용하기 때문에 매출마진 감소 효과가 매우 클 수 있다.

한편 금년도 순이익에는 별 영향을 미치지 않을 것이다. 선입선출법을 사용하기 때문에 결산일 이틀 전에 대량구입한 노트북 컴퓨터는 기말재고자산뿐만 아니라 당기매입액도 비슷한 수준으로 증가시킬 것이기 때문이다.

2. 한번 선택한 회계정책은 특별한 사유가 없는 한 계속 적용해야 한다. 일관성 있게 회계정책을 적용하면 회계정보의 비교가능성이 높아진다. 만약 회계기간마다 재고자산의 원가결정방법을 변경한다고 하면, 기말재고자산이나 매출원가의 기간간 비교가능성이 없어지게 되어 회계정보로서의 목적적합성이 훼손될 것이다.

   특히 순이익 조정을 위해서 회계정책을 변경하는 것은 용인되어서는 안 된다. 이는 불법적인 회계처리방법이므로 외부감사에서도 이러한 회계처리방법의 변경이 특히 중요하다고 판단되면 부적정의견을 표명해야 한다.

9-16 재고자산의 원가결정과 윤리적 판단

1. 원유가격이 급등하고 있는 인플레이션 상태이므로 과거의 낮은 단가를 먼저 당기의 매출원가에 적용시키는 선입선출법이 평균법에 비하여 매출원가를 더 낮게 계상하게 되고 따라서 당기순이익을 증가시킨다.

2. 재고자산 원가결정방법은 이익조작목적으로 임의로 변경해서는 안 된다. 원가결정방법의 변경은 기간별 비교가능성을 왜곡하므로 정당한 사유가 있는 경우에만 가능하다.

9-17 회계정보의 활용 – 재고자산회전율

• A쇼핑 재고자산회전율＝매출원가/평균재고자산＝₩3,029/((₩268＋₩290)/2)＝10.9회

• B쇼핑 재고자산회전율＝매출원가/평균재고자산＝₩1,291/((₩347＋₩760)/2)＝2.3회

따라서 A쇼핑이 재고자산을 더 효율적으로 관리하고 있다.

사례연구 재고자산의 취득원가와 당기순이익

1. 매　출　액(2 × ₩18,000,000)		₩36,000,000
매 출 원 가 :		
빨간색 차	₩13,300,000	
흰색 차	12,000,000	25,300,000
매출총이익		₩10,700,000

2. 매　출　액(₩17,500,000 + ₩18,000,000)		₩35,500,000
매 출 원 가 :		
빨간색 차	₩13,300,000	
흰색 차(판매수수료 포함)	12,400,000	25,700,000
매출총이익		₩9,800,000

3. 전리라 씨는 김불출 씨의 의견을 받아들일 필요가 없다.

두 대의 차는 실제로는 동일한 품질을 갖춘 차이므로 똑같은 가격으로 판매할 수 있다. 고객이 빨간 색상의 차를 ₩18,000,000에 구입하려고 했던 사실로 미루어 흰 색상의 차도 시장에서 똑같은 가격을 받을 수 있음을 알 수 있다.

김씨의 말대로 김씨에게 판매상여금을 지급하고 흰색 차를 고객에게 팔면 매출총이익은 ₩5,100,000이 된다. 하지만 빨간색 차는 남아 있게 되고 후에 ₩18,000,000에 판매하면, 2.에서 계산한 대로 총매출이익은 ₩9,800,000이 된다.

그러나 김씨의 의견을 받아들이지 않으면 빨간색 차를 판매하여 매출총이익은 ₩4,700,000이 되고 후에 흰색의 차를 정상가격으로 판매하면 ₩6,000,000의 매출총이익을 얻을 수 있어 회사 전체로서는 총 ₩10,700,000의 매출총이익을 얻게 된다. 전씨의 회사가 계속 영업을 한다고 생각하면 현재의 이익뿐 아니라 미래의 이익을 동시에 고려해야 한다.

이 문제는 재고자산을 개별법으로 평가할 경우 동일한 상품일지라도 구매원가가 다를 수 있다는 점을 시사하고 있다. 구매원가는 일반적으로 판매가격을 결정하는 여러 요인 중의 하나가 될 수 있지만 개별법의 경우에는 판매가격결정을 오히려 오도할 수 있다는 점을 유의해야 한다.

재고자산의 평가방법을 고려하지 않더라도 김씨의 제안을 받아들이지 않는 것이 유리하다는 것을 쉽게 파악할 수 있다. 김씨의 의견대로라면 ₩17,100,000의 현금(김씨에게 지급할 상여금 차감 후)과 빨간색 차만 결과적으로 남게 되나 김씨의 의견을 거절할 경우 현금 ₩18,000,000과 동일한 성능의 흰색 차를 회사측이 보유하게 된다. 따라서 현금이 더 많은 쪽을 선호하는 것이 바람직하기 때문이다.

제 10 장 유형자산 및 무형자산

익힘문제

1. 유형자산에 대한 **자본적 지출**은 해당 유형자산의 미래 경제적 효익을 증가시키는 지출을 말한다. 유형자산의 생산능력이나 가치 증대, 유형자산 사용으로부터의 원가 절감이나 품질 향상, 또는 유형자산의 내용연수나 잔존가치를 연장시키는 지출이 이에 속한다. 자본적 지출은 유형자산 원가에 가산하여 자본화시킨다. 반면 유형자산에 대한 **수익적 지출**은 유형자산의 원래 성능수준으로 회복하거나 유지하기 위한 지출을 말한다. 수선 및 유지를 위한 지출이 이에 속한다. 수익적 지출은 당기비용으로 처리한다. 한편 일정금액 이하의 소액지출은 중요성의 기준에 따라 수익적 지출로 처리한다.

2. 자본적 지출을 수익적 지출로 잘못 처리하면 당기의 비용은 과대계상되고 당기의 이익은 과소계상된다. 당기 이후에는 이러한 오류가 자산계정을 그만큼 적게 보고하는 결과를 초래하므로 감가상각비가 적어짐에 따라 당기순이익이 과대계상된다.

3. 감가상각비(누계액)는 현금의 적립과는 무관하게 발생하는 것이다. 단지 원래의 유형자산이 얼마만큼 상각되어 가고 있는가를 나타내는 자산의 차감계정(대변항목)일 따름이다. 새로운 자산을 구입하려면 별도의 현금이 필요하며, 기업의 현금보유액은 재무상태표상의 현금계정 잔액을 통해서만 알 수 있다.

4. 많은 회계담당자들이 유형자산에 배분되는 상각비는 그 자산을 다시 대체하기 위하여 반드시 지불되어야 하는 원가이어야 한다고 주장한다. 즉, 기업의 재무상태나 자본을 일정하게 유지하기 위한 비용이라고 본다. 만약 이러한 주장을 근거 있는 것으로 받아들인다면, 물가가 상승하는 기간에는 자산의 내용연수 동안 인식된 총상각비용이 대체원가보다 낮게 계산

되기 때문에 이익이 과대계상된다는 논리가 성립한다.

일반적으로 회계학에서 다루는 원가나 비용은 역사적 원가를 기초로 하기 때문에 자산을 재구입하기 위해서는 기존의 취득원가보다 더 많은 지출을 필요로 한다. 결과적으로 기업은 보고된 이익의 일부를 기업 내에 재투자해야만 영업활동에 필요한 자산(혹은 생산능력)을 일정하게 유지시킬 수 있다.

5. 유형자산이 진부화, 물리적 손상 및 시장가치의 급격한 하락 등으로 회수가능액이 장부금액에 미달하고 그 차이금액이 중요할 경우에는 기존의 장부금액을 회수가능액으로 대체해주고 손상차손을 계상한다. 여기서 **회수가능액**이란 순실현가능가치와 사용가치 중에서 큰 금액을 말한다. 또한, 동 자산의 회수가능액이 증가한 경우에는 평가하기 전 감가상각 후의 장부금액을 한도로 하여 그 증가분을 환입처리한다.

6. **원가모형**(cost model)이란 유형자산의 취득시에 인식한 취득원가를 취득 후에도 계속해서 취득원가로 평가하는 것을 말한다. 반면 **재평가모형**(revaluation model)은 취득시에 취득원가로 인식한 유형자산을 취득 후에 공정가치로 평가하는 것을 말한다. **공정가치**(fair value)란 합리적인 판단력과 거래의사가 있는 사람들간에 자산이 거래될 때 결정된 가격으로서, 일반적으로 활성화된 시장에서 형성된 시장가격이라고 할 수 있다. 재평가모형은 유형자산을 공정가치로 평가하여 유형자산의 경제적 실질을 잘 나타낼 수 있기 때문에 투자자의 경제적 의사결정에 목적적합한 회계정보를 제공할 수 있다는 장점이 있다.

7. 자가창출된 **영업권**을 평가하는 데에는 측정상 고도의 주관성이 개입되고 또한 불확실성이 존재하기 때문이다. 또한 객관적인 교환거래가 발생하지 않은 경우에도 그 계상을 허용하면 이익조작목적으로 악용되는 등 회계정보의 신뢰성이 결여될 위험이 뒤따르기 때문이다.

8. 재무상태표에서 무형자산의 하나로 계상되어 있는 영업권은 취득한 영업권이며 이는 타기업의 매수 또는 합병시에 지급한 금액에서 피취득기업의 순자산공정가치를 차감한 금액이다. 영업권이란 피취득기업의 무형의 여러 가지 초과이윤 창출능력을 화폐가치로 표시한 것으로서 단골고객의 확보, 유리한 입지조건, 독과점의 지위, 우수한 경영능력, 높은 대외적 신용도 등 개별적으로는 식별할 수 없는 가치의 집합체라고 할 수 있다. 피취득기업 인수시의 프리미엄이라고도 할 수 있으며 일상에서 많이 사용하는 권리금과도 개념은 같다. 회계기준에서는 영업권의 내용연수를 비한정으로 보고 상각하지 않으나 정기적으로 또는 손상징후가 있을 때마다 손상여부를 검토하여 손상되었을 경우 손상차손을 인식해야 한다.

9. 사마(주) 주주들의 주장은 잘못된 것이다. **상표권**의 법률적 권리가 10년 후에 종료되더라도 등록갱신을 통해 계속해서 법적 권리를 유지할 수 있기 때문에 상표권의 내용연수는 비한정이며 따라서 상표권은 상각하지 않는다. 다만 상표권 가치의 손상이 발생했다고 객관적으로 판단되면 그 금액을 추정하여 손상차손으로 처리해야 한다.

10. 무형자산은 유형자산에 비하여 물리적 형태가 존재하지 않으며 또한 물가변동 등의 영향을 직접 받지 않는 자산이기 때문에 원래의 취득원가와 상각누계액을 별도로 공시하는 것이 정보이용자에게 큰 도움을 주지 않기 때문이다. 또한 무형자산의 잔존가치는 통상 ₩0으로 간주되고 거의 대부분 정액법으로 상각되기 때문에 정보이용자들은 당기 상각액 및 상각누계액을 쉽게 추정할 수 있을 것이다.

11. 개발비를 무형자산으로 인식할 수 있기 위해서는 다음의 요건을 충족해야 한다.

① 무형자산을 완성할 수 있는 기술적 실현가능성
② 무형자산을 완성해 사용하거나 판매하려는 기업의 의도
③ 완성된 무형자산을 사용하거나 판매할 수 있는 기업의 능력
④ 무형자산이 미래 경제적 효익을 창출하는 방법
⑤ 개발, 판매 또는 사용에 필요한 기술적, 재정적 자원 등의 확보가능성
⑥ 개발과정에서 발생한 관련 지출을 신뢰성 있게 측정할 수 있는 기업의 능력

회계기준에서는 신제품, 신기술 등의 개발과 관련하여 발생하는 비용(소프트웨어 개발과 관련된 비용 포함)으로서 개별적으로 식별가능하고 인식요건을 모두 충족한다면 개발비를 무형자산으로 계상할 수 있다.

12. 다른 종류의 자산과는 다르게 생물자산은 최초 취득시와 재무보고시에 공정가치(fair value)에서 추정매각부대원가(point of sale costs)를 차감한 **순공정가치**(net fair value)로 측정한다. **공정가치**란 합리적인 판단력과 거래의사가 있는 사람들간의 거래에서 결정되는 가격으로 활성화된 시장에서의 시장가격과 같다. **매각부대원가**란 중개인이나 판매상에게 지급하는 수수료, 양도나 판매시의 세금 등을 말한다.

생물자산은 매보고기간말에 순공정가치로 측정되므로 감가상각대상자산이 아니어서 감가상각을 하지 않는다. 한편, 매보고기간말에 측정한 순공정가치가 이전 보고기간말보다 증가 또는 감소한 경우에는 그 차액을 당기손익에 반영한다.

13. 광물자원은 다른 자산들과는 다르게 물리적으로 자산의 양이 감소하는 특성이 있다. 즉, 사람들에 의한 채굴활동으로 자산의 양이 차츰 줄어든다. 그리고 광물자원은 자연의 활동이 아니면 재생될 수 없는 특성도 갖고 있다.

광물자원에 대한 채굴이나 추출활동으로 광물자원이 감소되거나 소진되는 때에는 감모상각(depletion)을 한다. 유형자산의 경우에는 감가상각(depreciation)이라는 용어를 사용하나 탐사평가자산의 원가배분은 감모상각이라는 용어를 구별해서 사용한다. 탐사평가자산의 감모상각은 일반적으로 생산량비례법에 의해서 계산한다. 즉, 취득원가에서 잔존가치를 차감한 금액인 감모상각대상금액을 추정총생산량에 대한 당기의 실제 생산량의 비율만큼 감모상각을 인식한다. 보론

연습문제

10-1 토지의 취득원가

토지의 취득원가는 토지를 경영자가 구입한 목적에 이르기까지 지출한 모든 지출금액을 합한 금액이다. 따라서 토지 취득원가는 토지의 현금가격 ₩2,000,000, 토지 구입을 위한 변호사 자문비 ₩100,000, 부동산 회사에 지급한 중개수수료 ₩200,000, 토지 구입시 부담하기로 한 미지급재산세 ₩5,000, 토지 정지비용 ₩300,000, 그리고 새로 취득한 토지 위에 있는 구건물의 순철거비용(즉 구건물 철거비−구건물로부터의 폐품 판매수익)도 토지를 본래 의도한 용도대로 사용하기 위한 지출이므로 취득원가에 산입한다.

₩2,000,000＋₩100,000＋₩200,000＋₩5,000＋₩300,000＋(₩150,000－₩3,000)＝₩2,752,000

그러나 새건물인 사옥 건설 계약금 ₩100,000은 토지와 관련이 없는 지출액으로 새건물의 취득원가의 일부이며, 금년도 토지재산세 ₩6,000은 토지 구입과 관련된 지출이 아니라 토지 보유에 대한 반복적 지출이므로 비용으로 처리해야 한다.

10-2 기계의 취득원가

조업중에 종업원이 수리를 한 부분과 관련하여 발생한 수선유지비는 기계의 취득원가에 포함시키면 안 되고 당기의 비용으로 처리해야 한다.

송장가격	₩20,000
(차감) 매입에누리	400
순송장가격	₩19,600
(가산) 취 득 세	1,000
운 송 비	500
운송보험료	100
기계설치비	900
기계시험가동비	300
기계의 취득원가	₩22,400

10-3 자산의 일괄구입, 무상취득과 장기할부조건 구입

1. 일괄구입원가 : ₩1,500,000 + ₩20,000 + ₩30,000 = ₩1,550,000

   건물의 취득원가 $= ₩1{,}550{,}000 \times \frac{₩900{,}000}{₩900{,}000 + ₩1{,}100{,}000} = ₩697{,}500$

   토지의 취득원가 $= ₩1{,}550{,}000 \times \frac{₩1{,}100{,}000}{₩2{,}000{,}000} = ₩852{,}500$

2. 반대급부가 없이 무상으로 취득한 경우 해당 자산의 공정가치를 취득원가로 인식한다. 따라서 취득원가는 ₩1,000,000이다.

3. 장기할부조건으로 자산을 구입한 경우 현금으로 매입했을 때의 가격을 기준으로 취득원가를 결정해야 한다. 따라서 기계장치의 현금매입가 ₩2,700,000과 운송비 및 설치비 ₩150,000을 더한 금액 ₩2,850,000이 기계장치의 취득원가이다.

10-4 자본적 지출과 수익적 지출

〈20×3년초〉

(차) 기 계 장 치	60,000	(대) 현 금	90,000
수 선 비	30,000		

〈참고〉 ₩60,000 : 자본적 지출 → 취득원가에 가산
₩30,000 : 수익적 지출 → 당기비용으로 인식

〈20×3년말〉

(차) 감가상각비 100,000 (대) 감가상각누계액 100,000

〈참고〉 [₩430,000(취득원가) − ₩160,000(감가상각누계액) + ₩60,000(자본적 지출) − ₩30,000(잔존가치)] ÷(5년 − 2년) = ₩100,000

10-5 여러 가지 감가상각방법

1. 정액법

감가상각비 = (₩90,000 − ₩4,000)/4 = ₩21,500/년

즉 20×1년, 20×2년, 20×3년, 20×4년의 감가상각비는 각각 ₩21,500이다.

2. 정률법(상각률 : 54%)

연 도		감가상각비
20×1	₩90,000 × 0.54 =	₩48,600
20×2	41,400 × 0.54 =	22,356
20×3	19,044 × 0.54 =	10,284
20×4	8,760 × □ =	4,760*
		₩86,000

* 정률법 감가상각의 경우 내용연수 마지막 해에는 자산의 장부가치가 잔존가치와 같아지도록 감가상각비를 계상해주어야 한다. 즉 ₩8,760 × 0.54 = ₩4,730.4이 아니라 ₩8,760 − ₩4,000(잔존가치) = ₩4,760을 20×4년의 감가상각비로 계상해준다. 이렇게 차이가 나는 이유는 상각률로 적용한 54%가 공식에 의해서 산출된 정확한 숫자(0.5408502307…)가 아니라 반올림된 어림수이기 때문이다.

3. 이중체감법(상각률 : 25%(정액법 상각률) × 2 = 50%)

연 도		감가상각비
20×1	₩90,000 × 0.5 =	₩45,000
20×2	45,000 × 0.5 =	22,500
20×3	22,500 × 0.5 =	11,250
20×4	11,250 × □ =	7,250*
		₩86,000

* 정률법 감가상각과 마찬가지로 이중체감법의 경우 내용연수 마지막 해에는 자산의 장부가치가 잔존가치와 같아지도록 감가상각비를 계상해주어야 한다. 즉 ₩11,250 × 0.5 = ₩5,625이 아니라 ₩11,250 − ₩4,000(잔존가치) = ₩7,250을 20×4년의 감가상각비로 계상해준다. 이렇게 차이가 나는 이유는 상각률로 적용한 50%가 정률산출공식에 의해서 계산된 숫자(0.5408502307…)와 다르기 때문이다.

4. 생산량비례법

t기 상각률=t기 실제 절삭량/총추정절삭량

감가상각대상금액=₩90,000－₩4,000=₩86,000

연 도		감가상각비
20×1	₩86,000 × $\frac{110,000}{500,000}$ =	₩18,920
20×2	86,000 × $\frac{125,000}{500,000}$ =	21,500
20×3	86,000 × $\frac{175,000}{500,000}$ =	30,100
20×4	86,000 × $\frac{90,000}{500,000}$ =	15,480
		₩86,000

10-6 유형자산의 손상차손

유형자산이 진부화되어 회수가능액이 장부금액보다 작고 그 영향이 큰 경우에는 유형자산손상차손을 인식해야 한다. 유형자산의 회수가능액은 순공정가치와 사용가치 중에서 큰 금액이다. 따라서 제주병원이 가지고 있는 X-ray 기계의 회수가능가치는 순공정가치 ₩400,000과 사용가치 ₩500,000 중에서 큰 금액인 ₩500,000이다. 한편, 현재의 장부금액은 ₩900,000이므로 유형자산손상차손으로 ₩400,000(=₩900,000－₩500,000)을 인식해야 한다. 이러한 결과로 20×1년말 현재 이 기계의 장부금액은 ₩500,000이 된다.

감가상각비는 정액법에 의하여 계산하므로 20×2년에는 ₩80,000이다.

(₩500,000－₩100,000)÷5=₩80,000

10-7 토지의 재평가

1. 20×1년말

(차) 자산재평가손실(당기손익) 18,000,000* (대) 토 지 18,000,000

* 토지 감소액=₩48,000,000(취득원가)－₩30,000,000(20×1년말 공정가치)

2. 20×2년말

① 토지의 공정가치가 ₩45,000,000이 되었을 경우

(차) 토 지	15,000,000*	(대) 자산재평가손실(당기손익)	15,000,000

* 토지 증가액 = ₩45,000,000(20×2년말 공정가치) − ₩30,000,000(20×1년말 장부가치)

② 토지의 공정가치가 ₩50,000,000이 되었을 경우

(차) 토 지	20,000,000*	(대) 자산재평가손실(당기손익)	18,000,000
		자산재평가이익(기타포괄손익)	2,000,000

* 토지 증가액 = ₩50,000,000(20×2년말 공정가치) − ₩30,000,000(20×1년말 장부가치)

(주) 재평가증가액이 발생할 경우 이전에 재평가손실로 인식한 금액의 한도 내에서 당기이익을 증가시키고, 한도를 초과한 금액은 포괄손익계산서의 기타포괄이익으로 인식한다. 당기손익 항목은 궁극적으로 이익잉여금으로 마감되고 기타포괄손익은 기타포괄손익누계액의 재평가잉여금으로 마감된다. [본문 주석 참조]

10-8 상각자산의 재평가(Ⅰ)

종로(주)의 재평가 전 20×2년 12월 31일의 장부금액은 ₩60,000이다.

취득원가(₩100,000) − 감가상각누계액(₩40,000) = ₩60,000

감가상각누계액 = (₩100,000 − 0) × 2년/5년 = ₩40,000

자산재평가이익 = ₩96,000 − ₩60,000 = ₩36,000

〈자산재평가 분개〉

(차) 감가상각누계액	40,000	(대) 설 비 자 산	40,000
설 비 자 산	36,000	자산재평가이익(기타포괄손익)	36,000

〈마감분개〉

(차) 자산재평가이익(기타포괄손익)	36,000	(대) 자산재평가잉여금*	36,000

* 자산재평가잉여금은 자본의 기타포괄손익누계액의 한 항목이다.

10-9 유형자산의 처분(Ⅰ)

연간 감가상각비 = (₩600,000 − ₩72,000) / 8년 = ₩66,000

20×6년 12월 31일의 감가상각누계액 = ₩66,000 × 6년 = ₩396,000

20×7년 1월 1일부터 처분시점까지의 감가상각비 = ₩66,000 × $\frac{8}{12}$ = ₩44,000

따라서 처분시점인 20×7년 8월 31일의 감가상각누계액은 다음과 같다.

₩396,000 + ₩44,000 = ₩440,000

	차변	금액	대변	금액
1.	(차) 감가상각비	44,000	(대) 감가상각누계액	44,000
	(차) 현　　금	182,000	(대) 경　운　기	600,000
	감가상각누계액	440,000	유형자산처분이익	22,000
2.	(차) 감가상각비	44,000	(대) 감가상각누계액	44,000
	(차) 현　　금	142,000	(대) 경　운　기	600,000
	감가상각누계액	440,000		
	유형자산처분손실	18,000		
3.	(차) 감가상각비	44,000	(대) 감가상각누계액	44,000
	(차) 감가상각누계액	440,000	(대) 경　운　기	600,000
	유형자산처분손실	160,000		

10-10 유형자산과 무형자산의 재무제표 공시

유형자산과 무형자산은 재무상태표에 별도로 분류되며 장부금액을 표시해야 한다. 감가상각누계액과 손상차손누계액은 자산에 대한 차감계정(contra-asset accounts)이며 유형자산의 장부금액은 취득원가에서 감가상각누계액과 손상차손누계액을 차감한 금액이다. 유형자산이 재평가되었을 경우 재평가시점의 공정가치가 장부금액이 되며, 유형자산 재평가잉여금은 자본항목 중에서 기타포괄손익누계액에 포함된다. 영업권과 특허권은 무형자산인데 무형자산은 일반적으로 손상차손누계액계정이나 상각누계액계정을 사용하지 않고 무형자산을 직접 차감하는 회계처리를 한다.

(자산)		
유형자산		
건　물	₩1,100,000	
감가상각누계액	(100,000)	
손상차손누계액	(200,000)	₩800,000
기계장치	₩500,000	
감가상각누계액	(300,000)	₩200,000
토　지		₩2,500,000
무형자산		
영 업 권		₩600,000
특 허 권		300,000
(자본)		
기타포괄손익누계액		
토지재평가잉여금		₩500,000

10-11 무형자산의 상각

(1)	(차) 특 허 권	5,200,000	(대) 당 좌 예 금	5,000,000
			현 금	200,000
(2)	(차) 특허권상각비	390,000*	(대) 특 허 권	390,000

* ₩5,200,000 × 1/10 × 9/12 = ₩390,000

10-12 무형자산의 회계처리(Ⅰ)

1. 특허권의 취득과 상각

〈20×1년 7월 1일 특허권의 취득〉

(차) 특 허 권	350,000*	(대) 현 금	350,000

* 취득원가는 구입가격 ₩300,000에 취득부대비용을 가산한다.

〈20×1년 12월 31일 특허권의 상각〉

(차) 특허권상각비	17,500*	(대) 특 허 권	17,500

* ₩350,000 ÷ 10년 × 6개월/12개월 = ₩17,500

2. 석유채굴권의 취득과 상각

〈20×2년 4월 1일 석유채굴권 취득〉

(차) 석유채굴권	2,000,000	(대) 현 금	2,000,000

〈20×2년 12월 31일 석유채굴권의 상각〉

(차) 석유채굴권상각비	400,000*	(대) 석유채굴권	400,000

* ₩2,000,000 × 20,000배럴/100,000배럴 = ₩400,000

10-13 생물자산의 회계처리 보론

1. 남광과수원(주)는 생물자산인 사과나무와 수확물인 사과에 대한 회계처리를 해야 한다. 두 가지 자산 모두 순공정가치로 측정하여 평가손익을 손익계산서의 당기손익으로 인식한다. 먼저 사과나무는 올 한 해 동안 공정가치가 ₩300,000(= ₩4,300,000 − ₩4,000,000)만큼 증가하였다. 따라서 ₩300,000만큼 평가이익을 인식하여 당기순이익을 증가시킨다. 그리고 수확물인 사과도 순공정가치로 평가해야 한다. 수확물의 매각부대원가는 중개인이나 판매상에게 지급하는 수수료, 규제기관과 상품거래소에서 부과하는 금액, 양도시 세금까지 포함한다. 그러나 자산을 시장으로 운반하는 데 필요한 운반 및 기타 원가는 매각부대원가에서 제외한다. 따라서 사과의 순공정가치는 ₩900,000(= ₩1,000,000 − ₩100,000)이다. 회계처리는 다음과 같다.

(차) 과수-사과나무	300,000	(대) 과수평가이익	300,000
(차) 수확물-사과	900,000	(대) 수확물수익	900,000

2. 생물자산이나 그 수확물의 경우는 활성시장이 존재하는 경우가 많다. 활성시장에서는 공정가치를 객관적으로 측정할 수 있으므로 순공정가치로 평가하는 것이 생물자산이나 그 수확물의 경제적 실질을 잘 나타낼 수 있다. 활성시장이 존재하지 않는 경우에는 가장 최근의 시장거래가격이나 유사한 자산의 시장가격 등을 사용하여 공정가치를 산정한다.

   만약 생물자산의 공정가치를 신뢰성 있게 측정할 수 없는 경우에는 취득원가에서 감가상각누계액과 손상차손누계액을 차감한 금액으로 장부금액을 표시한다. 즉, 원가모형을 적용한다.

10-14 광물자원의 회계처리 보론

1. 탐사평가자산의 취득원가는 탐사권의 취득가격에 탐사를 위한 시추, 굴착, 지형학적 · 지질학적 연구, 표본추출, 그리고 광물자산의 기술적 실현가능성과 상업화가능성의 평가에 지출한 금액 모두를 포함한다. 따라서 문제에서의 탐사평가자산의 원가는 구입가격 ₩440,000에 탐사평가비용 ₩360,000을 합한 ₩800,000이다.

   감모상각비의 계산은 다음과 같다.

   감모상각비＝(탐사평가자산의 원가－잔존가치)×(당해연도 채굴량 / 추정 총매장량)

   ＝(₩800,000－₩0)×500 / 8,000＝₩50,000

(차) 감모상각비	50,000	(대) 광　　산*	50,000

* 감모상각의 경우에도 무형자산과 같이 자산을 직접 차감하는 방법이 일반적으로 사용된다. 물론 감모상각누계액을 사용해도 된다.

2. 판매하지 못하고 남아 있는 자산은 유동자산 중에서 재고자산으로 처리해야 한다. 그리고 감모상각비 중에서 해당 금액만큼은 비용으로 인식하지 않고 재고자산의 금액으로 대체해야 한다.

(차) 재 고 자 산	10,000*	(대) 감모상각비	10,000

* 100톤×톤당 감모상각비＝100×₩100＝₩10,000

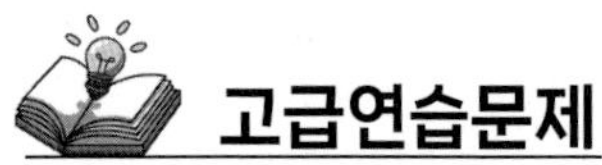

고급연습문제

10-15 장기할부매입시의 자산 취득원가

기계장치는 취득시의 구입가격인 ₩300,000에 부대원가의 합계액 ₩31,000을 더한 ₩331,000이 취득원가가 된다. 그리고 할부미지급금의 합계액인 ₩360,000에는 3년간 할부매입으로 인한 이자해당분 ₩60,000이 포함되어 있다. 현금매입가격과 할부금총액의 차이인 ₩60,000은 매입당시의 시장이자율을 기준으로 하여 계산된 이자해당액이다.

쏘쿨기업은 당해 기계의 취득시점에서는 다음과 같은 분개를 해야 한다.

(차) 기 계 장 치	331,000	(대) 현 금	31,000
현재가치할인차금	60,000	장기할부미지급금	360,000

〈부분재무상태표(부채)〉

장기할부미지급금	₩360,000	
현재가치할인차금	(60,000)	₩300,000

회계처리에서 현재가치할인차금계정은 장기할부미지급금에 대한 차감계정으로서 재무상태표에는 장기할부미지급금이라는 부채를 순액으로 표시해주는 역할을 한다. 이에 따라 장기할부미지급금의 장부금액은 현재가치인 ₩300,000으로 표시된다. 또한 할부이자의 성격인 현재가치할인차금 ₩60,000은 유효이자율법(제12장에서 상세히 설명한다)으로 상각하여 당기의 이자비용으로 인식해준다.

(차) 이 자 비 용	×××*	(대) 현재가치할인차금	×××

* 매월말 ₩10,000씩을 지급하는데 ₩10,000에는 원금상환액과 이자지급액이 포함되어 있다. 즉 은행으로부터 ₩300,000을 차입하면서 3년간 매달 원금과 이자를 포함해서 ₩10,000씩 갚기로 한 부채계약과 같은 것이다. 이 부채계약의 월유효이자율을 계산하면 약 1.020745%이고 20×1년 7월말부터 매월말 ₩10,000을 지급하면서 회계처리를 해주어야 한다. 예를 들어 20×1년 7월말에는 (차) 이자비용 3,062, 장기할부미지급금 10,000 (대) 현재가치할인차금 3,062, 현금 10,000으로 회계처리한다. 한편 20×1년 12월 31일까지 6개월간의 총이자지급액은 약 ₩17,297이며, 이에 따라 재무상태표상에는 장기할부미지급금 ₩300,000, 현재가치할인차금 ₩42,703으로 장기할부미지급금의 장부가치는 ₩257,297이 된다.

10-16 여러 가지 감가상각방법과 유형자산의 처분 – 기중에 구입한 자산의 감가상각

1. 〈기계장치 A〉

20×1년 12월 31일 : (₩780,000 − ₩40,000) × (1/5년) × (3개월/12개월) = ₩37,000

20×2년 12월 31일 : (₩780,000 − ₩40,000) × (1/5년) = ₩148,000

〈기계장치 B〉

20×1년 12월 31일 : ₩800,000 × 25% × (9개월/12개월) = ₩150,000

20×2년 12월 31일 : (₩800,000 − ₩150,000) × 25% = ₩162,500

〈기계장치 C〉

20×1년 12월 31일 : (₩540,000 − ₩60,000) × (1,000시간/10,000시간) = ₩48,000

20×2년 12월 31일 : (₩540,000 − ₩60,000) × (3,000시간/10,000시간) = ₩144,000

2. 〈기계장치 A〉

(차)	감가상각비	74,000	(대) 감가상각누계액(기계장치 A)	74,000
(차)	현 금	550,000	(대) 유형자산(기계장치 A)	780,000
	감가상각누계액(기계장치 A)	259,000	유형자산(기계장치 A)처분이익	29,000

〈기계장치 B〉

(차)	감가상각비	60,938	(대) 감가상각누계액(기계장치 B)	60,938
(차)	현 금	400,000	(대) 유형자산(기계장치 B)	800,000
	감가상각누계액(기계장치 B)	373,438		
	유형자산(기계장치 B)처분손실	26,562		

〈기계장치 C〉

(차)	감가상각비	96,000	(대) 감가상각누계액(기계장치 C)	96,000
(차)	현 금	270,000	(대) 유형자산(기계장치 C)	540,000
	감가상각누계액(기계장치 C)	288,000	유형자산(기계장치 C)처분이익	18,000

10-17 감가상각 요소의 변경

1. 취득시의 20×1 ~ 20×3년 동안 3년간의 감가상각비(감가상각누계액) :

{(₩550,000 − ₩50,000)/5년} × 3년 = ₩300,000

변경된 내용연수와 잔존가치를 가정하여 20×1 ~ 20×3년 동안 3년간 감가상각비(감가상각누계액) :

{(₩550,000 − ₩60,000)/7년} × 3년 = ₩210,000

차이 : ₩300,000 − ₩210,000 = ₩90,000

2. 최초 취득시의 가정대로 감가상각했을 때의 20×4년초 장부금액은 ₩550,000 − ₩300,000 = ₩250,000이다. 20×4년초에 변경된 내용연수와 잔존가치로 감가상각을 실시하면 다음과 같다.
(₩250,000 − ₩60,000)/4년 = ₩47,500

10-18 재평가된 자산의 처분

20×4년의 감가상각비 : (₩96,000 − ₩0) × 1년 / 3년 = ₩32,000
20×4년말의 감가상각누계액 : (₩96,000 − ₩0) × 2년 / 3년 = ₩64,000

1. 〈20×4년의 감가상각비 인식〉

(차)	감가상각비	32,000	(대) 감가상각누계액	32,000

〈설비자산의 처분〉

(차)	감가상각누계액	64,000	(대) 설 비 자 산	96,000
	현 금	25,000		
	유형자산처분손실	7,000		

2. 〈처분된 설비자산과 관련된 자산재평가잉여금의 이익잉여금 대체〉

(차)	자산재평가잉여금	36,000	(대) 이익잉여금	36,000 *

* 처분되는 자산에 계상되어 있는 재평가잉여금을 이익잉여금으로 대체한다.

10-19 상각자산의 재평가(Ⅱ)

1. 〈20×1년말〉

(차)	감가상각비	2,000	(대) 감가상각누계액	2,000
(차)	감가상각누계액	2,000 *	(대) 기 계 장 치	2,000
	기 계 장 치	3,000	자산재평가이익(기타포괄손익)	3,000 **
(차)	자산재평가이익(기타포괄손익)	3,000 ***	(대) 자산재평가잉여금	3,000 ***

* 감가상각누계액을 전액 제거한다.
** 자산재평가이익 = ₩11,000(공정가치) − ₩8,000(장부금액) = ₩3,000
*** 포괄손익계산서의 기타포괄손익(자산재평가이익)은 재무상태표의 기타포괄손익누계액(자산재평가잉여금)으로 마감된다.

〈20×2년말〉

(차) 감가상각비	2,750	(대) 감가상각누계액	2,750 *
(차) 감가상각누계액	2,750	(대) 기 계 장 치	2,750
자산재평가이익(기타포괄손익)	3,000**	기 계 장 치	3,250 **
자산재평가손실(당기손익)	250**		
(차) 자산재평가잉여금	3,000***	(대) 자산재평가이익(기타포괄손익)	3,000 ***

* ₩11,000 ÷ 4년(잔존내용연수) = ₩2,750

** ① 재평가감소액 = ₩8,250(장부금액 = ₩11,000 − ₩2,750) − ₩5,000(20×2년말 공정가치)
= ₩3,250

② 20×1년말의 자산재평가이익 ₩3,000의 한도 내에서 기타포괄손실을 먼저 인식해주고 한도를 초과한 재평가손실은 당기손실로 인식(당기손실로 인식하는 재평가손실 = ₩3,250 − ₩3,000(자산재평가잉여금 잔액) = ₩250)

*** 마감분개를 통해 포괄손익계산서의 기타포괄손실(자산재평가손실)만큼 재무상태표의 기타포괄손익누계액(자산재평가잉여금)이 감소하여 자산재평가잉여금의 잔액은 0이 된다. 한편 자산재평가손실(당기손익)은 궁극적으로 이익잉여금으로 마감되어 이익잉여금을 그만큼 감소시킨다.

2. 〈20×1년말〉

(차) 감가상각비	2,000	(대) 감가상각누계액	2,000

20×1년말 감가상각비 회계처리를 한 후 재무상태표상의 장부금액은 ₩8,000이다.

기 계 장 치	₩10,000	
감가상각누계액	(2,000)	₩8,000

공정가치가 ₩11,000이며 이는 장부금액 ₩8,000의 11/8배이다. 따라서 원가와 감가상각누계액도 각각 11/8배만큼 증가시키는 회계처리를 한다.

기 계 장 치	₩13,750	
감가상각누계액	(2,750)	₩11,000

(차) 기 계 장 치	3,750	(대) 감가상각누계액	750
		자산재평가이익(기타포괄손익)	3,000

마지막으로 기타포괄손익 항목인 자산재평가이익을 자산재평가잉여금으로 마감한다.

(차) 자산재평가이익(기타포괄손익)	3,000	(대) 자산재평가잉여금	3,000

〈20×2년말〉

20×2년말 감가상각비는 (₩11,000 − 0) × 1/4 = ₩2,750이다.

(차) 감가상각비	2,750	(대) 감가상각누계액	2,750

20×2년말 감가상각비 회계처리를 한 후 재무상태표상의 장부금액은 ₩8,250이다.

기 계 장 치	₩13,750	
감가상각누계액	(5,500)	₩8,250

공정가치가 ₩5,000이며 이는 장부금액 ₩8,250의 20/33이다. 따라서 원가와 감가상각누계액도 각각 20/33이 되도록 회계처리를 한다.

기 계 장 치	₩8,333	
감가상각누계액	(3,333)	₩5,000

(차) 감가상각누계액	2,167	(대) 기 계 장 치	5,417
자산재평가이익(기타포괄손익)	3,000		
자산재평가손실(당기손익)	250		

마지막으로 마감분개를 한다.

(차) 자산재평가잉여금	3,000	(대) 자산재평가이익(기타포괄손익)	3,000

10-20 유형자산의 처분(Ⅱ)

(1) 승용차를 폐차했으므로 승용차와 관련된 계정을 장부에서 제거해야 한다.

(차) 감가상각누계액	180,000	(대) 차량운반구-승용차	200,000
유형자산처분손실	30,000	현 금	10,000

(2) 감가상각이 완료된 자산을 계속 사용하고 있으면 장부상에 그대로 계상한다. 즉, 건물의 취득원가와 감가상각누계액을 제거하지 않고 그대로 유지할 수 있다. 다만, 재무제표 주서에 건물의 감가상삭이 완료되었다는 사실과 아직 계속 사용하고 있다는 사실을 공시한다.

10-21 무형자산의 회계처리(Ⅱ)

〈20×1년 4월 1일 상표권〉

(차) 상 표 권	1,000,000	(대) 현 금	1,000,000

〈20×1년 7월 1일 특허권〉

(차) 특 허 권	200,000	(대) 현 금	200,000

〈20×1년 8월 1일 영업권〉

(차) 영 업 권	3,000,000	(대) 현 금	3,000,000

〈20×1년 9월 1일 프랜차이즈〉

(차) 프랜차이즈	400,000	(대) 현 금	400,000

〈20×1년 12월 31일 연구비와 개발비〉

(차) 연 구 비	10,000	(대) 현 금	30,000
경상개발비	5,000		
개 발 비	15,000		

〈20×1년 12월 31일 수정분개〉

(차) 특허권상각비	25,000	(대) 특 허 권	25,000
(차) 프랜차이즈상각비	16,000	(대) 프랜차이즈	16,000

* 상표권은 법적 권리가 종료되더라도 등록갱신을 통해서 계속하여 법적 권리를 유지할 수 있다. 따라서 상표권의 내용연수는 비한정이며 상각하지 않는다. 영업권 역시 비한정내용연수를 가진 무형자산이어서 상각하지 않는다.

특허권상각비 : ₩200,000÷4년×6개월/12개월＝₩25,000

프랜차이즈상각비 : ₩400,000×4개월/100개월＝₩16,000

따라서 20×1년말 재무상태표에 표시되는 각 무형자산의 장부금액은 다음과 같다.

상표권 : ₩1,000,000　　특허권 : ₩200,000－₩25,000＝₩175,000

영업권 : ₩3,000,000　　프랜차이즈 : ₩400,000－₩16,000＝₩384,000

개발비 : ₩15,000

10-22 사업결합과 영업권 인식

1. 사업결합시의 분개

(차)	현 금	1,000,000	(대) 매 입 채 무	5,000,000
	매 출 채 권	4,000,000	단기차입금	6,000,000
	단기대여금	2,000,000	현 금	12,000,000
	재 고 자 산	5,000,000		
	건 물	8,000,000		
	비 품	2,000,000		
	영 업 권	1,000,000		

즉, 영업권 금액은 ₩1,000,000이 된다.

2. 사업결합 후의 재무상태표

재무상태표

상전(주) 20×1년 12월 31일 (단위 : 원)

차변	금액	대변	금액
현 금	₩2,000,000	매 입 채 무	₩10,500,000*
매 출 채 권	7,500,000*	단기차입금	10,000,000**
단기대여금	4,000,000**	자 본 금	35,000,000
재 고 자 산	13,000,000		
건 물	23,000,000		
비 품	5,000,000		
영 업 권	1,000,000		
	₩55,500,000		₩55,500,000

* 상전(주)의 매출채권 ₩500,000과 벽해(주)의 매입채무 ₩500,000은 상계되어야 한다.

** 상전(주)의 단기차입금 ₩1,000,000과 벽해(주)의 단기대여금 ₩1,000,000은 상계되어야 한다.

10-23 회계정보의 활용 – 유형자산회전율과 총자산회전율

유형자산회전율은 순매출액을 평균유형자산으로 나누고, 총자산회전율은 순매출액을 평균총자산으로 나누어 계산한다. 각각 기업이 보유하고 있는 유형자산과 총자산이 수익을 창출하는 데 얼마나 효율적으로 이용되고 있는가를 평가할 수 있다. 형우전자(주)의 유형자산회전율과 총자산회전율은 다음과 같이 계산한다.

유형자산회전율＝순매출액 / 평균유형자산＝2,800억원 / [(1,000억원＋1,500억원)÷2]

＝2.24

총자산회전율＝순매출액 / 평균총자산＝2,800억원 / [(2,200억원＋2,800억원)÷2]
＝1.12

유형자산회전율(총자산회전율)이 2.24(1.12)라고 하는 것은 형우전자(주)가 유형자산(총자산) ￦1으로 수익(순매출) ￦2.24(￦1.12)을 창출한다는 것이다. 일반적으로 장치산업은 자산의 금액이 커서 유형자산회전율 및 총자산회전율이 낮고, 서비스업에 종사하는 기업들은 유형자산이 작아서 유형자산회전율 및 총자산회전율이 높다. 또한 Microsoft나 NHN과 같은 기업들도 유형자산이 작아서 유형자산회전율 및 총자산회전율이 매우 높다. 이는 산업에 따라서 유형자산회전율과 총자산회전율이 달라지므로 기업의 재무분석시에 산업별 특성이 반드시 고려되어야 한다는 점을 알 수 있다.

10-24 감가상각과 윤리적 의사결정

1. 정액법, 정률법, 생산량비례법에 의한 감가상각비는 다음과 같다.

〈정액법〉
감가상각비 (￦90,000－￦10,000)÷4＝￦20,000
장부금액 ￦90,000－￦20,000＝￦70,000

〈정률법〉
감가상각비 ￦90,000×0.5＝￦45,000
장부금액 ￦90,000－￦45,000＝￦45,000

〈생산량비례법〉
감가상각비 (￦90,000－￦10,000)×4,000 / 32,000＝￦10,000
장부금액 ￦90,000－￦10,000＝￦80,000

현재의 총자산이 ￦2,500,000이고, 은행에서는 최소한 ￦2,550,000의 자산을 유지할 것을 요구하고 있으므로 가급적 장부금액이 크게 계산되는 감가상각방법이 경영목적에 맞다. 따라서 생산량비례법이나 정액법으로 감가상각하는 것이 좋다.

2. 윤리적인 의사결정이 아니고, 일반적으로 인정된 회계원칙을 적용했다고 볼 수 없다. 왜냐하면 회사에서 사용하고 있는 유사한 기계장치의 감가상각은 정률법으로 하고 있으므로 감가상각방법으로는 정률법을 채택하는 것이 타당하다.

만약 이 기계장치가 회사에서 기존에 사용하고 있던 기계장치와 매우 다른 자산일 경우에는 이 기계장치의 수익창출형태에 따른 감가상각방법을 선택하는 것이 합리적이다. 만약 내용연수 동안 균등한 생산활동을 한다면 정액법이 타당하고, 초기에 많은 생산을 한다면 체감잔액법이 합리적이며, 생산량이나 사용시간에 비례하여 용역잠재력이 감소한다면 생산량비례법을 적용하는 것이 맞다.

10-25 자본적 지출과 윤리적 판단

1. 사옥에 대한 지출을 자본적 지출과 수익적 지출로 나눌 수 있다. 만약 지출의 효과가 사옥의 가치를 증가시키거나 내용연수를 증가시키면 자본적 지출로 보고 그렇지 않으면 수익적 지출로 보아야 한다. 칠성(주)의 경우 창고 건물의 건설은 자본적 지출로 처리하고 엘리베이터 대체와 외관 도색작업은 수익적 지출로 보는 것이 타당하다.

2. 자본적 지출을 수익적 지출로 계상하는 것은 자산으로 계상해서 내용연수 동안 감가상각비로 계상해야 할 금액을 당기에 모두 비용으로 처리하는 것이다. 따라서 당기의 순이익은 감소하고 총자산은 과소평가된다. 반면 수익적 지출을 자본적 지출로 회계처리하면 당기순이익이 증가하고 총자산은 과대평가된다.

3. 칠성(주) 경영자의 주된 목적은 이익조정이므로 타당한 결정이라고 볼 수 없다.

사례연구 1 감가상각방법의 선택

1.

	20×1	20×2	20×3	합 계
백수(주)	₩17,500	₩17,500	₩17,500	₩52,500
백조(주)	38,000	32,800	28,520	99,320

〈백수(주)의 건물 연간 감가상각비〉

(₩320,000 − ₩20,000) / 40 = ₩7,500

〈백수(주)의 설비 연간 감가상각비〉

(₩110,000 − ₩10,000) / 10 = ₩10,000

〈백조(주)의 건물 감가상각비〉

20×1년 ₩320,000 × 1/20 = ₩16,000

20×2년 (₩320,000 − ₩16,000) × 1/20 = ₩15,200

20×3년 (₩320,000 − ₩31,200) × 1/20 = ₩14,440

〈백조(주)의 설비 감가상각비〉

20×1년　₩110,000 × 0.2 = ₩22,000
20×2년　(₩110,000 − ₩22,000) × 0.2 = ₩17,600
20×3년　(₩110,000 − ₩39,600) × 0.2 = ₩14,080

2.

	20×1	20×2	20×3	합 계
백조(주)	₩88,500	₩91,300	₩93,020	₩272,820

20×1년 순이익　₩68,000 + (₩38,000 − ₩17,500) = ₩88,500
20×2년 순이익　₩76,000 + (₩32,800 − ₩17,500) = ₩91,300
20×3년 순이익　₩82,000 + (₩28,520 − ₩17,500) = ₩93,020

3. 백지(주)는 백수(주)보다 백조(주)를 매입해야 한다. 왜냐하면 동일한 감가상각방법을 채택할 경우 백수(주)보다 백조(주)의 수익력이 높기 때문이다.

사례연구 2 감가상각과 현금흐름

1. 감가상각비는 유형자산으로부터 효익을 얻는 각 회계기간에 배부된 유형자산의 원가이다. 이 비용은 실제적으로 감가상각 대상이 되는 자산(이 문제에서는 기계)이 취득될 때 지급된다. 이 지급액은 지급될 때 비용으로 처리하지 않고 자산의 원가를 구성했다가 동 자산의 내용연수(이 문제에서는 5년)에 걸쳐 배분됨으로써 비용화된다. 이 기계는 구입 후 12개월이 경과했으나 총 내용연수가 5년이므로 이 기계에 대한 감가상각비는 앞으로 4년 동안 계속 기록될 것이다. 그러나 앞으로 남은 기간(4년) 동안에는 어떠한 현금지급도 필요하지 않다. 왜냐하면, 기계의 구입대금 전액이 이미 지급되었기 때문이다.

2. 김규영 씨에게 :

영업으로부터 다음과 같이 ₩4,070,000의 현금을 창출할 수 있습니다.

현금수입(수수료수익)		₩8,900,000
현 금 지 급		
급 여	₩1,600,000	
임 차 료	1,850,000	
소 모 품 비	920,000	
잡 비	460,000	4,830,000
		₩4,070,000

이 현금창출액은 매달 인수가액의 상환금액 ₩2,500,000과 월 생계비 ₩1,200,000을 지급하기에 충분하다고 여겨집니다.

영업으로부터의 현금유입		₩4,070,000
매월 상환액	₩2,500,000	
매월 생계비	1,200,000	3,700,000
		₩370,000

3. 김규영 씨에게 :

당신은 언제인가는 기계를 대체해야 하며, 이에는 상당한 현금의 지출이 수반된다는 것을 아셔야 합니다. 정광호 씨는 현재의 기계를 10년 정도 사용할 수 있으나 현재의 생산능력을 유지하기 위해서는 앞으로 4~5년 후에는 좀더 효율적인 기계로 대체되어야 한다고 말했습니다. 즉 당신이 기계를 언제 대체할 것인가를 선택하는 데에 있어서는 상당히 융통성이 있습니다. 그러나 보다 효율적인 기계가 이용가능하다면 경쟁력을 유지시키기 위하여 4~5년 후에 새로운 기계로 대체해야 할지도 모릅니다.

새로운 기계의 원가를 추정하는 것은 매우 어려운 일입니다. 현재의 기계의 원가는 ₩90,600,000(=₩1,510,000×12×5)이지만 새로운 기계의 원가는 그 이상 또는 그 이하가 될 수 있습니다. 또한, 상이한 가격으로 구입할 수 있는 여러 종류의 기계가 있을 수 있습니다. 추가로, 기계를 대체하는 데 필요한 자금의 전부 또는 일부를 은행이나 기계의 판매자로부터 조달할 수 있을 것입니다.

요약하면, 이 기업은 5년이나 10년 내에 새로운 기계의 교체 필요성에 직면하게 될 것입니다. 새로운 기계의 대체에 따른 지출이 언제 발생할 것이며, 지출금액이 얼마나 될 것인지는 정확하게 예측하기 어렵지만 당신은 이러한 것에 대하여 주지하고 미리 계획하셔야 합니다.

제 11 장 금융자산 및 관계기업투자주식

익힘문제

1. 현금은 소유하고 있어도 이익을 만들지 못한다. 그래서 소유하고 있는 동안 이자수익이나 자본이득을 올릴 수 있는 채권이나 주식에 투자하고 이를 단기 또는 장기간 보유하고 있다가 매각하여 이익을 얻는다.

2. 채권은 만기가 있고 매 기간마다 이자를 받는다. 그래서 만기에는 원금을, 매 기간마다는 이자수익을 올릴 수 있다. 주식은 만기가 없다. 그리고 발행회사가 배당을 줄지 안 줄지를 결정할 수 있다. 만기도 없고, 정기적인 이자수익도 없지만 주식은 기업의 수익성 전망에 따라서 가격이 등락하므로 주식을 쌀 때 사서 비쌀 때 매각하며 자본이득을 올릴 수 있다. 그러나 기업의 전망이 불확실해지면 주가가 내릴 위험이 있어서 투자에 주의해야 한다.

3. 자기회사가 발행한 주식도 일정한 조건에 맞다면 취득할 수 있다. 이를 자기주식이라고 하며 제13장에서 상세하게 설명하고 있다. 자기주식은 자산으로 인식하지 않고 자본에 대한 차감성격의 항목으로 본다.

4. 상각후원가측정금융자산은 기업이 특정일에 계약에서 정하고 있는 특정 원금과 이자만을 받을 목적으로 취득, 보유하는 자산으로서, 취득원가를 기준으로 평가하되 해당 자산의 명목가치와 현재가치가 다를 경우 그 차이를 상각한 후의 금액으로 평가한다. 구체적으로 다음 두 가지 조건을 모두 만족하는 금융자산이 이에 해당된다.
   - 계약에서 정하는 현금흐름(contractual cash flows)의 수취가 목적인 사업모형하에서 보유하고 있다.

－계약조건에 따라 앞으로 특정일에 원금과 원금잔액에 대한 이자지급만으로 구성된 현금흐름이 발생한다.

공정가치측정금융자산은 보고기간말에 공정가치로 측정하여 재무상태표에 표시하는 자산으로서 해당 손익의 반영방법에 따라 다음 두 가지로 나눈다.

① **당기손익인식금융자산** : 금융자산을 공정가치로 평가함에 따라 발생하는 평가손익을 손익계산서의 당기손익에, 그리고 재무상태표에는 이익잉여금으로 반영하는 유형의 금융자산이다. 모든 지분증권 및 단기매매를 목적으로 보유하는 채무증권 금융자산이 여기에 속한다.

② **기타포괄손익인식금융자산** : 현금흐름 수취와 매도목적을 동시에 사업모형으로 하는 채무형 증권의 경우에는 공정가치로 평가하되, 이로부터 발생하는 변동액(평가손익)은 포괄손익계산서상에 기타포괄손익으로 하고, 재무상태표에는 이익잉여금과는 별도의 자본항목인 기타포괄손익누계액으로 분리표시한다.

5. **당기손익인식금융자산**은 기말 현재의 공정가치를 재무상태표금액으로 표시하고 장부금액과의 차이는 당기손익인식금융자산평가손익의 과목으로 처리하여 당기손익에 반영한다. 당기손익에 반영하기 때문에 그만큼 이익잉여금이 영향을 받게 된다. **기타포괄손익인식금융자산**의 경우에는 발생하는 평가손익은 기타포괄손익으로서 포괄손익계산서의 총포괄손익을 결정할 때 포함되고 재무상태표에는 기타포괄손익누계액으로 표시된다.

당기손익인식금융자산평가손익을 당기손익으로 처리하는 이유는 자산의 취득목적이 대부분 단기간 내 매매차익을 목적으로 하는 것이므로 평가손익이 단기간 내에 실현될 가능성이 매우 높기 때문이다. 그러나 기타포괄손익인식금융자산의 평가손익은 대부분 장기간에 걸쳐 실현될 것이므로 공정가치 변동액이 당기 재무성과에 직접적으로 영향을 미치지 않도록 하기 위해서이다. 즉 공정가치 변동액이 당기순이익에 비정상적인 영향을 미치지 못하도록 손익계산서의 당기손익 결정항목에 포함시키지 않고 기타포괄손익 과목으로 처리하며 이는 재무상태표에서도 배당가능액 계산에서 제외되는 기타포괄손익누계액으로 마감된다.

6. 금융자산은 취득시점에 취득원가로 인식하지 않고 **공정가치**로 측정하여 인식한다. 금융자산을 취득하는 과정에서 매입수수료, 중개수수료, 양도세 및 인지세 등과 같은 **거래부대원가**(transaction costs)가 발생한다. 이러한 거래부대원가는 당기손익인식금융자산의 경우에는 당기비용으로 처리하지만, 그 이외의 금융자산은 공정가치에 가산하여 자본화시킴으로써 취득시 최초의 장부금액으로 인식한다.

7. **상각후원가측정금융자산**이란 기업이 계약상의 현금흐름을 수취하기 위한 목적의 사업모형 하에서 보유하고, 계약조건에 따라서 앞으로 특정일에 원금과 원금잔액에 대한 이자를 받게 되는 금융자산이다. 그러므로 보유기간 동안의 금융자산의 공정가치 변동은 회사의 입장에서 의미 있는 정보라고 보기 어렵다. 따라서 회계담당자는 상각후원가측정금융자산을 상각후원가(amortized cost)로 평가한다.

8. 금융자산의 회계불일치(accounting mismatch)를 감소시킬 수 있는 경우에 기업은 상각후원가측정금융자산이라도 최초의 인식시점에 한해서 이들을 당기손익인식금융자산으로 지정(designate)할 수 있다. 금융자산의 성격이 이자를 받고 만기에 원금을 받는 금융자산이라도 이 자산을 최초에 취득하는 시점에 그 자산의 공정가치 변동을 당기손익으로 인식할 수 있는 당기손익인식금융자산으로 분류하는 회계처리를 허용하고 있는 것이다. 이를 **당기손익공정가치지정권**이라 부른다.

9. 당기손익인식금융자산의 평가손익이 발생하면 당기손익에 반영시키고, 보고기간말에는 이익잉여금에 대체시킨다. 기타포괄손익인식금융자산의 평가손익이 발생하면 기타포괄손익에 반영시키고 보고기간말에는 기타포괄손익누계액에 대체시킨다. 따라서 자본총액에는 동일한 영향을 준다.

10. '**유의적인 영향력**(significant influence)'이란 투자기업이 피투자기업의 재무 또는 영업에 관한 의사결정에 실질적으로 영향력을 미칠 수 있는 능력으로 정의할 수 있다. 예를 들면, 투자기업이 피투자기업에 대하여 직접적으로 다음 중 하나 이상의 관계를 유지하는 경우에는 유의적인 영향력이 있는 경우로 볼 수 있다.

    ① 피투자기업의 이사회 또는 의사결정기관에의 참여
    ② 배당이나 다른 분배에 관한 의사결정에 참여하는 것을 포함하여 정책결정과정에 참여
    ③ 투자기업과 피투자기업 간의 중요한 거래
    ④ 경영진의 상호교류
    ⑤ 필수적인 기술정보의 교환

    한편, 투자기업이 직·간접적으로 피투자기업의 의결권 있는 주식의 20% 이상을 보유하고 있는 경우에는 명백한 반증이 있는 경우를 제외하고는 유의적인 영향력이 있는 것으로 본다.

11. **지분법**이란 피투자기업의 순자산 장부금액이 변동하는 경우 동 변동액 중 투자기업의 지분에 해당하는 금액을 당해 투자기업의 투자주식에 가감하는 평가방법이다.

즉, 지분법이란 투자주식의 장부금액을 피투자기업의 순자산 장부금액에 대한 투자기업의 지분해당액과 일치시키려는 회계처리라고 할 수 있다. 따라서 지분법 적용 후에는 결과적으로 다음의 등식이 성립하게 된다.

투자주식의 장부금액＝피투자기업의 순자산 장부금액×투자기업지분율

지분법에서는 피투자기업의 순자산 장부금액이 증감할 때마다 투자기업의 지분해당액을 투자주식에 가감하고 증감원인에 따라 처리한다. 예를 들어, 피투자기업의 당기순이익이 변동한다면 그에 대한 투자기업의 지분해당액만큼 재무상태표의 관계기업투자주식을 가감하고 손익계산서에는 당기손익 항목인 관계기업투자이익 또는 관계기업투자손실로 처리한다. 피투자기업이 배당금을 지급한다면 피투자기업의 순자산이 그만큼 감소하므로 배당금의 지분해당액(즉 수령하는 배당금)만큼 투자기업의 관계기업투자주식이 감소하게 된다.

12. 그렇지 않다.

당기순이익 중에서 회사의 경상적이고 반복적인 수익창출능력을 나타내는 것은 영업손익이며 피투자기업의 당기순이익 증가에 따른 투자기업의 관계기업투자이익은 기타손익에 포함된다. 따라서 많은(주)와 적은(주)의 경우 당기순이익은 동일하나 관계기업투자이익이 서로 다른데, 관계기업투자이익을 제외한 적은(주)의 순이익(₩90,000)이 많은(주)의 순이익(₩30,000)보다 크므로 적은(주)의 경상적인 영업성과가 많은(주)보다 좋다고 볼 수 있다.

13. 지분법에서는 피투자기업의 순자산 장부금액의 증감에 따라 관계기업투자주식을 가감시켜주는데, 배당금을 받는 경우에는 관계기업투자주식이 감소한 만큼 현금을 받기 때문에 이익으로 인식하지 않는다. 즉 피투자기업의 당기순이익 증감에 따라 관계기업투자주식을 가감시켜줄 때에는 그만큼 관계기업투자손익을 인식하지만 배당금 지급에 따라 피투자기업의 순자산 장부금액이 감소하게 되면 지분해당액만큼 관계기업투자주식이 감소하게 되고 그에 상응하는 계정으로 현금계정이 사용된다.

(차) 현 금	×××	(대) 관계기업투자주식	×××

14. A기업은 피투자기업인 B기업을 직접적으로 지배·통제하기를 원한다. 이 경우 투자기업을 **지배회사**(parent company)라 하고, 피투자기업을 **종속회사**(subsidiary company)라 부른다. 이 상황에서 두 기업의 재무정보는 개별적으로 보고되는 것보다는 하나의 경제실체로서 연결하여 보고될 때에 더욱 유용한 정보가 제공될 수 있다. 이와 같이 지배·종속관계에 있는 여러 기

업의 재무정보를 하나의 경제실체 입장에서 작성·보고하는 재무보고서를 **연결재무제표**(consolidated financial statements)라고 한다. 회계기준에서는 이러한 연결재무제표를 주재무제표로 삼고 있다.

15. 증권형 금융자산 이외의 투자자산으로 대표적인 것은 투자부동산과 보증금 등이 있다.

투자부동산(investment property)은 기업이 임대수익이나 시세차익 또는 두 가지 모두를 얻기 위하여 기업이 보유하고 있는 부동산을 말한다. 투자부동산은 최초 인식시점에 원가로 측정하고, 그 이후에는 공정가치모형과 원가모형 중 하나를 선택하여 적용한다.

보증금이란 전세권·전신전화가입권·임차보증금 및 영업보증금을 말한다. 여기서 전세권이란 타인의 부동산을 사용할 수 있는 권리이며, 전신전화가입권은 특정한 전신 또는 전화를 소유하는 권리, 임차보증금이란 타인의 재산을 임차한 권리를 말하며, 영업보증금이란 영업을 목적으로 제공한 거래보증금·입찰보증금 등을 의미한다. 보론

연습문제

11-1 당기손익인식금융자산(주식)의 회계처리

20×1.11. 1	(차) 당기손익인식금융자산	4,800,000	(대) 현 금	4,800,000
20×1.12.31	(차) 당기손익인식금융자산	2,400,000	(대) 당기손익인식금융자산평가이익	2,400,000
20×2. 7.30	(차) 현 금	3,000,000	(대) 당기손익인식금융자산	3,600,000
	당기손익인식금융자산양도손실*	600,000		
20×2.12.31	(차) 당기손익인식금융자산	400,000	(대) 당기손익인식금융자산평가이익	400,000

* 유가증권의 절반만 처분한다.

부분재무상태표

유 동 자 산	
당기손익인식금융자산 ₩4,000,000	

부분포괄손익계산서

기 타 수 익	
당기손익인식금융자산평가이익	₩400,000
기 타 비 용	
당기손익인식금융자산양도손실	600,000

11-2 당기손익인식금융자산과 기타포괄손익인식금융자산(주식)

1. 당기손익인식금융자산

20×1. 1. 2	(차) 당기손익인식금융자산	96,000,000	(대) 현 금	96,150,000
	매입수수료	150,000		
20×1.12.31	(차) 현 금	8,000,000	(대) 배당금수익	8,000,000
20×1.12.31	(차) 당기손익인식금융자산평가손실	24,000,000	(대) 당기손익인식금융자산	24,000,000

부분재무상태표

유 동 자 산	
당기손익인식금융자산 ₩72,000,000	

부분포괄손익계산서

기 타 수 익	
배당금수익	₩8,000,000
기 타 비 용	
당기손익인식금융자산평가손실	24,000,000
매입수수료	150,000

2. 기타포괄손익인식금융자산

20×1. 1. 2	(차) 기타포괄손익인식금융자산	96,150,000	(대) 현 금	96,150,000
20×1.12.31	(차) 현 금	8,000,000	(대) 배당금수익	8,000,000
20×1.12.31	(차) 기타포괄손익인식금융자산평가손실 (기타포괄손익)	24,150,000	(대) 기타포괄손익인식금융자산	24,150,000

부분재무상태표

유동자산 또는 투자자산		기타포괄손익누계액	
기타포괄손익인식금융자산	₩72,000,000	기타포괄손익인식금융자산평가손실	₩24,150,000

부분포괄손익계산서

기타수익	
배당금수익	₩8,000,000
기타포괄손익	
기타포괄손익인식금융자산평가손실*	24,150,000

* 포괄손익계산서의 기타포괄손익 항목인 기타포괄손익인식금융자산평가손익은 각 회계기말에 계정 과목명을 같이 쓰지만 자본의 기타포괄손익누계액 항목인 기타포괄손익인식금융자산평가손익으로 마감된다.

11-3 지분형 금융자산과 채권형 금융자산(Ⅰ)

1.

20×1년초	(차) 당기손익인식금융자산	200,000	(대) 현 금	200,000
20×1년말	(차) 당기손익인식금융자산평가손실	20,000	(대) 당기손익인식금융자산	20,000
	(차) 현 금	6,000	(대) 배당금수익	6,000

2.

20×1년초	(차) 상각후원가측정금융자산	200,000	(대) 현 금	200,000
20×1년말	(차) 현 금	6,000	(대) 이 자 수 익	6,000

3. 상각후원가측정금융자산은 공정가치의 변동에 따라서 평가손익을 인식하지 않으므로 따로 회계처리가 필요하지 않다. 그리고 공정가치의 변동에 따라서 사채이자의 변동도 없다. 사채이자는 사채의 액면이자율에 따라서 만기까지 지급된다.

11-4 지분형 금융자산과 채권형 금융자산(Ⅱ)

1. 〈A상회(주)〉

20×1년초	(차) 당기손익인식금융자산	150,000	(대) 현 금	150,000
	(차) 매입수수료	2,000	(대) 현 금	2,000
20×1년말	(차) 당기손익인식금융자산	10,000	(대) 당기손익인식금융자산평가이익	10,000
	(차) 현 금	3,000	(대) 배당금수익	3,000

〈B상회(주)〉

20×1년초	(차) 당기손익인식금융자산	150,000	(대) 현 금	150,000
	(차) 매입수수료	2,000	(대) 현 금	2,000
20×1년말	(차) 당기손익인식금융자산	10,000	(대) 당기손익인식금융자산평가이익	10,000
	(차) 현 금	3,000	(대) 이 자 수 익	3,000

2.

20×1년초	(차) 기타포괄손익인식금융자산	152,000	(대) 현 금	152,000
20×1년말	(차) 기타포괄손익인식금융자산	8,000	(대) 기타포괄손익인식금융자산평가이익	8,000
	(차) 현 금	3,000	(대) 이 자 수 익	3,000

11-5 당기손익인식금융자산(사채)의 회계처리

		차변	금액	대변	금액
1.	(차)	당기손익인식금융자산	100,000	(대) 현 금	100,000
2.	(차)	미 수 이 자	5,000	(대) 이 자 수 익	5,000
3.	(차)	현 금	5,000	(대) 미 수 이 자	5,000
4.	(차)	현 금	102,000	(대) 당기손익인식금융자산	100,000
				당기손익인식금융자산처분이익	2,000

* 사채와 관련된 회계처리는 제12장에서 상세하게 설명한다.

11-6 금융자산의 특성과 평가손익

- 금융자산 A : 당기손익인식금융자산이다. ₩5,000만큼의 평가이익을 당기이익으로 인식한다.
- 금융자산 B : 관계기업투자주식이다. 이 주식은 지분법으로 회계처리한다. 관계기업투자주식은 관계회사의 당기손익과 배당에 따라서 장부금액이 변동하게 되지만, 주식의 공정가치에는 영향을 받지 않는다. 문제에서 관계회사의 당기손익과 배당에 대한 정보는 주어지지 않았다.
- 금융자산 C : 상각후원가측정금융자산이다. 이 채권은 공정가치로 평가하지 않고, 취득시 채권의 액면이자율과 시장이자율의 차이에 근거해서 매 보고기간말에 상각후원가로 측정한다. 공정가치로 평가하지 않는다.
- 금융자산 D : 당기손익인식금융자산이다. ₩20,000만큼의 평가손실을 인식하여 당기이익을 감소시킨다.
- 금융자산 E : 단기매매목적이 아닌 경우에는 기업이 주식을 취득할 때 기타포괄손익인식금융자산으로 지정할 수 있다. 이 주식은 평가이익 ₩80,000을 기타포괄이익에 반영한다. 이 금액은 당기손익에는 영향을 주지 않지만 총포괄이익은 ₩80,000만큼 증가시킨다.

11-7 주식투자와 배당금

〈유의적인 영향력을 미치지 않는 경우〉: 장기투자목적이므로 기타포괄손익인식금융자산으로 선택지정하였을 것으로 가정한다.

1. 주식 취득시점(20×1. 3. 10)

(차) 기타포괄손익인식금융자산	57,000,000	(대) 현 금	57,000,000

2. 회계기말(20×1. 12. 31)
   공정가치가 장부금액과 같으므로 분개 불필요

3. 배당금 결의시(20×2. 1. 28)
   (차) 미수배당금 2,250,000 (대) 배당금수익 2,250,000
   * 배당 결의시점에 받을권리와 금액이 확정되면, 이때 배당금수익을 인식한다.

4. 배당금 수령시(20×2. 2. 15)
   (차) 현 금 2,250,000 (대) 미수배당금 2,250,000

〈유의적인 영향력을 미치는 경우〉

1. 주식 취득시점(20×1. 3. 10)
   (차) 관계기업투자주식 57,000,000 (대) 현 금 57,000,000

2. 회계기말(20×1. 12. 31)
   (차) 관계기업투자주식 1,200,000 (대) 관계기업투자이익 1,200,000

3. 배당금 결의시(20×2. 1. 28)
   (차) 미수배당금 2,250,000 (대) 관계기업투자주식 2,250,000

4. 배당금 수령시(20×2. 2. 15)
   (차) 현 금 2,250,000 (대) 미수배당금 2,250,000

11-8 관계기업투자주식의 회계처리

1. 취득한 주식의 지분율이 40%로서 금천(주)의 경영에 유의적인 영향력을 행사하는 경우이므로 지분법으로 평가해야 한다.

2. 분개

일자	차변	금액	대변	금액
1. 10	(차) 관계기업투자주식	500,000,000	(대) 현 금	500,000,000
12. 31	(차) 관계기업투자주식	32,000,000	(대) 관계기업투자이익	32,000,000
12. 31	(차) 현 금	20,000,000	(대) 관계기업투자주식	20,000,000

12. 31 피투자기업의 순자산 변동에 따라 평가했으므로 기말에 별도의 시가평가가 필요 없다.

3. 부분재무상태표와 부분손익계산서

부분재무상태표

투자자산	
관계기업투자주식 ₩512,000,000	

부분손익계산서

기타수익	
관계기업투자이익	₩32,000,000

고급연습문제

11-9 당기손익인식금융자산의 회계처리

(단위 : 천원)

1.	20×1. 11. 20	(차) 당기손익인식금융자산－고려(주)주식	15,200	(대) 현금	15,300
		수수료	100		
	12. 16	(차) 당기손익인식금융자산－경동(주)주식	24,300	(대) 현금	24,420
		수수료	120		
2.	12. 27	(차) 현금	500	(대) 배당금수익	500
3.	12. 31	(차) 당기손익인식금융자산－고려(주)	400	(대) 당기손익인식금융자산평가이익－고려(주)	400
		(차) 당기손익인식금융자산평가손실－경동(주)	1,500	(대) 당기손익인식금융자산－경동(주)	1,500

주식	원가	공정가치(시가)
고려(주)	₩15,200	₩15,600
경동(주)	24,300	22,800

4.	20×2. 1. 26	(차) 현금	16,000	(대) 당기손익인식금융자산－고려(주)주식	15,600
				당기손익인식금융자산양도이익	400

11-10 기타포괄손익인식금융자산의 회계처리

〈20×1년〉

1월 1일	(차) 기타포괄손익인식금융자산－명승(주)	46,200,000	(대) 현금	46,200,000
10월 1일	(차) 기타포괄손익인식금융자산－일화(주)	136,800,000	(대) 현금	256,800,000
	기타포괄손익인식금융자산－재용(주)	120,000,000		

11월 9일	(차) 현 금	1,600,000	(대)	배당금수익	1,600,000
12월 31일	(차) 기타포괄손익인식금융자산–명승(주)	1,800,000	(대)	기타포괄손익인식금융자산평가이익–명승(주)	1,800,000
	기타포괄손익인식금융자산평가손실–일호(주)	80,800,000		기타포괄손익인식금융자산–일호(주)	80,800,000
	기타포괄손익인식금융자산평가손실–재용(주)	58,500,000		기타포괄손익인식금융자산–재용(주)	58,500,000

* 주식	주식수	원가총액	공정가치총액	차 액
명승	1,000	₩46,200,000	₩48,000,000	₩1,800,000
일호	2,000	136,800,000	56,000,000	(80,800,000)
재용	1,500	120,000,000	61,500,000	(58,500,000)

〈20×2년〉

2월 4일	(차) 미수배당금	1,800,000	(대)	배당금수익	1,800,000
4월 2일	(차) 현 금	1,800,000	(대)	미수배당금	1,800,000
12월 31일	(차) 기타포괄손익인식금융자산–명승(주)	1,000,000	(대)	기타포괄손익인식금융자산평가이익–명승(주)	1,000,000
	기타포괄손익인식금융자산–일호(주)	4,000,000		기타포괄손익인식금융자산평가이익–일호(주)	4,000,000
	기타포괄손익인식금융자산평가손실–재용(주)	4,500,000		기타포괄손익인식금융자산–재용(주)	4,500,000

* 주식	주식수	장부금액총액	공정가치총액	차 액
명승	1,000	₩48,000,000	₩49,000,000	₩1,000,000
일호	2,000	56,000,000	60,000,000	4,000,000
재용	1,500	61,500,000	57,000,000	(4,500,000)

11-11 공정가치측정법과 지분법의 비교

1. 상황 A의 경우에는 보유지분율이 10% (<20%)이므로 당기손익인식금융자산으로 공정가치측정법에 따라 평가해야 한다. 즉 모든 지분증권은 취득시점에서 기타포괄손익인식금융자산으로 선택지정하지 않는 이상 당기손익인식금융자산으로 분류되어야 한다. 상황 B의 경우에는 보유지분율이 15% (<20%)이고 기타포괄손익인식금융자산으로 선택지정하였기 때문에 기타포괄손익인식금융자산으로 인식하고 공정가치측정법에 따라 평가해야 한다. 반면에 상황 C의 경우에는 보유지분율이 (20%<) 30% (<50%)로서 피투자기업의 경영에 유의적인 영향력을 행사할 수 있으므로 지분법에 의하여 평가한다.

2. 주요 거래별 회계처리 비교 (단위 : 천원)

〈상황 A : 당기손익인식금융자산－공정가치법〉

취득시	(차) 당기손익인식금융자산	15,000	(대) 현 금	15,000
송파(주)의 순이익보고시	－분개 없음－			
배당금수령시	(차) 현 금	1,200	(대) 배당금수익	1,200
기말의 주가변화시	(차) 당기손익인식금융자산	3,000	(대) 당기손익인식금융자산평가이익	3,000

〈상황 B : 기타포괄손익인식금융자산－공정가치법〉

취득시	(차) 기타포괄손익인식금융자산	22,500	(대) 현 금	22,500
송파(주)의 순이익보고시	－분개 없음－			
배당금수령시	(차) 현 금	1,800	(대) 배당금수익	1,800
기말의 주가변화시	(차) 기타포괄손익인식금융자산	4,500	(대) 기타포괄손익인식금융자산평가이익	4,500

〈상황 C : 관계기업투자자산－지분법〉

취득시	(차) 관계기업투자주식	45,000	(대) 현 금	45,000
송파(주)의 순이익보고시	(차) 관계기업투자주식	6,000	(대) 관계기업투자이익	6,000
배당금수령시	(차) 현 금	3,600	(대) 관계기업투자주식	3,600
기말의 주가변화시	－분개 없음－			

3.

구 분	상황 A	상황 B	상황 C
유동자산	₩18,000,000	－	－
투자자산	－	₩27,000,000*	₩47,400,000
자 본	₩4,200,000 증가	₩6,300,000 증가	₩6,000,000 증가
순 이 익	₩4,200,000 증가	₩1,800,000 증가	₩6,000,000 증가

* 일반적으로 기타포괄손익인식금융자산은 장기투자자산이지만 결산일로부터 1년 이내에 양도할 계획이 있다면 유동자산으로 분류할 수도 있다.

사례연구 지분증권형 금융자산의 평가 : 공정가치평가와 지분법평가

1. 공정가치측정법의 적용

박지승 씨가 모바일클리닉(주)의 주식을 취득하는 이유가 기업의 수익성을 보완하기 위한 장기투자 목적이므로 취득주식을 기타포괄손익인식금융자산으로 선택지정하고 공정가치변동분을 기타포괄손익에 반영시키는 것이 합리적이다.

(1) 취득시

(차) 기타포괄손익인식금융자산 22,500,000 (대) 현 금 22,500,000

(2) 20×1년 12월 31일 : 주가가 ₩16,000일 경우

(차) 기타포괄손익인식금융자산 1,500,000 (대) 기타포괄손익인식금융자산평가이익 1,500,000

(3) 20×1년 12월 31일 : 주가가 ₩18,000일 경우

(차) 기타포괄손익인식금융자산 4,500,000 (대) 기타포괄손익인식금융자산평가이익 4,500,000

(4) 모바일클리닉(주)의 주식을 기타포괄손익인식금융자산으로 선택지정하였기 때문에 보유손익은 당기순이익에 영향을 미치지 않고 포괄이익에만 영향을 미칠 것이다. 기타포괄이익은 예상주가에 따라 ₩1,500,000～₩4,500,000만큼 증가할 것으로 예상되며 이는 자본의 기타포괄손익누계액으로 마감되기 때문에 자본 역시 ₩1,500,000～₩4,500,000만큼 증가할 것이다. 한편 재무상태표상 기타포괄손익인식금융자산이 그에 상응하는 계정으로서 ₩1,500,000～₩4,500,000만큼 증가한다.

2. 지분법의 적용

(1) 취득시

(차) 관계기업투자주식 30,000,000 (대) 현 금 30,000,000

(2) 20×1년 12월 31일 : 순이익을 ₩20,000,000이라고 보고할 경우

(차) 관계기업투자주식 4,000,000 (대) 관계기업투자이익 4,000,000

(3) 20×1년 12월 31일 : 순이익을 ₩30,000,000이라고 보고할 경우

(차) 관계기업투자주식 6,000,000 (대) 관계기업투자이익 6,000,000

(4) 손익계산서상 관계기업투자이익이 최저 ₩4,000,000에서 최고 ₩6,000,000까지 증가하므로 당기순이익과 이익잉여금이 그에 비례하여 증가할 것이다. 한편 재무상태표상 관계기업투자주식도 최저 ₩4,000,000에서 최고 ₩6,000,000까지 증가할 것이다.

3. 피투자회사에 중대한(significant) 영향력을 미치지 않을 정도(일반적으로 지분율 20% 미만)의 주식을 취득하는 경우 해당 투자주식을 공정가치측정법으로 평가하는 반면에 중대한 영향력을 미칠 수 있을 만큼(지분율 20% 이상)의 주식을 취득한 경우 해당 주식은 지분법으로 평가해야 한다. 그런데 지분법의 경우에는 피투자기업의 순자산 변화가 투자기업의 손익계산서 및 재무상태표에 직접적으로 반영되기 때문에 투자기업의 손익이 악화될 때 투자기업은 피투자기업에 대한 자신의 영향력을 행사하여 피투자기업의 손익을 높이는 방향으로 회계수치를 조정하고, 그 결과 관계기업투자손익을 통하여 자신의 손익을 높이려는 유인을 가질 수 있다. 이러한 점에서 지분법은 재무제표의 신뢰성을 저하시킬 위험이 있다.

제 12 장 비유동부채

익힘문제

1. 화폐의 시간가치 개념은 연불매매로 인한 장기성 채권 · 채무, 사채 등의 다양한 분야에서 사용된다. 화폐가 시간에 따라 서로 다른 가치를 가진다는 근거는 유동성선호로서 설명할 수 있다. 즉 동일한 금액이라면 미래의 현금보다는 현재의 현금을 선호한다는 의미이다. 화폐의 시간가치는 각기 다른 시점에서의 현금을 동일한 시점의 현재가치로 환산함으로써 다른 시점의 현금을 동일한 가치로 비교할 수 있다는 장점이 있다.

2. 사채의 발행금액은 원금 및 이자를 현재가치로 환산하고 사채발행비 등을 차감하여 구할 수 있다. 만일 사채이자를 일 년에 한 번이 아닌 두 차례 이상 나누어준다면 동일한 조건의 사채의 발행금액은 높아질 것이다. 왜냐하면 기말에 한 번 주는 이자보다는 기중에 두 차례 이상 나누어주는 이자의 현재가치가 더 크기 때문이다.

3. 사채발행자의 입장에서는 할인액만큼을 차변에 사채할인발행차금으로 기록한다. 이는 추후 유효이자율법으로 매년 상각되며 그 금액은 금융비용(이자비용의 일부로 포함시킴)으로 보고된다.

   사채매입자는 할인액을 차감한 후의 가격으로 취득원가를 계상한다. 한편, 매년말 액면금액과 취득원가의 차이인 할인액을 유효이자율법으로 가산하여 금융수익으로 인식하게 된다.

4. 다른 조건이 동일할 경우, 신용(사채상환능력)이 높다는 사실이 특정 회사의 사채가 다른 회사의 사채보다 높은 가격으로 거래되는 이유가 될 수는 있다. 그러나 명일(주)의 사채가격이 높다는 사실이 반드시 이 회사의 신용도가 높다는 사실을 보장하는 것은 아니다. 현재 사채의 시장이자율이 6%를 훨씬 초과하고 있으므로 두 사채가 모두 할인발행되었을 것이라는 사

실은 자명하다. 명일(주)의 사채가 사채시장에서 액면금액과 비교적 근사한 가격으로 거래되고 있다는 것은 이 사채의 만기일이 수성(주)보다 훨씬 더 가까운 장래에 도래할 것이라는 사실을 나타낸다. 따라서 두 사채의 시장가격의 차이는 회사의 신용도 차이에 기인한다기보다는 오히려 만기일이 서로 다르다는 것으로 설명하는 것이 보다 논리적으로 쉽게 수긍할 수 있다. 물론 만기일도 같고 다른 모든 조건이 비슷하다면 시장에서 평가하는 명일(주)의 신용평가등급이 수성(주)의 그것보다 높을 가능성이 크다. 신용평가등급에 의해서 투자자의 요구수익률이 크게 영향을 받기 때문이다.

5. (1) 할인발행된 경우

계약상의 표시(액면)이자율은 단지 사채소유자에게 지급해야 할 현금이자액을 나타낼 따름이다. 사채가 할인발행된 경우, 차입자(사채발행자)가 사채만기일에 상환해야 하는 금액이 당초 차입한 금액보다 크기 때문에, 차입할 때 이미 추가적인 비용을 미리 선지급했다고 볼 수 있다. 따라서 할인액은 사채의 액면에 이미 포함된 선지급이자비용의 성격을 띠고 있다. 이 추가적인 비용은 유효이자율(차입시의 실제이자부담률)이 액면이자율보다 크기 때문에 발생한다.

(2) 할증발행된 경우

사채가 할증발행되면 사채발행자는 차입한 실제 금액보다 만기에 더 적은 금액인 액면금액을 원금으로 상환한다. 할증액은 차입자가 사채투자자에게 추후 시장이자율을 초과하여 지급하게 될 초과이자분을 미리 선수한 성격으로 볼 수 있다. 따라서 시장의 유효이자율이 액면이자율보다 낮은 경우에 할증발행하게 된다.

6. 두 사람의 관점 차이는 구입시 지급한 ₩60의 프리미엄(할증액)에 대한 차이로 좁혀질 수 있다. 실제로 이 ₩60은 수취해야 할 미래이자의 수정분으로 간주되어야 하고 사채만기가 되는 5년 동안에 이자수익의 일부에서 상각시켜야 한다. 4년째 말까지 이 씨는 프리미엄의 4/5인 ₩48을 투자수익에서 차감해야 하므로, 실질적인 이자수익으로서 ₩592(₩160×4년=₩640, ₩640−₩48=₩592)을 인식하게 될 것이다. 따라서 아직 회수되지 않은 사채원가는 ₩1,012이라고 볼 수 있으며, 이를 ₩1,020에 매각한 경우 ₩8의 이익을 얻게 된다.

그러나 이 씨는 투자로 인해 매년 ₩160씩 수취한 총 ₩640을 모두 해당 연도분의 순수한 이자수익인 것으로 생각하고 있다. 이 씨가 손실을 입었다고 결론을 내린 것은 할증매입분 중 4년 동안 이미 회수된(즉, 현금수입 ₩640에 이미 포함된) ₩48을 인식하지 않았기 때문이다. 친구인 김바로 씨의 분석이 사채의 가격에 기인식된 이자수익조정분을 수정하여 손익을 계산하고 있다는 점에서 보다 현실적이다.

7. **상각후원가측정금융자산**은 공정가치가 변동해도 공정가치변동액에 대하여 인식하지 않으므로 아무런 회계처리를 하지 않는다. 본문에서 만기보유목적의 금융자산에 대한 상세한 설명을 하고 있듯이, 기업의 사업모형이 계약상 현금흐름을 수취할 목적으로 사채를 취득하고 이 사채의 원금과 이자를 받는다면 취득한 사채를 상각후원가측정금융자산으로 분류한다. 이 경우 이 사채에 대한 시장에서의 일시적 공정가치 변동은 큰 의미가 없다.

8. 제품보증비를 실제로 지급할 때 회계처리하는 것은 현금기준에 따른 회계처리에 해당되는 것으로서 제품보증비를 지급할 때 다음과 같이 회계처리하는 것이다.

(차) 제품보증비	×××	(대) 현　　금	×××

이러한 회계처리는 따로 충당부채를 계상할 필요가 없기 때문에 간편하다. 그러나 수익이 인식되는 기간과 비용이 인식되는 기간이 달라짐에 따라 발생기준에 어긋나는 방법이다.

한편, 제품판매할 때 제품보증비의 예상액을 회계처리하는 것은 발생기준에 충실한 회계처리로서 다음과 같이 회계처리하는 것을 말한다.

〈제품보증비 예상액의 기록〉

(차) 제품보증비	×××	(대) 제품보증충당부채	×××

〈제품보증비 실제액의 지급〉

(차) 제품보증충당부채	×××	(대) 현　　금	×××

발생기준을 기본으로 하는 현행 회계원칙에서는 후자의 방법이 이론적으로 더 우수한 회계처리방법이다.

9. **우발손실**로 추정된 금액을 회계상의 부채(충당부채)로 보고할 때에는 ① 미래에 손실이 발생할 가능성이 높고(probable), ② 그때의 손실금액을 신뢰성 있게 추정(estimable)할 수 있을 경우이다. 한편 우발손실이 발생할 수 있는 가능성이 높지는 않으나 손실의 발생시 그 금액을 합리적으로 추정할 수 있을 때 혹은 반대로 발생가능성은 높으나 그 금액을 합리적으로 추정할 수 없을 때에는 재무제표에 이를 주석으로만 공시한다.

한편, **우발이익**(contingent gains)은 발생가능성이 높고 그 금액을 합리적으로 추정할 수 있는 경우라 할지라도, 그 이익이 실현되기 전까지는 이익 혹은 자산으로 재무제표에 보고하지 않는다.

10. **확정기여제도**(defined contribution plans : DC)는 기업이 고정기여금을 납부하여 퇴직기금을 적립하되, 그 기금이 종업원의 퇴직급여를 지급할 수 있을 정도로 충분하지 못하더라도 기업에게는 추가로 기여금을 납부해야 할 법적 의무가 없는 퇴직급여제도를 말한다. 확정기여제도에서는 종업원에게 지급할 퇴직급여금액이 기금에 출연하는 기여금과 그 투자수익에 의해 결정되기 때문에 기여금의 운용실적이 저조하면 종업원이 손실을 부담한다.

반면에 확정기여제도 이외의 모든 퇴직급여제도를 **확정급여제도**(defined benefit plans : DB)라고 한다. 확정급여제도에서는 노사간 약정에 의하여 종업원에게 지급할 퇴직급여의 규모와 내용이 결정되므로 기여금의 운용실적이 양호하면 기업의 기여금이 줄어들지만 운용실적이 저조하면 기여금이 증가한다. 보론

11. 사채발행차금상각은 사채를 할인(할증)발행했을 때 기록되는 사채할인(할증)발행차금을 사채의 상환기간 동안의 매 결산기마다 일정한 방법으로 상각(환입)함으로써 만기일에는 동 계정잔액이 ₩0이 되게 만드는 과정이다. 이로써 사채의 만기에는 사채의 액면금액과 장부금액이 일치한다.

사채발행차금은 유효이자율법이나 정액법을 적용하여 상각할 수 있다. **유효이자율법**(effective interest method)은 사채의 장부금액에 매년 일정 이자율, 즉 사채발행시점의 시장이자율을 곱하여 계산된 유효이자비용과 액면이자율에 의해 계산된 현금이자비용의 차액을 매기 상각하는 방법이다. 이에 반해서 정액법은 사채할인(할증)발행차금을 사채의 상환기간 동안 매기 비례적으로 일정한 금액을 상각하는 방법이다. 예를 들어 사채할인발행차금이 ₩100,000이고 만기까지의 기간이 5년이면 5년간 매 결산기에 ₩20,000을 상각한다.

유효이자율법은 사채의 액면금액과 장부금액이 일치하지 않는 이유가 사채의 액면이자율과 시장이자율의 차이로 인해서 발생했다는 사실에 입각하여 논리적으로 사채할인차금을 상각하므로 논리적인 방법이다. 그러나 정액법은 논리적인 방법이 아니고 편의상 적용하는 방법이다. 과거 컴퓨터가 보편화되지 않았던 시절에는 정액법을 적용한 적이 있지만 더 이상 사용되지 않는 방법이다.

연습문제

12-1 현재가치표를 이용한 현가계산

1. ₩50,000 × 0.7938 = ₩39,690
   * 현재가치표에서 $n=3$, $r=8\%$의 현재가치율 적용

2. ₩10,000 × 4.5638 = ₩45,638
   * 현재가치표에서 $n=7$, $r=12\%$의 현재가치율 적용

3.

매달 ₩600씩 24개월간 지급하는 이자의 현가	₩600 × 18.9139	=	₩11,348
만기에 갚아야 할 원금의 현가	₩15,000 × 0.6217	=	9,326
			₩20,674

   * 현재가치표에서 $n=24$, $r=2\%$의 현재가치율 탐색

4.

6개월마다 ₩20,000씩 5년간 지급하는 이자의 현가	₩20,000 × 8.1109	=	₩162,218
5년 후 만기에 갚아야 할 원금의 현가	₩600,000 × 0.6756	=	405,360
			₩567,578

   * 현재가치표에서 $n=10$, $r=4\%$의 현재가치율 적용

5.

(1) 매년 ₩30,000씩 5년간 받는 금액의 현가	₩30,000 × 3.3522	=	₩100,566
처음 3년 동안 추가적으로 받을 ₩10,000의 현가	₩10,000 × 2.2832	=	22,832
			₩123,398

   혹은 다음의 방법을 이용할 수도 있다.

(2) 매년 ₩40,000씩 3년간 받는 금액의 현가	₩40,000 × 2.2832	=	₩91,328
4년째 받는 ₩30,000의 현가	₩30,000 × 0.5718	=	17,154
5년째 받는 ₩30,000의 현가	₩30,000 × 0.4972	=	14,916
			₩123,398

12-2 받을어음의 현재가치

1.

5기간(년)말 ₩400,0000의 현가	₩400,000 × 0.6209	=	₩248,360
5년간 받을 이자수익의 현가	₩400,000 × 0.05 × 3.7908	=	75,816
			₩324,176

2. 노미련 씨는 받을어음으로 ₩400,000을 계상하면서 처분이익으로 ₩60,000을 인식하였으나 ₩400,000은 5년 후에 받을 금액으로서 현재가치가 아니다. 또한 어음을 소유함으로써 향후 5년 동안 매년 ₩20,000씩을 이자로 받을 권리가 있는데 이는 전혀 인식하지 않았다. 매년 ₩20,000의 이자 역시 현재가치로 그 금액을 인식해야 한다. 결론적으로 노미련 씨는 받을어음을 소유하면서 5년 동안 받을 이자와 원금을 모두 현재가치로 인식해야 하며 받을어음의 현재가치와 처분시 받은 현금 ₩50,000의 합계가 토지를 처분한 대가로 받은 총금액이 된다. 1.에서 받을어음의 현재가치가 어음의 액면금액보다 작으므로 재무상태표에서 받을어음은 액면가에서 현재가치할인차금을 차감한 금액으로 표시된다. 한편 토지의 취득원가와 처분대가로 받은 총금액이 차이가 날 경우 토지처분손익을 인식해야 할 것이다. 올바른 분개는 다음과 같다.

(차)	현 금	50,000	(대) 토 지	390,000
	장기성받을어음	400,000	현재가치할인차금	75,824**
	토지처분손실	15,824*		

* 토지원가	₩390,000
현 금	(50,000)
어음의 현가	(324,176)
토지처분손실	₩15,824
** 어음액면가	₩400,000
어음의 현가	(324,176)
현재가치할인차금	₩75,824

3. 현재가치할인차금 ₩75,824은 앞으로 5년 동안 인식해야 할 이자수익이다. 그러나 노미련 씨가 이러한 회계처리를 하지 않았으므로 20×1년의 당기순이익이 동액만큼 과대계상되었다. 이는 인식하지 말아야 할 토지처분이익 ₩60,000을 인식함으로써 과대계상된 금액과 인식해야 할 토지처분손실 ₩15,824을 인식하지 않음으로써 과대계상된 금액의 합계와 같다.

   한편, 20×2년부터 20×6년까지 현재가치할인차금에 대한 이자수익이 계상되지 않을 것이므로 5년간 총 ₩75,824만큼 당기순이익이 과소계상될 것이다.

20×2년에 인식할 이자수익은 다음과 같다.

이자수익=어음의 기초장부가치 ₩324,176×이자율 10%=₩32,418

현재가치할인차금의 상각액=₩32,418−₩20,000(현금수취이자액)=₩12,418

어음의 기말장부가치=₩324,176+₩12,418=₩336,594

20×3년에 인식할 이자수익

이자수익=어음의 기초장부가치 ₩336,594×이자율 10%=₩33,659

현재가치할인차금의 상각액=₩33,659−₩20,000(현금수취이자액)=₩13,659

어음의 기말장부가치=₩336,594+₩13,659=₩350,253

20×4년~20×6년도 동일한 방법으로 계산하며, 이자를 현금으로 수취하면서 인식하는 이자수익 외에 5년 동안 추가적으로 인식해야 하는 이자수익의 총합은 ₩75,824이다.

12-3 지급어음의 현재가치

1. 매달 ₩2,000씩 24개월간 지급하는 금액의 현재가치

₩2,000×21.2434=₩42,487

* 현재가치표로부터 $n=24$, $r=1\%$의 현재가치율 적용

2. (1) 10월 1일

(차) 재고자산(원목)	62,487	(대) 현 금	20,000
현재가치할인차금	5,513*	장기성매입채무	48,000

〈재무상태표의 유동부채〉

장기성매입채무	₩48,000
현재가치할인차금	(5,513)*
	₩42,487

* ₩48,000−₩42,487=₩5,513

(2) 10월 31일

(차) 장기성매입채무	2,000	(대) 현 금	2,000
이 자 비 용	425	현재가치할인차금	425

* 장기성매입채무의 장부금액(₩42,487)×이자율 1%=₩425

〈재무상태표의 유동부채〉

장기성매입채무	₩46,000*
현재가치할인차금	(5,088)**
	₩40,912

* ₩48,000 − ₩2,000 = ₩46,000

** ₩5,513 − ₩425 = ₩5,088

(3) 11월 30일

(차) 장기성매입채무	2,000	(대) 현 금	2,000
이 자 비 용	409	현재가치할인차금	409

* 장기성매입채무의 장부금액(₩40,912) × 이자율 1% = ₩409

〈재무상태표의 유동부채〉

장기성매입채무	₩44,000*
현재가치할인차금	(4,679)**
	₩39,321

* ₩46,000 − ₩2,000 = ₩44,000

** ₩5,088 − ₩409 = ₩4,679

3. 매달말 ₩2,000씩을 지급할 때마다 장기성매입채무계정의 잔액은 ₩2,000씩 감소하여 24개월째에 마지막 ₩2,000을 지급하고 나면 계정 잔액은 ₩0이 된다. 한편 현재가치할인차금도 매달 상각되어 24개월째가 되면 계정 잔액이 ₩0이 된다. 따라서 지급어음의 장부금액은 ₩0이 되어 장부상에서 제거된다.

12-4 사채의 발행과 사채발행차금

• 시장이자율이 4%인 경우 발행금액

5년 후 만기에 지급할 원금 ₩100,000의 현재가치	₩82,190
5년간 매년 ₩5,000씩 지급할 이자의 현재가치	22,259
	₩104,449

₩100,000 × 0.8219(현재가치표 A-2) = ₩82,190

₩5,000 × 4.4518(연금의 현재가치표 A-4) = ₩22,259

(차) 현 금	104,449	(대) 사 채	100,000
		사채할증차금	4,449

20×1년말의 장부금액

₩104,449+(₩104,449×0.04−₩100,000×0.05)

=₩104,449−₩822

=₩103,627

(차) 이 자 비 용	5,000	(대) 현 금	5,000
사채할증차금	822	이 자 비 용	822

• 시장이자율이 5%인 경우

시장이자율과 액면이자율이 동일하면 액면금액(₩100,000)으로 발행하게 된다. (각자 계산)

발행금액 ₩100,000

장부금액 ₩100,000

• 시장이자율이 6%인 경우

5년 후 만기에 지급할 원금 ₩100,000의 현재가치	₩100,000×0.7473=	₩74,730
5년간 매년 ₩5,000씩 지급할 이자의 현재가치	₩5,000×4.2124=	21,062
		₩95,792

20×1년말의 장부금액

₩95,792+(₩95,792×0.06−₩100,000×0.05)=₩96,540

12-5 기중 발행사채의 발행금액과 사채발행차금

• 시장이자율이 4%인 경우

기초(20×1년초)에 발행한 경우의 발행금액 ₩104,449

20×1년 6월말의 장부금액은 ₩104,449에서 6개월 경과한 금액

₩104,449+(₩104,449×0.04−₩100,000×0.05)×6/12=₩104,038

(차) 현 금	104,038	(대) 사 채	100,000
		사채할증차금	4,038

20×1년말의 장부금액

₩104,038+(₩104,038×0.04−₩100,000×0.05)×6/12

=₩104,038−₩419=₩103,619

(차) 이 자 비 용	5,000	(대) 현 금	5,000
사채할증차금	419	이 자 비 용	419

• 시장이자율이 5%인 경우

발행금액과 액면금액이 동일하므로 20×1년말의 장부금액도 ₩100,000이다. (각자 계산 확인)

• 시장이자율이 6%인 경우

기초(20×1년초)에 발행금액 ₩95,792

20×1년 6월말의 장부금액은 ₩95,792에서 6개월 경과한 금액

₩95,792+(₩95,792×0.06−₩100,000×0.05)×6/12

=₩96,166

20×1년말 장부금액

₩96,166+(₩96,166×0.06−₩100,000×0.05)×6/12

=₩96,551

12-6 사채발행에 관한 회계처리 (Ⅰ)

1. 20×1년 1월 1일

발행금액의 계산 : (₩300,000×0.6806)+(₩30,000×3.9927)=₩323,961

(차) 현 금	323,961	(대) 사 채	300,000
		사채할증발행차금	23,961

2.

사채발행차금상각표

연 도	사채이자비용		사채할증발행차금		장부금액
	현금지급액	유효이자	당기환입액	미환입잔액	
20×1. 1. 1				₩23,961	₩323,961
20×1.12.31	₩30,000	₩25,917	₩4,083	19,878	319,878
20×2.12.31	30,000	25,590	4,410	15,468	315,468
20×3.12.31	30,000	25,237	4,763	10,705	310,705

3. 20×1년 12월 31일

(차) 이 자 비 용	25,917	(대) 현 금	30,000
사채할증발행차금	4,083		

4. 20×3년 12월 31일

(차) 이 자 비 용	25,237	(대) 현 금	30,000
사채할증발행차금	4,763		

5. 20×5년 12월 31일

(차) 이 자 비 용	24,439	(대) 현 금	30,000
사채할증발행차금	5,561		

발행금액인 ₩323,961에는 반올림오차가 포함되어 있고 매년말 이자비용 역시 소수점 첫째자리에서 반올림하여 정수만 취했기 때문에 계산된 숫자에는 반올림오차가 불가피하게 포함되어 있다. 그러한 결과로 20×4년말의 장부금액이 ₩305,561이 되었다. 따라서 만기일인 20×5년 12월 31일에는 이자비용을 ₩305,561×8%≒₩24,445으로 계산하는 것이 아니라 기말장부금액이 ₩300,000이 되도록 사채할증발행차금을 먼저 상각해준다. 즉 상각액 ₩5,561(=₩305,561−₩300,000)을 먼저 결정하고 이자비용을 계산한다(₩30,000−₩5,561=₩24,439). 사채할증발행차금이 모두 상각되어 이제 사채의 장부금액이 액면금액인 ₩300,000이 되었으며 이를 상환하면 된다.

(차) 사 채	300,000	(대) 현 금	300,000

12-7 사채발행에 관한 회계처리 (Ⅱ)

1.

사채발행차금상각표

연 도	사채이자비용		사채할인발행차금		장부금액
	현금지급액	유효이자	당기상각액	미상각잔액	
20×1. 1. 1				₩52,485	₩947,515
20×1.12.31	₩50,000	₩66,326	₩16,326	36,159	963,841
20×2.12.31	50,000	67,469	17,469	18,690	981,310
20×3.12.31	50,000	68,690	18,690	0	1,000,000

〈(주)천도〉

구분	일자	차변	금액	대변	금액
발행시점	20×1. 1. 1	(차) 현　　금 사채할인발행차금	947,515 52,485	(대) 사　　채	1,000,000
1년 후	20×1.12.31	(차) 이 자 비 용	66,326	(대) 현　　금 사채할인발행차금	50,000 16,326
2년 후	20×2.12.31	(차) 이 자 비 용	67,469	(대) 현　　금 사채할인발행차금	50,000 17,469
3년 후	20×3.12.31	(차) 이 자 비 용	68,690	(대) 현　　금 사채할인발행차금	50,000 18,690
상환시점	20×3.12.31	(차) 사　　채	1,000,000	(대) 현　　금	1,000,000

2. 〈(주)만도〉

구분	일자	차변	금액	대변	금액
취득시점	20×1. 1. 1	(차) 상각후원가측정금융자산	947,515	(대) 현　　금	947,515
1년 후	20×1.12.31	(차) 현　　금 상각후원가측정금융자산	50,000 16,326	(대) 이 자 수 익	66,326
2년 후	20×2.12.31	(차) 현　　금 상각후원가측정금융자산	50,000 17,469	(대) 이 자 수 익	67,469
3년 후	20×3.12.31	(차) 현　　금 상각후원가측정금융자산	50,000 18,690	(대) 이 자 수 익	68,690
상환시점	20×3.12.31	(차) 현　　금	1,000,000	(대) 상각후원가측정금융자산	1,000,000

12-8 사채의 조기상환 (I)

1. 한국(주) : 20×3년 12월 31일에 액면금액의 105%, 즉 ₩300,000 × 105% = ₩315,000에 조기상환

차변	금액	대변	금액
(차) 이 자 비 용	25,237	(대) 현　　금	30,000
사채할증발행차금	4,763		
(차) 사　　채	300,000	(대) 현　　금	315,000
사채할증발행차금	10,705		
사채상환손실	4,295		

2. 한국(주) : 20×3년 12월 31일에 액면금액의 102%, 즉 ₩300,000 × 102% = ₩306,000에 조기상환

차변	금액	대변	금액
(차) 이 자 비 용	25,237	(대) 현　　금	30,000
사채할증발행차금	4,763		
(차) 사　　채	300,000	(대) 현　　금	306,000
사채할증발행차금	10,705	사채상환이익	4,705

3. (주)천도 : 20×2년 12월 31일에 액면금액의 100%, 즉 ₩1,000,000×100%=₩1,000,000에 조기상환

차변	금액	대변	금액
(차) 이 자 비 용	67,469	(대) 현 금	50,000
		사채할인발행차금	17,469
(차) 사 채	1,000,000	(대) 현 금	1,000,000
사채상환손실	18,690	사채할인발행차금	18,690

(주)만도 : 20×2년 12월 31일에 액면금액의 100%, 즉 ₩1,000,000×100%=₩1,000,000에 조기상환받음

차변	금액	대변	금액
(차) 현 금	50,000	(대) 이 자 수 익	67,469
상각후원가측정금융자산	17,469		
(차) 현 금	1,000,000	(대) 상각후원가측정금융자산	981,310
		상각후원가측정금융자산양도이익	18,690

4. (주)천도 : 20×2년 12월 31일에 액면금액의 97%, 즉 ₩1,000,000×97%=₩970,000에 조기상환

차변	금액	대변	금액
(차) 이 자 비 용	67,469	(대) 현 금	50,000
		사채할인발행차금	17,469
(차) 사 채	1,000,000	(대) 현 금	970,000
		사채할인발행차금	18,690
		사채상환이익	11,310

(주)만도 : 20×2년 12월 31일에 액면금액의 97%, 즉 ₩1,000,000×97%=₩970,000에 조기상환받음

차변	금액	대변	금액
(차) 현 금	50,000	(대) 이 자 수 익	67,469
상각후원가측정금융자산	17,469		
(차) 현 금	970,000	(대) 상각후원가측정금융자산	981,310
상각후원가측정금융자산양도손실	11,310		

12-9 기업의 자금조달방법 : 사채발행과 주식발행 비교

	사채발행	주식발행
영 업 이 익	₩1,600,000	₩1,600,000
이 자 비 용	(100,000)	–
법인세비용차감전순이익	(1,500,000)	(1,600,000)
법인세비용(25%)	(375,000)	(400,000)
당기순이익	(1,125,000)	(1,200,000)
주당순이익	$\frac{1,125,000}{10,000}$ = ₩112.5	$\frac{1,200,000}{11,000}$ = ₩109.1

사채발행시에 당기순이익은 더 적게 산출되지만 주당이익은 더 크다. 주식을 발행하는 경우에는 발행주식수가 늘어나면 미래의 배당금이 증가하게 되는 문제가 발생할 수 있다. 물론 사채는 만기가 있어서 만기에 원금을 지급하면 되지만 주식은 만기가 없고, 회사는 주주총회의 결의로 배당금을 지급하지 않을 수도 있다. 어느 방법이 더 좋다고 할 수 없고 기업의 경영진이 적합한 방법을 선택해야 한다.

12-10 제품보증충당부채의 계상(I)

1. 20×1년 및 20×2년의 거래에 대한 분개

(1) 20×1년 매출 기록

(차) 매 출 채 권	400,000	(대) 매　　출	400,000

(2) 20×1년 실제 제품보증비 지출

(차) 제품보증충당부채	10,000	(대) 현　　금	10,000

(3) 20×1년 제품보증충당부채 기록

(차) 제품보증비	32,000*	(대) 제품보증충당부채	32,000

* ₩400,000 × (3% + 5%) = ₩32,000

(4) 20×2년 매출 기록

(차) 매 출 채 권	500,000	(대) 매　　출	500,000

(5) 20×2년 실제 제품보증비 지출

(차) 제품보증충당부채 35,000 (대) 현 금 35,000

(6) 20×2년 제품보증충당부채 기록

(차) 제품보증비 40,000* (대) 제품보증충당부채 40,000

* ₩500,000×(3%+5%)=₩40,000

2. 20×2년말의 제품보증충당부채의 잔액

구 분	기 초	(+) 증 가	(−) 감 소	(=) 기 말
20×1년	0	+32,000	−10,000	22,000
20×2년	22,000	+40,000	−35,000	27,000

12-11 확정기여제도의 회계처리 보론

〈20×1년 12월 31일 (기여금의 납부)〉

(차) 퇴 직 급 여 40,000* (대) 현 금 35,000
미지급퇴직급여 5,000**

* ₩350,000(20×1년 출연의무누계액)−₩310,000(20×0년 출연의무누계액)=₩40,000(퇴직급여)
** ₩40,000(퇴직급여)−₩35,000(추가납부 기여금)=₩5,000(미지급퇴직급여)

〈20×2년 12월 31일 (기여금의 납부)〉

(차) 퇴 직 급 여 30,000* (대) 현 금 42,000
미지급퇴직급여 5,000
선급퇴직급여 7,000**

* ₩380,000(20×2년 출연의무누계액)−₩350,000(20×1년 출연의무누계액)=₩30,000(퇴직급여)
** ₩30,000(퇴직급여)+₩5,000(미지급퇴직급여)−₩42,000(추가납부 기여금)=₩7,000(선급퇴직급여)

12-12 확정급여제도의 회계처리(Ⅰ) 보론

〈가득한 퇴직급여의 인식〉

(차) 퇴 직 급 여	10,000	(대) 퇴직급여채무	10,000

〈이자비용의 인식〉

(차) 퇴 직 급 여	20,000	(대) 퇴직급여채무	20,000

〈기여금의 납부〉

(차) 사외적립자산	12,000	(대) 현 금	12,000

〈사외적립자산의 수익〉

(차) 사외적립자산	16,000	(대) 퇴 직 급 여	16,000

〈퇴직급여의 지급〉

(차) 퇴직급여채무	6,000	(대) 사외적립자산	6,000

확정급여제도에 따른 재무상태표에는 사외적립자산을 퇴직급여채무로부터 차감하여 다음과 같은 형식으로 확정급여부채를 표시한다.

〈재무상태표〉

퇴직급여채무	₩224,000*	
사외적립자산	(222,000)**	₩2,000

* ₩200,000(기초잔액)+₩20,000(이자비용)+₩10,000(가득한 퇴직급여)−₩6,000(퇴직급여의 지급)
=₩224,000(기말잔액)

** ₩200,000(기초잔액)+₩16,000(사외적립자산 수익)+₩12,000(기여금의 납부)−₩6,000(퇴직급여의 지급)
=₩222,000(기말잔액)

고급연습문제

12-13 사채발행에 관한 회계처리(Ⅲ)

1. 발행금액=(₩12,000,000×0.7462)+(₩480,000×5.0757)≒₩11,390,736
   1년에 두 번 이자를 지급하므로 $n=6$, $r=5\%$의 현재가치율을 적용하고 각 이자지급기간에 대해 상각해주어야 함.

사채발행차금상각표

연 도	사채이자비용		사채할인발행차금		장부금액
	현금지급액	유효이자	당기상각액	미상각잔액	
20×1. 7. 1				₩609,264	₩11,390,736
20×1.12.31	₩480,000	₩569,537	₩89,537	519,727	11,480,273
20×2. 7. 1	480,000	574,014	94,014	425,713	11,574,287
20×2.12.31	480,000	578,714	98,714	326,999	11,673,001
20×3. 7. 1	480,000	583,650	103,650	223,349	11,776,651
20×3.12.31	480,000	588,833	108,833	114,516	11,885,484
20×4. 7. 1	480,000	594,516	114,516	0	12,000,000

2. (1) 20×1년 7월 1일

(차) 현 금	11,390,736	(대) 사 채	12,000,000
사채할인발행차금	609,264		

(2) 20×1년 12월 31일

(차) 이 자 비 용	569,537	(대) 미지급이자	480,000
		사채할인발행차금	89,537

(3) 20×2년 1월 1일

(차) 미지급이자	480,000	(대) 현 금	480,000

(4) 20×2년 7월 1일

(차) 이 자 비 용	574,014	(대) 현 금	480,000
		사채할인발행차금	94,014

(5) 20×2년 12월 31일

(차) 이 자 비 용	578,714	(대) 미지급이자	480,000
		사채할인발행차금	98,714

3. (1) ₩12,000,000
(2) ₩519,727 [현재가치할인차금 잔액＝₩609,264(20×1년 7월 1일)－₩89,537(첫 이자지급기간 상각액)]
(3) ₩11,480,273 [＝₩12,000,000－₩519,727 또는 ₩11,390,736＋₩89,537]
(4) ₩569,537
(5) ₩480,000
(6) ₩1,152,728 [＝₩574,014＋₩578,714]

12-14 사채의 조기상환(Ⅱ)

1. 투자자들의 요구수익률이 4%일 때의 발행금액

₩1,000,000 × 0.8890 + ₩50,000 × 2.7751 = ₩1,027,755

투자자들의 요구수익률이 6%일 때의 발행금액

₩1,000,000 × 0.8396 + ₩50,000 × 2.6730 = ₩973,250

투자자들의 요구수익률이 4%로 액면이자율보다 작을 때에는 액면가보다 높은 금액으로 할증발행할 수 있었는데, 요구수익률이 6%로 액면이자율보다 커지면서 액면가보다 낮은 금액으로 할인발행하게 됨. 즉 같은 사채를 발행하여 더 적은 금액을 조달하게 됨.

20×1년초의 회계처리

(차)	현　　금	973,250	(대) 사　　채	1,000,000
	사채할인발행차금	26,750		

2. 상각표

일　자	장부금액	유효이자	액면이자	상각액
20×1. 1. 1	₩973,250			
20×1.12.31	981,645	₩58,395	₩50,000	₩8,395
20×2.12.31	990,544	58,899	50,000	8,899
20×3.12.31	1,000,000	59,456	50,000	9,456

3. (1)

(차)	사　　채	1,000,000	(대) 현　　금	1,010,000
	사채상환손실	28,355	사채할인발행차금	18,355*

* ₩1,000,000 − ₩981,645

(2)

(차)	사　　채	1,000,000	(대) 현　　금	980,000
			사채할인발행차금	9,456*
			사채상환이익	10,544

* ₩1,000,000 − ₩990,544

(3)

(차)	사　　채	500,000	(대) 현　　금	500,000
	사채상환손실	9,178	사채할인발행차금	9,178*

* (₩1,000,000 − ₩981,645) × 50%

(4)	(차) 사　　채	400,000	(대) 현　　금	388,000
			사채할인발행차금	3,782*
			사채상환이익	8,218

* (₩1,000,000 − ₩990,544) × 40%

12-15 제품보증충당부채의 계상(Ⅱ)

구　분	10월	11월	12월
판매대수	16,000	14,000	20,000
예상불량률	2%	2%	2%
예상불량품 대수	320	280	400
실제불량품 대수	320	180	90
충당부채 설정대상	0	100	310
제품 1대당 수선비	₩20,000	₩20,000	₩20,000
제품보증충당부채	₩0	₩2,000,000	₩6,200,000

12월 31일 분개 :

(차) 제품보증비	8,200,000	(대) 제품보증충당부채	8,200,000

12-16 손해배상충당부채의 계상

아니다. 아차(주)는 당 소송과 관련된 배상청구액을 당기재무제표에 부채로 기록해서는 안 된다. 추정손실이 장부상에 기록되는 경우는 손실이 발생할 가능성이 높고 그 금액을 합리적으로 추정할 수 있을 때이다. 문제의 경우에는 손실이 발생한다 해도 그 금액을 합리적으로 추정할 수 없다. 따라서 충당부채의 인식요건을 만족하지 못한다. 더구나 소송에서 청구된 배상액을 부채로 재무상태표에 기록하게 되면 원고와 법정은 회사가 법적 배상책임을 시인한 것으로 해석하게 되고, 따라서 법원판결과 관련하여 아차(주)에 부정적인 영향을 미칠 수 있다.

12-17 확정급여제도의 회계처리(Ⅱ) 보론

1. 연간 부담할 퇴직급여 = ₩3,000 ÷ 3년 = ₩1,000

2. 퇴직급여채무의 현재가치

   (1) 20×1년말 : $\frac{₩1,000}{1.1^2}$ = ₩826

   (2) 20×2년말 : $\frac{₩1,000 + ₩1,000}{1.1}$ = ₩1,818

   (3) 20×3년말 : ₩3,000

3. 퇴직급여

   (1) 20×1년말 : ₩826

   (2) 20×2년말 : ₩1,818 − ₩826 = ₩992

   (3) 20×3년말 : ₩3,000 − ₩1,818 = ₩1,182

12-18 재무안전비율

영업이익 = ₩1,200,000 − ₩800,000 − ₩200,000 = ₩200,000

총자본* = ₩1,000,000 − (₩200,000 + ₩300,000) = ₩500,000

* 총자본 계산에 자본금과 포괄이익은 필요하지 않은 정보이다.

부채비율* = $\frac{총부채}{총자본}$ = $\frac{₩500,000}{₩500,000}$ = 100%

* 기업에 따라서는 부채비율의 분모를 총자본이 아닌 총자산을 사용하는 경우도 있으니 주의해야 한다.

$\frac{영업이익}{이자비용}$ = $\frac{₩200,000}{₩40,000}$ = 5

12-19 제품보증비와 윤리적 판단

1. 철수 씨는 현재 보수적인 입장에서 최대한의 품질보증비를 비용으로 처리하고 있다. 또한 철수 씨는 차량판매가격에서 품질보증비를 차감한 금액을 성과급으로 받고 있는데, 철수 씨가 회계담당업무를 담당하고 있으므로 이는 품질보증비 설정을 통해 자신의 성과급을 조정할 수 있다는 모순점을 갖고 있다. 따라서 회사에서는 회계담당업무를 철수 씨가 아닌 다른 직원에게 맡김으로써 기능분리를 하는 것이 바람직하다.

   회사에서 품질보증비를 설정하는 가장 이상적인 기준은 판매하는 차량의 예상되는 품질보증비를 정확히 예측하여 설정하는 것이라고 할 수 있다. 그러나 미래에 발생할 품질보증비를 정확히 예측한다는 것은 현실적으로 매우 어려우므로 10%의 보수적인 기준이든 5%의 가장 낙관적인 기준이든 적절한 방법으로서 품질보증비를 비용으로 처리해야 한다.

2. 현재 회계담당업무를 철수 씨가 담당하고 있으므로 품질보증비를 가능한 한 적게 비용으로 처리하여 자신의 성과급을 높이려는 유인이 충분히 있다. 따라서 철수 씨는 차량품질보증비를 차량판매가격의 5%로 설정할 수 있다.

사례연구 사채발행과 윤리문제

1. 〈현재가치〉

현재시점의 투자액 = ₩100,000

사채의 현재가치(발행금액) = ₩100,000 × 0.7130(시장이자율 7%, 5년후 원금의 현재가치)
+ ₩7,000 × 4.1002(시장이자율 7%, 5년간 이자의 현재가치)
= ₩100,000

게임개발 프로젝트의 순현재가치 :

수익률 25%인 경우 = ₩25,000 × 4.1002(시장이자율 7%, 5년간 연금의 현재가치) − ₩100,000 = ₩2,505

수익률 30%인 경우 = ₩30,000 × 4.1002(시장이자율 7%, 5년간 연금의 현재가치) − ₩100,000 = ₩23,006

즉, 게임개발 프로젝트의 순현재가치는 ₩2,505 ~ ₩23,006이다.

2. 〈길동 씨의 생각에 대한 입장〉

먼저 길동 씨의 생각에 동의할 수 없다. 자금을 제공하는 당사자는 자금을 제공할 때 그 대가로 확정적인 이자를 받을 것인지, 아니면 불확실한 다른 보상을 받을 것인지를 선택한다. 만일에 위험을 부담하면서라도 높은 수익을 원하는 당사자는 그 사업에 투자자로 참여할 것이다. 반면에 위험을 회피하는 당사자는 높은 수익보다는 안전한 수익을 원하기 때문에 그 사업에 채권자로 참여할 가능성이 높다. 본 사례에서 비록 사채를 발행하여 7%의 이자를 지급하고 25~30% 정도의 수익이 기대되더라도 회사 또는 최고경영자는 혹시 일어날 수도 있는 최악의 경우로 인한 위험을 고스란히 떠안게 된다. 그렇게 때문에 7% 이자에 만족하는 자금제공자가 있는 한 최고경영자의 생각을 비윤리적이라고 비난할 필요는 없다.

제 13 장 자 본

익힘문제

1. **액면금액**은 채권자보호를 위해 기업이 최소한으로 보유해야 할 법정자본을 나타낸다. 액면금액, 즉 자본금은 주주총회의 감자에 대한 결의 없이 감소시킬 수 없으며, 소유주지분총액이 액면금액보다 적어지게 되는 정도의 배당(즉, 자본잠식을 초래하는 "제꼬리배당")을 의결할 수 없다. 그러나 액면금액은 실질적 측면에서 거의 의미가 없어 오늘날 많은 나라에서 주권에 액면금액을 표시하는 것을 요구하지 않는다. 우리나라도 2011년부터 무액면주식 발행을 허용하고 있다. 한편 액면금액은 주식의 적정한 시장가치와 아무 상관이 없고 시장가치가 액면금액의 높고 낮음에 따라 결정되는 것도 아니다. 주식의 시장가치는 발행회사의 수익률, 채무변제능력 혹은 배당률 등과 시장의 수급상황에 따라 결정된다.

2. (1) 자본금 (2) 이익잉여금 (3) 이익잉여금 (4) 자본조정
   (5) 자본잉여금 (6) 자본조정 (7) 자본잉여금 (8) 자본조정
   (9) 자본잉여금 (10) 자본조정 (11) 기타포괄손익누계액
   (12) 이익잉여금 (13) 자본금 (14) 기타포괄손익누계액

3. 만약 이익잉여금계정의 잔액이 차변에 표시되어 있다면 재무상태표상의 순소유주지분은 총소유주지분에서 차변의 이익잉여금계정을 차감한 금액이 되며, 이 차변의 이익잉여금을 **결손금**이라 한다. 즉 자본에 결손금이 표시되어 있으면 누적된 이익잉여금이 마이너스라는 것을 의미한다.

4. (1) **배당기준일**은 배당금을 받을 권리가 있는 특정 주주들이 확정되는 날로서 이날 현재 주주명부에 등록되어 있는 주주가 주주총회에서 결의되는 배당금의 대상이 된다. 배당기준일에는 분개하지 않는다.

(2) **배당결의일**은 주주총회 등의 결의에 의해 기업이 주주에게 배당금을 지급해야 할 의무가 최초로 발생하는 날이다. 현금배당의 경우 (차) 현금배당금 (대) 미지급배당금으로 분개하고 주식배당의 경우 (차) 주식배당금 (대) 미교부주식배당금(+주식발행초과금)으로 분개한다.

(3) **배당지급일**은 각각의 주주에게 기업이 배당금을 지급하는 날이다. 현금배당의 경우 (차) 미지급배당금 (대) 현금으로, 주식배당의 경우 (차) 미교부주식배당금 (대) 자본금으로 분개한다.

5. 엄밀한 의미에서 보면 **주식배당**은 투자자입장에서 투자수익으로 간주될 수 없는 성격이다. 왜냐하면 투자자의 순자산이 증가하는 것도 아니고 주식발행회사에 대한 소유지분율이 변화한 것도 아니기 때문이다. 주식배당은 단순히 투자자의 소유주식수가 증가하되 그 총가치는 변하지 않는 것이며, 기업입장에서 볼 때에도 이익잉여금을 자본금으로 대체한 것에 불과하다. 따라서 투자자의 몫인 총소유주지분에는 변화가 없다. 그러므로 현행 회계기준에서도 투자자는 주식배당 수령시 별도의 회계처리를 하지 않고, 주식의 주당 취득원가를 감소시키는 비망기록만 하면 된다.

6. 사장이 옳다. 그러나 주주들의 입장에서 보면 사용가능한 현금확보를 위해 어쩔 수 없이 주식을 처분하는 것보다 현금배당을 더 선호할 수 있다. 사장의 견해는 주주들이 배당을 받지는 않으나 회사에 유보된 주주의 몫을 잃지는 않을 것이라는 데 있다. 즉 기업에 대한 그들의 지분이 증가하고, 그 결과로 주식의 시장가치가 증대한다는 것이다. 더욱이 그들은 배당금에 대해 지불해야 하는 개인배당소득세를 절감할 수 있는 이점이 있다.

7. **현금배당**인 경우에, 주주는 배당을 받게 되면 두 가지 자산(현금과 주식)에 나누어 투자한 결과가 된다. 주주가 보유하는 현금과 현금배당결의 후의 소유주식에 대한 장부상 순자산가액의 합은 배당선언 전의 소유주식에 대한 장부상 순자산가액과 동일하다. 현금배당액을 흔히 주주의 이익으로 표현하지만 그것은 단지 주주의 기존투자분의 일부가 다른 자산(현금)으로 전환된 것에 불과하다.

그러므로 어떤 의미에서는 기업이 이익을 획득했을 때 이는 곧 주주가 투자에 대한 이익을 획득한 것과 동일한 의미가 된다. 그러나 회계학에서는 실현주의에 따른 수익인식 개념 때문에 회사이익이 주주에게 분배되기까지는 주주의 이익실현으로 인식할 수 없다는 점이 다르다고 할 수 있다.

주식배당의 경우 배당의 형태로 보통주가 발행되거나 혹은 우선주가 발행된다. 이때, 그 상황은 비록 현금배당과 유사하게 간주될 수 있다 할지라도, 주식배당은 대체안에 대한 투자가능성을 기본적으로 배제시킨 결과라는 점에서 다르다. 다시 말하면 현금배당의 경우 주주는 배당금을 동일주식에 재투자할 것인가를 결정할 수 있지만, 주식배당을 받은 주주는 이를 처분하여 현금화하지 않는 한 다른 대체안에 투자할 선택권이 없게 된다. 또한 주식배당은 이익잉여금을 자본화할 뿐이지, 주주에게 반드시 순자산의 증가가 된다고 볼 수는 없다.

8. 이익잉여금의 유보에 대한 공시방법 중 가장 일반적이고 효과적인 방법은 유보사실을 재무제표의 하단에 주석으로 표시하는 것이다. 미국에서는 이러한 방법이 종래의 처분이익잉여금으로 처리(적립금설정)하는 방법보다 훨씬 더 자주 사용되고 있다. 우리나라에서는 이를 전통적으로 이익잉여금처분계산서에 임의적립금으로 표시하는데, 국제회계기준에서는 이익잉여금처분계산서를 기본재무제표 중의 하나로 인정하지 않고 있다. 따라서 이익잉여금의 처분내용이 현재로서는 주석에 공시되고 있다.

9. 법정적립금이나 임의적립금 등에서 '**적립**(reserves)'이라는 용어도 실제 현금이나 특정 기금과 같은 자금을 별도로 비축했다는 의미가 아니고 특정 용도로 사용하기 위해 이익배당(처분)을 제한하는 의미로서 이익잉여금 상호간의 대체거래에 불과하다.

10. **자기주식**은 주식을 발행한 회사가 발행한 주식을 재취득한 경우를 뜻한다. 자기주식을 취득하는 이유는 여러 가지가 있다. ① 향후 주식을 소각하기 위해서, ② 적절한 투자기회가 없어 일시적으로 자금을 운용하기 위해서, ③ 향후 임원과 종업원에게 상여금으로 재발행하기 위해서, ④ 주식이 과소평가되어 있다고 시장에 신호를 보냄으로써 거래를 촉진시키고 주가상승을 도모하기 위해서, ⑤ 유통주식수를 감소시킴으로써 주당순이익의 증가를 도모하기 위해서 등이 있다. 자기주식은 원칙적으로 투자자산이 아니며 주식발행기업의 자본에서 차감되어야 할 금액을 나타낸다. 이러한 이유 때문에 자기주식은 자본조정 항목에 포함되는 자본의 차감계정이다.

11. 기업의 순자산가치가 액면금액보다 높거나 활성시장에서 거래되는 공정가치가 액면금액보다 클 경우에 기업은 액면금액을 초과한 금액으로 **할증발행**할 수 있다. 이론적으로 보면 주당 순자산가치는 자본금뿐만 아니라 자본잉여금과 이익잉여금을 포함하여 계산되므로, 자본잉여금과 이익잉여금이 존재하는 경우에는 할증발행이 가능하다.

또한 투자자의 입장에서 보면 새로운 주주는 기존투자자의 이익유보에 대한 가득권리만큼을 추가투자해야만 상호 균형이 유지될 수 있을 것이다.

주식발행초과금은 주식을 액면금액보다 높은 금액으로 할증발행했을 때 액면금액을 초과하는 금액을 말한다.

12. 자본변동표는 한 회계기간 동안 발생한 소유주지분의 변동을 표시하기 위하여 작성한다. 따라서 자본변동표에는 자본을 구성하고 있는 자본금, 자본잉여금, 자본조정, 기타포괄손익누계액, 이익잉여금(또는 결손금) 각각의 변동을 나타내게 된다.

연습문제

13-1 개인기업의 자본금과 인출금

(1) 현물출자에 해당된다. 즉, 자본금계정은 컴퓨터의 공정가치만큼 증가한다.

(2) 인출금계정을 사용한 경우 직접적인 자본금의 변화는 없으나 기말결산에서 인출금을 자본금으로 대체 마감해야 하므로 결국은 자본금이 감소하게 된다.

(3) 딸의 월급은 종업원에 대한 임금, 즉 정상적인 개인기업의 인건비용이므로 자본금계정에 직접적인 영향을 미치지는 않는다. 단, 개인기업이므로 당기순이익의 감소를 통하여 궁극적으로는 자본금에 영향을 미칠 것이다.

(4) 자본금계정은 증가한다. 즉, 이 경우는 이 씨가 현금을 출자한 후에 그 현금으로 부채를 변제한 것과 동일한 거래이다.

(5) 인출금계정 잔액이 자본금계정에 대체되면 그만큼 자본금계정이 감소한다.

13-2 자본계정의 분석

1.	보통주자본금	₩560,000
	(÷) 보통주의 주당액면가	÷ 1,000
	보통주발행수	560 (주)
2.	보통주자본금	₩560,000
	(+) 보통주주식발행초과금	+ 7,000,000
	보통주납입자본금	₩7,560,000
	(÷) 보통주의 발행수	÷ 560 (주)
	보통주평균발행금액	₩13,500
3.	우선주자본금	₩1,200,000
	(÷) 우선주의 주당액면가	÷ 5,000
	우선주발행수	240 (주)

4. 우선주자본금		₩1,200,000
(+) 우선주주식발행초과금	+	3,360,000
우선주납입자본금		₩4,560,000
(÷) 우선주의 발행수	÷	240
우선주평균발행금액		₩19,000
5. 우선주에 대한 주당배당액		₩500
(×) 우선주발행수	×	240 (주)
우선주에 대한 총배당금		₩120,000
6. 보 통 주		₩560,000
우 선 주	+	1,200,000
법정자본금총액		₩1,760,000
7. 보통주납입자본금		₩7,560,000
(+) 우선주납입자본금	+	4,560,000
총납입자본금		₩12,120,000
8. 기말이익잉여금		₩4,832,000
(−) 기초이익잉여금	−	4,430,000
기중이익잉여금증가액		₩402,000
(+) 당기배당금지급액	+	584,000
당기순이익		₩986,000

13-3 자본금의 증가

1. (1) (차) 현 금 800,000 (대) 보통주자본금 1,000,000
주식발행초과금* 200,000
* 주식할인발행차금이 발생하면 우선 주식발행초과금의 한도 내에서 주식발행초과금을 감소시킴
(2) (차) 현 금 1,600,000 (대) 보통주자본금 1,000,000
주식발행초과금 600,000
(3) (차) 주식발행초과금 1,000,000 (대) 보통주자본금 1,000,000

2. (1) 자본금 ₩1,000,000 증가, 자본잉여금(주식발행초과금) ₩200,000 감소, 자본총계 ₩800,000 증가
(2) 자본금 ₩1,000,000 증가, 자본잉여금(주식발행초과금) ₩600,000 증가, 자본총계 ₩1,600,000 증가
(3) 자본금 ₩1,000,000 증가, 자본잉여금(주식발행초과금) ₩1,000,000 감소, 자본총계 영향 없음

13-4 자본금의 감소

1. (1)

(차) 보통주자본금	1,000,000	(대) 현 금	900,000
		감 자 차 익	100,000

(2)

(차) 보통주자본금	1,000,000	(대) 현 금	1,200,000
감 자 차 손	200,000		

(3)

(차) 보통주자본금	20,000,000 *	(대) 이월결손금	15,000,000
		감 자 차 익	5,000,000

* 10,000주 × (2/5) × ₩5,000 = ₩20,000,000

2. (1) 자본금 ₩1,000,000 감소, 자본잉여금(감자차익) ₩100,000 증가, 자본총계 ₩900,000 감소
   (2) 자본금 ₩1,000,000 감소, 자본조정(감자차손) ₩200,000 증가, 자본총계 ₩1,200,000 감소 (감자차손은 자본의 차감계정)
   (3) 자본금 ₩20,000,000 감소, 자본잉여금(감자차익) ₩5,000,000 증가, 이익잉여금 ₩15,000,000 증가, 자본총계 영향 없음

13-5 이익잉여금의 증감

20×1년 1월 1일 이익잉여금	₩1,000,000
20×1년 당기순이익	330,000
현금배당*	(150,000)
주식배당**	(20,000)
20×1년 12월 31일 이익잉여금	₩1,160,000

* 10,000주 × ₩15 = ₩150,000

** 10,000주 × 0.2 × ₩10 = ₩20,000
만약 시가법으로 회계처리한다면 ₩10,000 × 0.2 × ₩30 = ₩60,000만큼 이익잉여금에서 차감한다.

13-6 현금배당 vs 주식배당

1. 현금배당

〈20×1년 12월 31일 : 배당기준일〉 분개 없음

〈20×2년 3월 10일 : 배당결의일〉

(차) 현금배당금	15,000,000	(대) 미지급배당금	15,000,000

〈20×2년 4월 2일 : 배당지급일〉

(차) 미지급배당금	15,000,000	(대) 현　　금	15,000,000

〈20×2년 12월 31일 : 결산일〉 마감분개

(차) 이익잉여금	15,000,000	(대) 현금배당금	15,000,000

주식배당

〈20×1년 12월 31일 : 배당기준일〉 분개 없음

〈20×2년 3월 10일 : 배당결의일〉

(차) 주식배당금	40,000,000	(대) 미교부주식배당금	10,000,000
		주식발행초과금	30,000,000

〈20×2년 4월 2일 : 배당지급일〉

(차) 미교부주식배당금	10,000,000	(대) 자 본 금	10,000,000

〈20×2년 12월 31일 : 결산일〉 마감분개

(차) 이익잉여금	40,000,000	(대) 주식배당금	40,000,000

2.

구 분	자본금	주식발행초과금	이익잉여금	자본총계
현금배당	영향 없음	영향 없음	₩15,000,000 감소	₩15,000,000 감소
주식배당	₩10,000,000 증가	₩30,000,000 증가	₩40,000,000 감소	영향 없음

3. 주식배당을 액면금액법으로 하면 이익잉여금이 감소하고 자본금이 동액만큼 증가하여 자본총계는 변함이 없다.

4. (1) 송영일 씨　　(2) 최권호 씨

13-7 자본거래와 자본 관련 항목에의 영향

	자본금	이익잉여금	자본조정	유통발행주식수	총자본
(1) 당기순이익	영향 없음	증가	영향 없음	영향 없음	증가
(2) 유상증자	증가	영향 없음	영향 없음	증가	증가
(3) 자기주식 취득	영향 없음	영향 없음	증가	감소	감소
(4) 주식배당	증가	감소	영향 없음	증가	영향 없음
(5) 현금배당	영향 없음	감소	영향 없음	영향 없음	감소

13-8 자본거래와 자기주식

1. (1) (차) 현　　금 3,500,000 (대) 자 본 금 2,500,000
주식발행초과금 1,000,000

(2) (차) 자 기 주 식 400,000 (대) 현　　금 400,000

(3) (차) 현　　금 200,000 (대) 자 기 주 식 160,000
자기주식처분이익 40,000

(4) (차) 현　　금 70,000 (대) 자 기 주 식 80,000
자기주식처분이익 10,000

(5) (차) 현　　금 120,000 (대) 자 기 주 식 160,000
자기주식처분이익 30,000
자기주식처분손실 10,000

(6) (차) 토　　지 250,000 (대) 자산재평가이익 250,000

2.

	20×0년말	20×1년말
〈자 본〉		
자 본 금	₩10,000,000	₩12,500,000
자본잉여금	5,000,000	6,000,000
자 본 조 정	(1,000,000)	(1,010,000)
기타포괄손익누계액	2,300,000	2,550,000
이익잉여금	4,000,000	4,000,000
총계	₩20,300,000	₩24,040,000

* 주식발행초과금과 자기주식처분이익은 자본잉여금 항목, 자기주식과 자기주식처분손실은 자본조정 항목, 자산재평가이익은 기타포괄손익누계액 항목이다.

구 분	자본금	자본잉여금	자본조정	기타포괄 손익누계액	이익잉여금	총계(천원)
20×0년말	₩10,000	₩5,000	(₩1,000)	₩2,300	₩4,000	₩20,300
(1)	2,500	1,000				3,500
(2)			(400)			(400)
(3)		40	160			200
(4)		(10)	80			70
(5)		(30)	150			120
(6)				250		250
20×1년말	₩12,500	₩6,000	(₩1,010)	₩2,550	₩4,000	₩24,040

13-9 주식관련거래와 자본계정

4월 1일 (차) 자기주식 1,740,000 (대) 현 금 1,740,000

7월 1일 (차) 현 금 950,000 (대) 자기주식 870,000
자기주식처분이익 80,000

7월 4일 (차) 현 금 18,900,000 (대) 보통주자본금 10,000,000
보통주주식발행초과금 8,900,000

* 발행금액은 주식발행수수료를 차감한 후의 금액이며 주식발행초과금을 수수료 금액만큼 줄여준다.

8월 1일 (차) 현 금 5,000,000 (대) 우선주자본금 5,000,000

11월 30일 분개 없음*

* 주식분할에 대해서는 분개하지 않는다. 다만 2 대 1의 주식 액면분할로 주식수는 2배, 액면가는 1/2이 된다. 따라서 주식분할 전 총발행주식수가 10,000주이므로 분할 후 총발행주식수는 20,000주이며 액면금액은 ₩5,000에서 ₩2,500이 된다.

12월 31일 (차) 배 당 금 1,980,000 (대) 미지급배당금 1,980,000
(차) 이익잉여금 1,980,000 (대) 배 당 금 1,980,000

* 기업이 보유하고 있는 자기주식은 유통주식수에 포함되지 않으며 배당금 지급대상에서 제외된다. 기업이 보유하고 있는 자기주식수는 주식분할 후 200주가 되었다. 따라서 총 유통주식수는 19,800주이다.

12월 31일 : 집합손익계정을 마감하다.
(차) 집합손익 8,455,000 (대) 이익잉여금 8,455,000

13-10 주당순이익(I) 보론

1.

주식수		유통개월수		
14,000	×	2	=	28,000
23,000	×	5	=	115,000
29,000	×	5	=	145,000
		12		288,000

보통주 가중평균유통주식수 : 288,000 / 12＝24,000(주)

또는 14,000×(12/12)＋9,000×(10/12)＋6,000×(5/12)＝24,000(주)

따라서 주당순이익 : ₩9,000,000 / 24,000＝₩375

2.

순 이 익	₩9,000,000
차감 : 우선주 배당요구액(8%×₩5,000×3,000주)	1,200,000
보통주주에 대한 배당가능액	₩7,800,000

주당순이익 : ₩7,800,000 / 24,000＝₩325

13-11 자본변동표와 재무상태표의 표시

1.

일자	차변	금액	대변	금액
3월 1일	(차) 현 금	22,000,000	(대) 자본금－보통주	20,000,000
			주식발행초과금	2,000,000
4월 1일	(차) 자 기 주 식	11,500,000	(대) 현 금	11,500,000
5월 1일	(차) 자 기 주 식	5,700,000	(대) 자산수증이익	5,700,000
6월 1일	(차) 현 금	6,250,000	(대) 자 기 주 식	5,700,000
			자기주식처분이익	550,000
7월 1일	(차) 기 계 장 치	620,000	(대) 자본금－보통주	500,000
			주식발행초과금	120,000
9월 1일	(차) 현 금	18,000,000	(대) 자본금－보통주	15,000,000
			주식발행초과금	3,000,000
12월 31일	(차) 집 합 손 익	8,460,000	(대) 이익잉여금	8,460,000

2.

자본변동표

인아(주) 20×1년 1월 1일부터 20×1년 12월 31일까지 (단위 : 원)

구 분	자본금	자본잉여금	자본조정	이익잉여금	총 계
20×1. 1. 1	₩80,000,000	₩4,200,000	₩0	₩32,000,000	₩116,200,000
당기순이익				8,460,000	8,460,000
유상증자	35,000,000	5,000,000			40,000,000
자기주식취득			(11,500,000)		(11,500,000)
주식증여			(5,700,000)		(5,700,000)
증여주식처분		550,000	5,700,000		6,250,000
현물출자	500,000	120,000			620,000
20×1.12.31	₩115,500,000	₩9,870,000	(₩11,500,000)	₩40,460,000	₩154,330,000

3. 〈자 본〉

자 본 금		
보 통 주		₩115,500,000
자본잉여금		
주식발행초과금	₩9,320,000	
자기주식처분이익	550,000	9,870,000
자본조정		
자기주식		(11,500,000)
이익잉여금		40,460,000
자본총계		₩154,330,000

4. 20×1년말 보통주 발행주식수＝16,000(기초)＋4,000(3월 1일)＋100(7월 1일)＋3,000(9월 1일)

＝₩115,500,000 / ₩5,000＝23,100(주)

20×1년말 보통주 유통주식수＝23,100－2,000(자기주식수)＝21,100(주)

5.

주식수		유통개월수		
16,000	×	2	=	32,000
20,000	×	1	=	20,000
18,000	×	1	=	18,000
17,000	×	1	=	17,000
18,000	×	1	=	18,000
18,100	×	2	=	36,200
21,100	×	4	=	84,400
		12		225,600

보통주 가중평균유통주식수 : 225,600 / 12 = 18,800(주)

따라서 주당순이익 : ₩8,460,000 / 18,800 = ₩450

고급연습문제

13-12 개인기업과 주식회사 – 기말자본의 계산

1.

1월초	(차) 현 금	2,520,000	(대) 자본금 – 보통주	840,000
			주식발행초과금	1,680,000
12월초	(차) 자기주식	140,000	(대) 현 금	140,000
12월 31일	(차) 집합손익	475,000	(대) 이익잉여금	475,000

〈자 본〉 20×1년말

자 본 금	
보 통 주	₩840,000
자본잉여금	
주식발행초과금	1,680,000
자본조정	
자기주식	(140,000)
이익잉여금	475,000
자본총계	₩2,855,000

2. 2월 (차) 현 금 156,000 (대) 자 기 주 식 140,000
자기주식처분이익 16,000

7월 1일 분개 없음 (주식분할 후 주식수=1,680주, 액면가=₩500)

12월 15일	(차) 배 당 금	168,000	(대) 미지급배당금	168,000
12월 31일	(차) 이익잉여금	168,000	(대) 배 당 금	168,000
12월 31일	(차) 집 합 손 익	542,000	(대) 이익잉여금	542,000

〈자 본〉 20×2년말

자 본 금	
보 통 주	₩840,000
자본잉여금	
주식발행초과금	1,680,000
자기주식처분이익	16,000
이익잉여금*	849,000
자 본 총 계	₩3,385,000

* 기초이익잉여금	₩475,000
당기순이익	542,000
배 당 금	(168,000)
기말이익잉여금	₩849,000

13-13 주식관련 거래의 추정

(1) 우선주 800주를 주당 ₩800에 현금 발행하다.

(2) 보통주 100주를 액면금액(₩1,000)으로 현금 발행하다.

(3) 업무용토지를 구입하고 보통주 700주를 발행하여 교부하다. 이 토지의 공정시장가치는 ₩770,000으로 평가된다.

(4) 보통주 30주를 자기주식으로 주당 ₩1,200에 현금 매입하다.

(5) 자기주식 중 10주를 주당 ₩1,400에 현금 매각하다.

(6) 우선주 중 100주를 주당 액면금액(₩500)으로 매입상환하다.

13-14 실질적 감자와 형식적 감자

	차변	금액	대변	금액
1.	(차) 자 본 금	1,000,000	(대) 당 좌 예 금	1,000,000
2.	(차) 자 본 금	1,000,000	(대) 당 좌 예 금	800,000
			감 자 차 익	200,000
3.	(차) 자 본 금	1,000,000	(대) 당 좌 예 금	1,400,000
	감 자 차 손	400,000		
4.	(차) 자 본 금	30,000,000	(대) 이월결손금	25,000,000
			감 자 차 익	5,000,000
5.	(차) 자 본 금	30,000,000	(대) 이월결손금	30,000,000

실질적 감자는 주주로부터 주식을 사들여 소각함으로써 실질적으로 기업의 순자산(자본)이 감소되는 것을 말하여 형식적 감자는 순자산(자본)의 감소가 수반되지 않고 누적된 이월결손금의 전보 등을 통해 자본금이 감소하는 것을 말한다. 즉 형식적 감자는 자본의 구성만 변화될 뿐 자본총계는 변하지 않는다. 실질적 감자의 경우에는 환급금액과 액면금액의 상대적 크기에 따라 감자차익과 감자차손이 모두 가능하나 형식적 감자의 경우에는 감자차손이 있을 수 없다.

13-15 최대 배당가능액의 계산과 자본변동표

	일자	차변	금액	대변	금액
1.	4월 12일	(차) 자 기 주 식	180,000	(대) 현 금	180,000
	5월 9일	(차) 현 금	100,000	(대) 자 기 주 식	90,000
				자기주식처분이익	10,000
	8월 4일	(차) 현 금	64,000	(대) 자 기 주 식	72,000
		자기주식처분이익	8,000		
	12월 15일	(차) 배 당 금	191,000	(대) 미지급배당금	191,000
	12월 31일	(차) 집 합 손 익	629,000	(대) 이익잉여금	629,000
		(차) 이익잉여금	191,000	(대) 배 당 금	191,000

2.

자본변동표

20×1년 1월 1일부터
경일(주) 20×1년 12월 31일까지 (단위 : 원)

구 분	자본금	자본잉여금	자본조정	이익잉여금	총 계
20×1. 1. 1	₩1,910,000	₩1,540,000	₩0	₩986,000	₩4,436,000
당기순이익				629,000	629,000
연차배당				(191,000)	(191,000)
자기주식취득			(180,000)		(180,000)
자기주식처분		10,000	90,000		100,000
자기주식처분		(8,000)	72,000		64,000
20×1.12.31	₩1,910,000	₩1,542,000	(₩18,000)	₩1,424,000	₩4,858,000

부분재무상태표*

경일(주) 20×1년 12월 31일 (단위 : 원)

〈자 본〉	
보통주자본금	₩1,910,000
주식발행초과금	1,540,000
자기주식처분이익	2,000
납입자본총액	₩3,452,000
이익잉여금	1,424,000
계	₩4,876,000
차감 : 자기주식	(18,000)
자 본	₩4,858,000

* 예시적 설명을 위해서 재무상태표 양식을 좀더 자세히 풀어서 만들었다.

3. 최대 주당배당가능액

기말이익잉여금	₩1,424,000
(차감) 자기주식분	(18,000)
배당가능액	₩1,406,000
발행주식수(1,910－100＋50＋40)	÷ 1,900주
주당 최대현금배당가능액	₩740

13-16 보통주와 우선주 배당금 계산

1. 우선주는 보통주보다 배당에 대해서 우선권이 있기 때문에 보통주 주주들이 당기에 배당을 받았다는 것은 우선주 주주들에게 먼저 배당이 지급되었다는 의미이다. 우선주의 종류가 비누적적 우선주라면 지난 2년 동안 받지 못한 배당에 대한 권리가 미래로 이월되지 않는다. 즉 미지급배당이 보전되지 않는다.

당기순이익	₩20,000,000
이월결손금	(5,000,000)
배당가능액	₩15,000,000
배 당 액	
우 선 주 : (5,000주 × ₩5,000 × 9%)	₩2,250,000
보 통 주 : (25,000주 × ₩100)	2,500,000
	4,750,000
기말이익잉여금	₩10,250,000

2. 우선주의 종류가 누적적 우선주라면 지난 2년 동안 받지 못한 배당에 대한 권리가 미래로 이월된다. 우선주에 대한 배당이 가능한 연도에 먼저 배당연체금이 지급되어야 하고 그 다음 당기분 배당이 지급된다. 보통주 배당금의 지급우선순위는 제일 마지막이다.

당기순이익	₩20,000,000
이월결손금	(5,000,000)
배당가능액	₩15,000,000
배 당 액	
우 선 주 : 배당연체금*	₩4,500,000
당해분(5,000주 × ₩5,000 × 9%)	2,250,000
보 통 주 : (25,000주 × ₩100)	2,500,000
	9,250,000
기말이익잉여금	₩5,750,000

* 5,000주 × ₩5,000 × 9% × 2년

13-17 주당순이익(Ⅱ) 보론

1. 가중평균보통주식수

주식수		유통개월수		
14,000	×	1	=	14,000
19,000	×	6	=	114,000
22,000	×	3	=	66,000
20,000	×	2	=	40,000
		12		234,000

∴ 234,000÷12=19,500(주)

당기순이익 : 보통주에 귀속되는 당기순이익은 ₩7,312,500이다.

₩7,812,500－₩500,000(우선주배당금)=₩7,312,500

주당순이익=₩7,312,500÷19,500주=₩375/주

2. 동민(주)의 주당순이익은 ₩24,000,000÷30,000주=₩800/주이고 이익공시시점의 주가이익비율(PER)은 ₩12,000÷₩800=15이다. 반면 세민(주)의 주가이익비율(PER)은 ₩4,500÷₩375=12이다. 주가이익비율의 높고 낮음 그 자체로 투자의사결정을 하는 것은 주의를 기울여야 하나 기업이 속한 산업 및 기업특성이 비슷한 두 기업을 비교한다면 세민(주)의 주가가 저평가되어 있다고 볼 수 있다. 따라서 두 기업 중 하나에 투자한다면 세민(주)에 투자하는 것이 보다 적절할 것이다.

13-18 자본거래와 자본변동표

	일자		차변	금액		대변	금액
1. 20×1년	2월 1일	(차)	주식발행초과금	5,000,000	(대)	자 본 금	5,000,000
	4월 1일	(차)	현 금	56,000,000	(대)	자 본 금	40,000,000
						주식발행초과금	16,000,000
	7월 1일	(차)	자 기 주 식	8,000,000	(대)	현 금	8,000,000
	10월 1일	(차)	자 본 금	2,500,000	(대)	자 기 주 식	4,000,000
			감 자 차 손	1,500,000			
		(차)	현 금	1,800,000	(대)	자 기 주 식	1,600,000
						자기주식처분이익	200,000
	12월 31일	(차)	집 합 손 익	30,000,000	(대)	이익잉여금	30,000,000

20×2년 2월 26일	(차) 이익잉여금***	6,204,000	(대)	미지급배당금*	5,640,000
				이익준비금**	564,000
4월 15일	(차) 미지급배당금	5,640,000	(대)	현 금	5,640,000

* 자기주식은 배당대상이 아니므로 제외해야 한다. 따라서 배당을 받을 자격을 가진 주식수 : 20,000주(기초주식수)+1,000주(5% 무상증자)+8,000주(유상증자)−1,000주(자기주식)+200주(자기주식 처분)=28,200주

∴ 미지급배당금 : 28,200주×₩5,000(액면금액)×0.04=₩5,640,000

** 28,200주×₩5,000(액면금액)×0.04×0.1=₩564,000

∵ 이익준비금은 자본금의 2분의 1에 달할 때까지 매결산기의 금전에 의한 배당액의 10분의 1 이상을 적립해야 한다. 이 문제에서는 최소한의 금액인 10분의 1을 적립하는 것으로 가정한다.

*** 미처분이익잉여금 처분에 대한 분개와 같다. 즉 주주총회 의결로 총미처분이익잉여금 ₩60,000,000 중 미지급배당금과 이익준비금으로 ₩6,204,000을 처분하고 ₩53,796,000의 이익잉여금이 다음기로 이월된다.

2.

자본변동표

20×1년 1월 1일부터
20×1년 12월 31일까지

서울(주) (단위 : 원)

구 분	자본금	자본잉여금	자본조정	이익잉여금	총 계
20×1. 1. 1	₩100,000,000	₩10,000,000	₩0	₩30,000,000	₩140,000,000
당기순이익				30,000,000	30,000,000
무상증자	5,000,000	(5,000,000)			0
유상증자	40,000,000	16,000,000			56,000,000
자기주식취득			(8,000,000)		(8,000,000)
자기주식소각	(2,500,000)		4,000,000		1,500,000
감자차손발생			(1,500,000)		(1,500,000)
자기주식처분		200,000	1,600,000		1,800,000
20×1.12.31	₩142,500,000	₩21,200,000	(₩3,900,000)	₩60,000,000	₩219,800,000

부분재무상태표

〈자　본〉		
자　본　금		
보통주 자본금		₩142,500,000*
자본잉여금		
주식발행초과금	₩21,000,000	
자기주식처분이익	200,000	21,200,000
자 본 조 정		
감 자 차 손	(1,500,000)	
자 기 주 식	(2,400,000)**	(3,900,000)
이익잉여금		
미처분이익잉여금	60,000,000	60,000,000
자본총계		₩219,800,000

* ₩100,000,000(기초)+₩5,000,000(5% 무상증자)+₩40,000,000(유상증자)−₩2,500,000(자기주식 소각) =₩142,500,000

** (1,000주−500주−200주)×₩8,000=₩2,400,000

사례연구 투자자 입장에서 본 주식배당

1.

	(1) 20%주식배당전	(2) 20%주식배당후	(3) 30%주식배당후
순자산(소유주지분)	₩5,760,000,000	₩5,760,000,000	₩5,760,000,000
총발행주식	120,000 (주)	144,000 (주)	156,000 (주)
주당순자산가액	₩48,000	₩40,000	₩36,923
박씨의 소유주식	10,000 (주)	12,000 (주)	13,000 (주)
박씨의 순자산지분	₩480,000,000	₩480,000,000	₩480,000,000

박씨의 순자산지분은 위의 어느 경우에도 변함이 없다. 왜냐하면 몇 %의 주식배당이 선언되든 그 주식배당의 영향은 단순히 기업 전체의 총소유주지분을 더 많은 수의 주식으로 나눈 것이며 그 비율만큼 박씨도 주식을 더 소유하기 때문이다. 결국 주식배당은 주당 순자산가치만 하락시킬 뿐 전체지분에 대한 소유비율은 변화시키지 못한다.

2. 회계기록상 자산의 평가는 취득원가를 기초로 한다. 그러나 주식의 시장가치에는 기업의 수익창출능력과 그에 따른 이익의 배분, 즉 배당액이 반영되기 때문에 투자가의 입장에서 본 가치는 회계상의 자산가치보다 클 수도 있고 작을 수도 있다.

3. 박씨는 전년도에 ₩36,000,000(=10,000×₩3,600)의 배당을 받았고 올해에도 동일한 배당액(12,000×₩3,000)을 받을 것이다. 주당 배당액의 감소분은 증가한 주식수에 의해 상쇄된다. 따라서 총배당액은 변하지 않는다.

4. 주식시장에서의 주가하락(주당 ₩10,000)은 박씨에게는 손실이 아니다. 주식배당이 있기 전 그가 소유한 주식의 시가총액은 ₩600,000,000(=10,000×₩60,000)이었고 주식배당 후에도 역시 ₩600,000,000(=12,000×₩50,000)이다.

단순히 20% 주식배당의 결과로 주식수가 증가하였기 때문에 주식시장에서 주가의 하락은 총 소유주지분액을 증가된 주식수로 나눈 결과로서 나타난 주당 순자산가액의 감소를 반영시킨 결과일 따름이다. 물론 주식배당 후 실제 주가는 이론적 가격인 ₩50,000보다 높을 수도 있고 낮을 수도 있다.

5. 만약 월영(주) 주식에 대하여 전년과 동일한 현금배당을 계속한다면 월영(주) 주식배당비율을 20% 증가시킨 것과 동일한 효과를 가져올 것이다. 다시 말하면 20% 주식배당을 한 후의 배당금은 ₩432,000,000(=120,000×₩3,600)이 아닌 ₩518,400,000(=144,000×₩3,600)이 되어 ₩86,400,000(또는 20%)이 증가한 결과가 된다. 이 현금배당액의 증가는 주식의 시장가치를 ₩50,000 이상이 되도록 상승시키는 원인이 될 수 있다. 주식의 가격은 현금배당액의 크기에 의해 많은 영향을 받기 때문이다. 그러나 절대이익액의 증가가 수반되지 않으면 배당의 증가에 대한 투자자의 반응은 그들의 투자동기에 따라 좌우될 것이므로 반드시 주가가 상승한다거나 하락한다고 단정하기 어렵다.

단기배당수익을 목적으로 하는 투자자는 비교적 무상증자를 좋은 재료로 생각할 수 있지만, 장기투자자에게는 주식배당이 장기적 현금흐름을 변화시키지 않으므로 호재도 아니고 그렇다고 악재가 될 수도 없을 것이다.

제 14 장 현금흐름표

익힘문제

1. **현금흐름표**에는 현금의 유입과 유출에 관계되는 거래내용들이 표시된다. 현금흐름에 관한 이러한 정보는 일반투자자들에게 기업의 유동성, 채무 및 부채지급능력, 그리고 당기순이익의 질 등에 대한 정보를 제공한다. 구체적으로는 영업활동을 통한 현금창출능력, 영업규모의 유지 및 성장을 위한 투자규모, 외부자금의 조달 원천, 잉여현금흐름의 창출 및 사용 등에 대한 정보를 제공한다. 그러나 손익계산서와 재무상태표에는 이러한 활동으로 인해 발생된 순결과만 보여주며 기업이 실제로 창출한 현금흐름이나 기업의 지급능력에 대한 직접적 정보를 제공하지 않는다.

2. (1) **영업활동** : 기업의 주요 수익창출활동, 그리고 투자활동이나 재무활동이 아닌 기타 활동
   (2) **투자활동** : 비유동성자산 및 현금성자산에 속하지 않는 기타 투자사산의 취득과 처분
   (3) **재무활동** : 기업의 납입자본과 차입금 및 구성내용에 변동을 가져오는 활동

3. (1) 현금의 유입
   고객으로부터 유입된 현금
   이자수익, 배당금수익의 수취
   대여금의 회수
   금융자산, 투자자산, 유・무형자산의 처분
   현금의 차입, 사채의 발행
   유상증자

(2) 현금의 유출

공급자와 종업원에 대한 현금유출

이자지급

금융자산, 투자자산, 유・무형자산의 취득

차입금과 사채의 상환

유상감자

배당금의 지급

4. 현금흐름표의 유용성

- 영업활동 현금흐름을 알 수 있다.
- 투자활동 현금흐름을 알 수 있다.
- 재무활동 현금흐름을 알 수 있다.
- 미래현금흐름의 예측에 유용한 정보가 된다.
- 부채와 배당금에 대한 지급능력을 알 수 있다.

5. 현금의 유출이 없는 비용으로 인하여 영업활동 현금흐름이 당기순이익보다 많이 계상될 수 있다. 그러나 "현금을 제공한다"라는 것은 맞지 않다. 감가상각비나 무형자산상각비 등과 같은 비용을 기록한다고 해서 기업으로 자금이 유입되는 것은 아니다. 이러한 비용들은 단지 현금흐름에 영향을 미치지 않으면서 당기순이익을 감소시킨다.

6. 영업활동 현금흐름을 결정하는 과정에서 감가상각비를 법인세비용차감전순이익에 가산하는 이유는 ① 감가상각비는 법인세비용차감전순이익을 산출하는 데 차감되었으나, ② 감가상각비를 계상하더라도 현금흐름에는 아무런 영향을 미치지 않기 때문이다. 이와 같은 항목으로는 특허권, 저작권, 사채할인발행차금 등과 같은 비유동성계정의 상각비가 있다.

7. 사채발행으로 인한 건물의 구입 등과 같은 거래는 매우 중요한 투자와 재무 활동이지만 현금흐름에는 영향을 미치지 않는다. 따라서 현금흐름표에는 이 거래가 표시되지 않는다.

8. 건물구입으로 인하여 순돌(주)의 현금흐름은 현금이 ₩60,000만큼 감소하나 장기어음 발행액인 ₩240,000은 현금흐름에 직접적인 영향을 미치지 않는다. 이 거래는 투자활동 현금흐름에서 현금의 유출로 "건물의 취득 ₩60,000"으로 기재된다.

9. 영업활동과 관련이 없는 자산과 부채의 증감원인은 주로 투자와 재무 활동에 기인한 것이다. 이들의 증감원인은 현금흐름의 증감에 영향을 주는 거래도 있고, 영향을 주지 않는 거래도 있으므로 현금흐름에 영향을 주는 거래를 파악하기 위하여 관련 계정들을 분석해야 한다.

10. 법인세비용차감전순손실은 부의 금액으로 나타난다.

11. 이 거래로 인하여 현금흐름에 미친 영향은 없다. 다만 당기에 현금배당을 지급하였다면 현금유출을 현금흐름표에 배당금지급으로 표시한다.

12. 영업활동 현금흐름의 작성에는 직접법과 간접법이 있다. **직접법**이란 손익계산서에서 수익과 비용 항목들 중 현금의 유출입이 있는 항목과 재무상태표에서 영업활동과 관련 있는 자산과 부채의 증감을 가감하여 계산하는 방법이다. **간접법**은 손익계산서상의 법인세비용차감전순이익에서 출발하여 법인세비용차감전순이익의 위에 있는 항목 중 비현금비용과 비현금수익의 가감, 비영업비용과 비영업수익의 가감을 행한 후 영업운전자본의 증감에 대해 조정을 해주는 방법이다.

직접법의 장점은 정보이용자가 영업활동 현금흐름을 추적하는 데 있어서 보다 이해하기 쉽고 현금흐름에 직접적인 정보를 전달해 주는 것이다. 단점은 현금의 유입과 유출에 관한 각 종류별 자료를 구하기 어려워서 현금흐름표의 작성에 시간과 비용이 많이 소요된다. 간접법의 장점은 현금흐름표의 작성이 쉽고, 당기순이익과 현금흐름의 차이에 대한 정보를 제공한다. 그러나 간접법은 회계학에 대한 전문적인 지식을 가지고 있는 사람만 이해할 수 있어서 일반사람들은 이해하기 어려운 단점이 있다.

13. 이자지급은 영업활동 현금흐름 또는 재무활동 현금흐름에, 이자수취는 영업활동 현금흐름 또는 투자활동 현금흐름에, 배당금지급은 영업활동 현금흐름 또는 재무활동 현금흐름에, 배당금수취는 영업활동 현금흐름 또는 투자활동 현금흐름에 분류할 수 있다. 즉 모든 항목은 영업활동 현금흐름에 분류될 수 있으며, 이자지급과 배당금지급은 재무활동 현금흐름에, 이자수취와 배당금수취는 투자활동 현금흐름에도 분류될 수 있다. 다만 선택한 분류 위치는 일관성 있게 계속 적용되어야 한다.

연습문제

14-1 현금흐름표에 포함되는 항목

(1) 투자활동-현금유출
(2) 재무활동-현금유입
(3) 재무활동-현금유출
(4) 영업활동-현금유출
(5) 투자활동-현금유입
(6) 영업활동-현금유입
(7) 재무 또는 영업 활동-현금유출
(8) 재무활동-현금유출
(9) 영업활동-현금유입
(10) 영업활동-현금유출
(11) 영업활동-현금유입
(12) 영업 또는 재무활동-현금유출
(13) 영업활동-현금유입
(14) 투자활동-현금유입
(15) 영업활동-현금유출
(16) 영업활동-현금유출
(17) 투자 또는 영업 활동-현금유입
(18) 투자 또는 영업 활동-현금유입

14-2 거래의 분석과 현금흐름에 미친 영향

(1) (차) 임 차 료 10,000 (대) 현 금 10,000

현금으로 지급한 임차료 ₩10,000은 현금흐름표의 영업활동 현금흐름 산출시에 첫 항목으로 사용되는 법인세비용차감전순이익에 이미 반영되어 있다.

(2) (차) 현 금 300,000 (대) 매 출 500,000
매 출 채 권 200,000

매출하고 받은 현금 ₩300,000은 현금흐름표의 영업활동 현금흐름 산출시에 사용되는 법인세비용차감전순이익에 이미 반영되어 있다. 그리고 매출채권 ₩200,000의 증가는 영업활동 현금흐름 산출시에 포함되는 항목인 영업활동으로 인한 자산·부채의 변동에서 매출채권의 증가에 반영되어 영업현금흐름을 감소시킨다.

(3) (차) 감가상각비 30,000 (대) 감가상각누계액 30,000

영업활동 현금흐름 계산시 현금의 유출이 없는 비용 등의 가산에 포함된다.

(4) (차) 현 금 500,000 (대) 자 본 금 500,000

재무활동 현금흐름의 증가에 포함시킨다.

(5) (차) 현 금	90,000	(대) 토 지	70,000
		토지처분이익	20,000

토지를 처분하고 받은 ₩90,000은 투자활동 현금흐름에 포함시킨다. 토지처분이익 ₩20,000은 영업활동 현금흐름 산출시에 현금의 유입이 없는 수익으로 영업현금흐름을 감소시킨다.

14-3 현금흐름표의 표시방법

(1) 2월 15일에 지급된 배당금은 재무활동 또는 영업활동 현금흐름에 현금의 유출로 표시한다.

(2) 법인세비용차감전순손실 ₩110,000은 영업활동 현금흐름을 간접법으로 작성할 때 부의 금액으로 나타난다.

(3) 주식분할과 주식배당은 기업의 순자산에 영향을 끼치지 않을 뿐 아니라 현금흐름과도 관계가 없다. 현금흐름표에 표시하지 않는다.

(4) 토지취득액 중 현금으로 지급한 ₩100,000만 투자활동 현금흐름에 현금의 유출로 표시한다. 토지취득을 위해 발행한 ₩500,000은 현금흐름표상에 나타나지 않는다. 단, 거래가 중요할 경우 주석으로 공시하면 된다.

14-4 영업활동 현금흐름(Ⅰ)

(1) 법인세비용차감전순이익	₩77,000	
(2) 현금의 유출이 없는 비용의 가산		
감가상각비	₩11,000	
(3) 영업활동으로 인한 자산·부채의 변동		
매출채권의 증가	(₩5,000)	
선급비용의 감소	2,000	
재고자산의 증가	(16,000)	
매입채무의 증가	12,000	
미지급비용의 증가	3,000	
(4) 영업에서 창출된 현금	₩84,000	
(5) 법인세의 납부	(40,000)	₩44,000

14-5 고객으로부터의 현금유입액

매 출 액	₩1,000,000	
매출채권의 증가(순액)	(130,000)*	₩870,000

* 1) 매출채권의 순액은 매출채권에서 대손충당금을 차감한 잔액이다.
(기말 : ₩300,000 − ₩20,000 = ₩280,000, 기초 : ₩200,000 − ₩50,000 = ₩150,000)

2) 고객으로부터의 현금유입액은 현금매출액과 매출채권회수액의 합이며 이는 매출액에서 매출채권의 증가분을 뺀 것과 같다.
기초매출채권 + 당기신용매출액 − 매출채권회수액 = 기말매출채권
매출액 = 현금매출액 + 당기신용매출액
= 현금매출액 + 매출채권회수액 + (기말매출채권 − 기초매출채권)
= 고객으로부터의 현금유입액 + △매출채권

14-6 공급자에 대한 현금유출액

(1) 매출원가 = 기초재고자산 + 당기매입액 − 기말재고자산
= 당기매입액 − (기말재고자산 − 기초재고자산)

∴ ₩800,000 = 당기매입액 − ₩110,000

∴ 당기매입액 = ₩910,000

(2) 공급자에 대한 현금유출액은 재고자산의 현금매입액과 매입채무지급액의 합이며 이는 당기매입액에서 매입채무의 증가분을 뺀 것과 같다.

기초매입채무 + 당기신용매입액 − 매입채무지급액 = 기말매입채무

당기매입액 = 현금매입액 + 당기신용매입액
= 현금매입액 + 매입채무지급액 + (기말매입채무 − 기초매입채무)
= 공급자에 대한 현금유출액 + △매입채무

∴ 공급자에 대한 현금유출액 = ₩910,000 − ₩40,000 = ₩870,000

(3) 또는 매출원가 = 기초재고자산 + 당기매입액 − 기말재고자산
= 공급자에 대한 현금유출액 + △매입채무 − △재고자산

∴ 공급자에 대한 현금유출액 = ₩800,000 − ₩40,000 + ₩110,000 = ₩870,000

14-7 영업활동 현금흐름(Ⅱ)

(1)	법인세비용차감전순손실		(₩600,000)	
(2)	현금의 유출이 없는 비용의 가산			
	감가상각비	₩460,000		
	산업재산권손상차손	150,000		
	재해손실	630,000	1,240,000	
(3)	투자활동으로 인한 수익의 차감			
	토지처분이익		(350,000)	
(4)	영업활동으로 인한 자산·부채의 변동			
	매출채권의 감소	200,000		
	선급비용의 증가	(100,000)		
	재고자산의 증가	(70,000)		
	매입채무의 감소	(150,000)		
	미지급비용의 증가	50,000	(70,000)	₩220,000

14-8 현금유출입액

(1) 급여 현금지급

₩100,000 + ₩60,000 − ₩50,000 = ₩110,000

(2) 보험료 현금지급

₩60,000 − ₩50,000 + ₩40,000 = ₩50,000

(3) 임차료 현금지급

₩500,000 − ₩100,000 − ₩60,000 = ₩340,000

(4) 이자수익 현금지급

₩30,000 − ₩10,000 + ₩10,000 = ₩30,000

(5) 이자비용 현금지급

₩80,000 + ₩20,000 − ₩30,000 = ₩70,000

14-9 현금흐름표의 작성(Ⅰ)

현금흐름표

20×2년 1월 1일부터
20×2년 12월 31일까지

금강(주) (단위 : 원)

Ⅰ. 영업활동 현금흐름			
1. 법인세비용차감전순이익		₩270,000	
2. 현금의 유출이 없는 비용의 가산			
1) 감가상각비		18,000	
3. 영업활동으로 인한 자산·부채의 변동			
1) 매출채권의 감소	₩110,000		
2) 매입채무의 증가	280,000	390,000	
4. 영업에서 창출된 현금		₩678,000	
5. 법인세의 납부		(100,000)	₩578,000
Ⅱ. 투자활동 현금흐름			
1. 투자활동으로 인한 현금의 유출액			
1) 토지의 취득	(₩160,000)		
2) 건물의 취득	(240,000)		(400,000)
Ⅲ. 재무활동 현금흐름			
1. 재무활동으로 인한 현금의 유출액			
1) 배당금의 지급			(128,000)
Ⅳ. 현금및현금성자산의 증가			₩50,000
Ⅴ. 기초의 현금및현금성자산			200,000
Ⅵ. 기말의 현금및현금성자산			₩250,000

14-10 현금흐름표의 작성(Ⅱ)

현금흐름표

바다(주) 20×2년 1월 1일부터 20×2년 12월 31일까지 (단위 : 원)

영업활동 현금흐름			
법인세비용차감전순이익		₩200,180	
비현금 및 비영업 비용과 수익의 조정			
감가상각비		45,000	
이 자 비 용		4,730	
유형자산처분이익		(5,000)	
영업활동으로 인한 자산·부채의 변동			
매출채권의 증가	(₩59,800)		
재고자산의 증가	(9,650)		
선급비용의 증가	(3,300)		
매입채무의 증가	44,700		
미지급비용의 감소	(500)	(28,550)	
영업에서 창출된 현금		₩216,360	
이자지급액		(4,730)	
법인세지급액		(27,280)	₩184,350
투자활동 현금흐름			
설비자산의 취득		(80,000)	
설비자산의 처분		12,500	
장기투자자산의 취득		(26,000)	(93,500)
재무활동 현금흐름			
신 주 발 행		45,000	
사채의 상환		(40,000)	
배당금지급액		(43,900)	(38,900)
현금및현금성자산의 증가			₩51,950
기초의 현금및현금성자산			48,400
기말의 현금및현금성자산			₩100,350

14-11 토지의 처분에 따른 현금흐름의 표시

영업활동으로 인한 현금흐름 : ₩300,000 차감(항목 : 투자활동으로 인한 수익의 차감)

투자활동으로 인한 현금흐름 : ₩1,500,000 가산(항목 : 토지처분으로 인한 현금유입액)

〈참고〉 토지처분이익(₩300,000)은 투자활동으로 인한 수익으로 당기순이익에 이미 반영되어 있으므로 이를 차감하여 영업활동으로 인한 순현금흐름을 나타내고, 토지처분 총액(₩1,500,000)을 투자활동으로 인한 현금유입액으로 나타낸다.

(차) 현 금	1,500,000	(대) 토 지	1,200,000
		토지처분이익	300,000

14-12 자산의 처분에 대한 현금흐름 추정

(1) 먼저 다음의 T계정분석을 통하여 기중에 처분된 건물의 원가와 감가상각누계액을 구한다.

건 물

기초	425,000	기중처분	145,000
기중취득	130,000	기말	410,000

감가상각누계액

기중처분	63,000	기초	146,000
기말	157,000	감가상각비	74,000

(2) 처분된 건물의 장부금액 : ₩145,000 − ₩63,000 = ₩82,000

(3) 건물의 처분금액 : ₩82,000 + ₩18,000 = ₩100,000

참고로 처분시의 분개를 표시하면 다음과 같다.

(차) 감가상각누계액	63,000	(대) 건 물	145,000
현 금	100,000	건물처분이익	18,000

고급연습문제

14-13 영업활동 현금흐름의 추정

(1)

매출채권*

기초	90,000	현금유입액	**1,222,000**
매출액	1,300,000	대손충당금제거액	48,000
		기말	120,000

대손충당금**

당기제거액	48,000	기초	1,000
기말	3,000	당기설정액	50,000

고객으로부터의 현금유입액 : ₩1,222,000

* 기초매출채권＋당기신용매출액－매출채권회수액－대손충당금제거액＝기말매출채권
기초매출채권＋(매출액－현금매출액)－매출채권회수액－대손충당금제거액＝기말매출채권
고객으로부터의 현금유입액＝현금매출액＋매출채권회수액
＝기초매출채권＋매출액－대손충당금제거액－기말매출채권
＝매출액－△매출채권－대손충당금제거액

** 기초대손충당금＋대손충당금설정액－대손충당금제거액＝기말대손충당금

(2) 고객으로부터의 현금유입액

₩540,000＋₩14,000(매출채권의 감소)＋₩12,000(선수금의 증가)＝₩566,000

* 기초선수금＋당기선수금－매출인식선수금＝기말선수금
매출액＝현금매출액＋당기신용매출액＋매출인식선수금
＝현금매출액＋매출채권회수액＋△매출채권＋당기선수금－△선수금
고객으로부터의 현금유입액＝현금매출액＋매출채권회수액＋당기선수금
＝매출액－△매출채권＋△선수금

(3) 종업원에 대한 현금유출액

₩700,000＋₩4,000(미지급급여의 감소)－₩8,000(선급급여의 감소)＝₩696,000

* 기초미지급급여＋당기미지급급여－미지급급여지급액＝기말미지급급여
기초선급급여＋당기선급급여－비용인식선급급여＝기말선급급여
급여＝현금지급급여＋당기미지급급여＋비용인식선급급여
＝현금지급급여＋미지급급여지급액＋△미지급급여＋당기선급급여－△선급급여
종업원에 대한 현금유출액＝현금지급급여＋미지급급여지급액＋당기선급급여
＝급여－△미지급급여＋△선급급여

14-14 재무제표 항목을 이용한 영업활동 현금흐름의 산출

법인세비용차감전순손실	(₩12,000)
감가상각비	20,000
설비자산처분이익	(18,000)
매출채권의 증가	(58,000)
선급비용의 감소	10,000
재고자산의 감소	200,000
매입채무의 증가	5,000
퇴직급여부채의 증가	5,000
	₩152,000

14-15 투자활동과 재무활동 현금흐름의 추정(Ⅰ)

1. 투자활동 현금흐름
   (1) 현금유입액 : 토지처분금액 = ₩90,000 + ₩26,000(토지처분이익) = ₩116,000
   (2) 현금유출액 : 토지 증가액 ₩540,000 − (₩490,000 − ₩90,000) = ₩140,000
   토지 현금구입액 = ₩140,000 − ₩40,000 = ₩100,000
   (3) 현금흐름 : ₩116,000 − ₩100,000 = ₩16,000

2. 재무활동 현금흐름
   (1) 현금유입액 : 없음
   (2) 현금유출액 : 현금배당 지급액 = ₩200,000(기초이익잉여금) + ₩56,000(당기순이익) − ₩230,000 (기말이익잉여금) − ₩8,000(미지급배당금증가액) = ₩18,000

14-16 투자활동과 재무활동 현금흐름의 추정(Ⅱ)

(1) 기계장치에 관련된 재무정보

기계장치의 처분과 관련된 분개는 아래와 같다.

(차) 현　　금	20,000	(대) 기 계 장 치	50,000
감가상각누계액	20,000		
기계장치처분손실	10,000		

따라서 기계장치의 처분으로 인하여 유입된 현금 ₩20,000은 현금흐름표의 투자활동에 표

시되고, 기계장치처분손실은 간접법에 의한 영업활동 현금흐름에서 법인세비용차감전순이익에 가산된다.

위의 분개를 계정기입해 보자.

기 계 장 치

차변	금액	대변	금액
기초잔액	70,000	기말잔액	230,000
	210,000	처 분	50,000
	280,000		280,000

감가상각누계액

차변	금액	대변	금액
기말잔액	60,000	기초잔액	40,000
처 분	20,000		40,000
	80,000		80,000

기계장치계정에서는 차변과 대변이 일치되기 위해서는 차변에 금액이 ₩210,000이 모자란다. 이는 당 회계기간에 기계장치의 추가구입이라고 추정된다. 따라서 이는 현금흐름표의 투자활동부분에 기계의 취득으로 현금유출액에 표시된다.

감가상각누계액계정에서 차변과 대변이 일치되기 위해서는 대변에 ₩40,000이 모자란다. 이는 당회계기간의 감가상각비로 추정된다. 따라서 이는 간접법에 의한 영업활동 현금흐름을 계산할 때 법인세비용차감전순이익에 가산항목이 된다.

(2) 사채와 관련된 정보

사채의 상환과 관련된 정보를 분개하면 다음과 같다.

(차) 사 채	40,000	(대) 현 금	50,000
사채할증발행차금	6,000		
사채상환손실	4,000		
(차) 토 지	20,000	(대) 사 채	20,000

사채상환으로 현금이 ₩50,000 지출된 것은 재무활동 중 현금의 유출에 기재된다. 그리고 사채상환손실 ₩4,000은 간접법에 의한 영업활동 현금흐름에서 법인세비용차감전순이익에 가산된다. 사채를 발행하고 그 대가로 토지를 받은 것은 현금의 유입과 유출이 없는 거래이므로 현금흐름표에 기재되지 않는다.

위의 분개를 계정기입해 보자.

사 채

차변	금액	대변	금액
기말잔액	60,000	기초잔액	80,000
사채상환	40,000	사채발행	20,000
	100,000		100,000

사채할증발행차금

차변	금액	대변	금액
기말잔액	4,000	기초잔액	12,000
사채상환	6,000	환 입	2,000
	10,000		10,000

사채계정은 차변과 대변 잔액이 일치하나 사채할증발행차금은 대변잔액이 ₩2,000 모자란

다. 이는 사채할증발행차금환입으로 추정할 수 있다. 사채할증발행차금환입금액은 간접법에 의한 영업활동 현금흐름의 계산에서 법인세비용차감전순이익의 차감항목으로 표시된다.

14-17 직접법에 의한 영업활동 현금흐름 – 종합예제

(1) 영업활동 현금흐름

계정과목	발생기준	조정사항		현금기준
매 출	₩7,200,000	매출채권 증가	(100,000)	₩7,100,000
매출원가	(5,600,000)	재고자산 증가	(50,000)	
		매입채무 증가	400,000	(5,250,000)
급 여	(400,000)			(400,000)
보 험 료	(200,000)	선급보험료 증가	(50,000)	(250,000)
판 매 비	(450,000)			(450,000)
퇴직급여	(150,000)	퇴직급여채무 증가	100,000	(50,000)
이자수익	140,000			140,000
이자비용	(90,000)	미지급이자비용 감소	(100,000)	(190,000)
법인세비용	(40,000)	미지급법인세 증가	10,000	(30,000)
				₩620,000

(2) 현금흐름표의 작성

현금흐름표(일부)

영업활동 현금흐름		₩620,000
고객으로부터의 현금유입	₩7,100,000	
공급자에 대한 현금유출	(5,250,000)	
종업원에 대한 현금유출 (급여+퇴직급여)	(450,000)	
영업비용 현금유출 (보험료+판매비)	(700,000)	
영업활동에서 창출된 현금	700,000	
이자수익의 유입	140,000	
이자비용의 지출	(190,000)	
법인세 납부	(30,000)	

14-18 현금흐름표를 이용한 재무제표분석

1. 현금흐름표의 작성

현금흐름표

진영(주) 20×2년 1월 1일부터 20×2년 12월 31일까지 (단위 : 원)

영업활동 현금흐름			
법인세비용차감전순이익		₩456,000	
현금의 유출이 없는 비용의 가산			
감가상각비		100,000	
영업활동으로 인한 자산·부채의 변동			
매입채무의 증가	245,000		
미지급비용의 증가	120,000		
매출채권의 증가	(325,000)		
재고자산의 증가	(420,000)		
선급비용의 증가	(10,000)	(390,000)	
영업에서 창출된 현금		166,000	
법인세의 납부		77,000	₩89,000
투자활동 현금흐름			
투자활동으로 인한 현금의 유입액			
기계장치의 처분		50,000	
투자활동으로 인한 현금의 유출액			
기계장치의 취득		(350,000)	(300,000)
재무활동 현금흐름			
재무활동으로 인한 현금의 유입액			
재무활동으로 인한 현금의 유출액			
배당금의 지급		(84,000)	(84,000)
현금및현금성자산의 증가			(295,000)
기초의 현금및현금성자산			395,000
기말의 현금및현금성자산			₩100,000

2. 현금흐름표를 보자. 이 기업은 영업활동 현금흐름이 ₩89,000에 불과한데도 기계장치의 취득 ₩350,000, 배당금의 지급 ₩84,000 등으로 무리하게 현금을 지출하고 있다. 따라서 당기에는 현금의 잔액이 전기보다 ₩295,000이 감소하였다.

유동자산 대 유동부채의 비율(유동비율)이 감소하였다. 유동비율은 2.0보다 약간 떨어진 1.82 (= ₩2,060,000/₩1,130,000)이다. 비록 유동자산이 ₩460,000만큼 증가하였으나 유동부채는 ₩478,000이나 증가하였다. 이로 인하여 유동비율은 2.45에서 1.82로 감소하였다.

14-19 영업활동 현금흐름과 윤리적 판단

1. 영업활동 현금흐름과 관련된 자산, 부채를 조절하는 방법이 있다. 예를 들면 매출채권의 회수율을 높인다든지 또는 거래처에 대한 매입대금의 지급을 지연시키는 방법, 재고자산구입을 줄이는 방법, 종업원에 대한 급여의 전부 또는 일부를 지연하는 방법, 이자비용 지급을 지연하는 방법 등이 있을 것이다. 또한 재고자산의 단가를 낮추어서라도 매각시키는 방법 등도 생각해 볼 수 있다.

2. 위와 같은 방법은 일시적으로 영업활동 현금흐름을 양호하게 할 수는 있겠지만 장·단기적으로는 회사의 순이익에 부정적인 영향을 줄 것이다. 예를 들면, 거래처에 대한 매출채권의 회수율을 지나치게 강압적으로 올린다면 거래처와의 우호적인 관계가 지속적으로 유지되기가 힘들 것이고 또한 매입대금을 지나치게 지연시킨다면 역시 거래처와의 우호적인 관계가 계속 유지되기 힘들 것이다. 종업원에 대한 급여도 일부 또는 전부 지연시킨다면 종업원의 사기가 저하될 것이고 채권자에 대한 이자비용의 지급을 지연한다면 회사의 신용에 부정적인 영향을 줄 것이다. 결국 이러한 조치는 장·단기적으로 회사의 순이익에 부정적인 영향을 줄 수밖에 없다.

사례연구 1 현금흐름표와 의사결정

1. 현금흐름표의 작성

현금흐름표

성수(주) 20×2년 1월 1일부터 20×2년 12월 31일까지 (단위 : 원)

영업활동 현금흐름			
법인세비용차감전순손실		(₩14,000)	
현금의 유출이 없는 비용의 가산			
감가상각비	₩50,000		
산업재산권상각비	9,000	59,000	
영업활동으로 인한 자산·부채의 변동			
매입채무의 증가	44,000		
매출채권의 증가	(36,000)		
재고자산의 증가	(20,000)		
미지급비용의 감소	(2,000)	(14,000)	₩31,000
재무활동 현금흐름			
재무활동으로 인한 현금의 유입액			
재무활동으로 인한 현금의 유출액			
배당금의 지급			(16,000)
현금및현금성자산의 증가			15,000
기초의 현금및현금성자산			24,000
기말의 현금및현금성자산			₩39,000

2. 회계담당자는 오류를 범하지 않았다. 비록 손익계산서에서는 당기순손실이 나타났으나 현금의 유출을 요하지 않는 감가상각비나 산업재산권상각비 등의 비용과 영업활동과 관련된 자산과 부채들의 증감 때문에 영업활동 현금흐름이 생성되었다. 발생기준 회계원칙으로는 당기순손실을 기록했지만 영업활동 현금흐름은 ₩31,000으로서 현금배당 ₩16,000을 차감하더라도 20×2년 한 해 동안 현금은 ₩15,000이 증가하였다.

사례연구 2 현금흐름표와 감가상각비

1. 위 문제의 자료에서는 투자활동이나 재무활동의 거래는 나타나 있지 않으므로 영업활동 현금흐름만 구하면 현금흐름표를 작성할 수 있다.

(1) 영업활동 현금흐름의 계산

계정과목	발생기준	조정사항		현금기준
매 출	₩400,000	매출채권의 감소	₩10,000	₩407,000
		선수임대료 감소	(3,000)	
급 여	(80,000)	미지급급여의 증가	10,000	(70,000)
보 험 료	(30,000)	선급보험료의 증가	(4,000)	(34,000)
기타영업비	(20,000)			(20,000)
이 자 비 용	(48,000)	미지급이자의 감소	(4,000)	(52,000)
합 계				₩231,000

(2) 현금흐름표 작성

현금흐름표

영업활동 현금흐름		₩231,000
매출 등 현금유입액	₩407,000	
급 여	(70,000)	
보 험 료	(34,000)	
기타영업비	(20,000)	
이 자 비 용	(52,000)	

2. 비록 손익계산서에서는 매년 ₩28,000의 순손실이 발생하지만 현금흐름은 ₩231,000이 창출되고 있다. 문제에서 이러한 현금흐름이 몇 년간 지속된다는 언급은 없지만 이 회사의 가치는 최소한 현금흐름의 현재가치만큼은 된다. 특히 이 회사는 상당히 양호한 현금흐름을 보이고 있으므로 A씨의 주장을 받아들여 회사를 포기하는 것은 옳지 못한 판단이다.

제 15 장 재무제표분석

익힘문제

1. **추세비율**이란 특정 연도의 재무제표 항목을 기준연도의 동일 항목에 대한 비율로 표시한 것이다. 추세비율을 계산하기 위해서는 먼저 기준연도를 설정하고 기준연도 이후의 해당 재무제표 항목의 금액을 기준연도의 해당 재무제표 항목의 금액으로 나누어 백분율을 구한다.

   추세비율을 분석할 때 주의해야 할 사항은 반드시 기준연도를 대표성 있는 연도로 설정해야 한다는 것이다. 왜냐하면 대표성이 없는 연도를 기준연도로 설정하면 추세비율 자체가 왜곡될 수 있기 때문이다.

2. **추세비율분석**은 각 연도의 재무제표 항목 금액을 기준연도의 금액과 대비시킴으로써 재무제표 항목에 대한 기간별 증감추세를 파악하는 것이다. 반면에 **요소구성비율분석**은 재무제표를 구성하고 있는 각 재무제표 항목의 상대적 크기를 백분율로 나타낸 것이다. 수년간에 걸친 매출액의 변동을 분석하는 데에는 추세비율분석이 적합하며, 기준연도의 매출액을 100%로 하고 이후 각 연도의 매출액을 기준연도의 매출액으로 나누어 백분율을 구해 추세를 파악하게 된다.

3. **수평적 분석**은 재무제표상의 동일 항목에 대하여 두 기간 이상에 걸쳐 기간별로 비교・분석하는 것을 말하고, **수직적 분석**은 단일의 재무제표 내에서 항목간의 관계를 상대적인 크기로 나타내어 평가하는 것이다.

4. 삼일(주)와 영화(주)의 순이익자료가 주어졌을 때 두 기업의 수익성을 비교할 경우에는 순이익을 이것을 창출하기 위하여 활용된 자산가액이나 자기자본과 관련시켜 분석함으로써 보다 의미 있는 평가를 할 수 있다. 그 밖에도 매출액과 결부시켜 비교할 수 있으며, 또한 이러한

분석을 과거연도와 비교하거나 경쟁기업 및 산업의 평균과 비교할 수도 있다.

5. 매출액은 감소했으며, 그 감소율은 순이익의 경우보다 높다. 이 경우에 순이익의 절대금액은 감소할지라도 매출액순이익률은 높아진다.

6. 세계(주)의 재무제표분석시 최근연도 또는 일정기간 동안의 여러 비율 및 이익률을 화학산업에 속한 다른 기업의 수치들과 비교함으로써 보다 의미 있는 평가를 할 수 있다. 이와 같은 방법을 통해서 세계(주)가 경쟁기업보다 성공적이었는지의 여부 또는 재무상태가 동종산업의 다른 기업들보다 양호한지의 여부를 판단할 수 있게 된다. 화학산업에 속한 다른 기업과의 재무분석이라 할지라도 두 기업간에 적용된 회계절차상의 차이에 대해서는 주의를 요한다. 회계절차상의 차이는 두 기업간의 재무자료의 비교가능성을 감소시키며, 재무제표분석에 통상적으로 사용되는 대부분의 비율에 대한 실질적인 차이를 유발시킬 수 있다.

7. 순이익을 보수적으로 산출하게 하는 회계처리방법은 "이익의 질"을 높인다. 가속상각법 (1)과 상대적으로 짧은 내용연수의 사용 (3)은 모두 감가상각비 금액을 크게 하고 그에 따라 순이익을 보수적으로 산출하게 하며 "이익의 질"을 높일 수 있다. 선입선출법 (2)는 인플레이션기간 동안에는 매출원가를 적게 하여 "이익의 질"을 떨어뜨릴 것이나, 디플레이션기간 동안에는 반대의 현상(즉, 매출원가를 많게 하여 "이익의 질"을 높임)이 나타난다.

8. (1) 유동비율 : 유동부채를 초과하는 유동자산의 안전도(margin of safety)를 나타낸다.
   (2) 주당순이익(EPS) : 1주당 기업이 벌어들인 이익, 즉 주주에게 귀속되는 1주당 투자수익을 나타낸다.
   (3) 이자보상비율 : 이자비용에 대한 안전도를 나타낸다.

9. 자기자본이익률은 최종적으로 보통주 주주에 대한 투자수익성을 측정하려는 것이다. 이자비용과 법인세비용은 보통주 주주들에 앞서 우선 지급되어야 하므로 순이익은 이들을 차감한 후에 계산되어야 한다. 같은 논리로 자기자본이익률은 우선주에 대한 배당금을 차감한 순이익을 이용하여 계산된다.

10. (1) 주가수익비율(PER) : ₩42,750/₩4,500＝9.5
    (2) 배당성향(dividend payout ratio) : ₩2,500/₩4,500＝55.6%
    (3) 배당수익률(dividend yield) : ₩2,500/₩42,750＝5.8%

11. 기업의 유동성을 평가하기 위하여 보편적으로 이용되는 주요 비율에는 유동비율, 당좌비율 등이 있다. 유동비율은 유동자산을 유동부채로 나누어 계산되며, 1년 이내 또는 영업주기가

1년보다 긴 경우 영업주기 이내에 현금화될 수 있을 것으로 가정되는 자산과 동 기간중 현금 지급이 요구되는 채무의 관계를 측정한다. 통상적으로 유동비율이 200% 이상이면 만족스럽다고 한다.

당좌비율은 유동비율과 유사하나 분자는 유동자산에서 재고자산과 선급금 항목을 차감한 당좌자산을 이용한다. 따라서 이 비율은 유동부채에 대해서 현금, 금융자산, 매출채권 등과 같은 당좌자산만을 비교하게 되므로 기업의 단기유동성을 평가하는 데 있어서 유동비율보다 훨씬 엄격한 검증방법이 된다.

12. **채권자**들은 낮은 부채비율을 선호한다. 왜냐하면 부채에 대하여 자기자본의 비율이 높으면 기업이 파산했을 경우 채권자들이 보다 안전하기 때문이다. 반면 **주주**들은 채권자들에 대한 이자비용을 부담하고도 그 이상의 수익성이 있다면 그 초과분이 주주들의 몫이 될 것이므로 높은 부채비율을 선호할 것이다. 이러한 견해의 차이는 채권자들이 고정적인 보상조건을 갖는 반면 주주들은 기업의 잔여지분을 갖게 되므로 레버리지효과로 인하여 이득을 얻게 된다는 현상에 기인한다.

13. **주식투자시 배당수익률**에 대한 보다 의미 있는 평가기준은 배당금을 주식의 시가로 나누어 계산한 수치일 것이다. 왜냐하면 그 투자자는 현재 주식을 ₩10,000에 팔고 수입액을 다른 곳에 투자할 것인가 또는 주식을 계속 보유해야 할 것인가의 대체적인 투자안에 직면해 있기 때문이다. 주식을 계속 보유하고 있다는 사실은 ₩10,000을 그 주식에 계속 투자하고 있다는 것을 나타내며, 여기에서 ₩500의 배당금을 받았다면 이는 이 투자에서 5%의 배당수익을 얻었다는 것을 나타낸다. 역사적 원가주의 관점에서 볼 때 투자가가 최초 투자액에 대한 10%의 수익을 얻고 있는 것은 사실이지만, 이는 더 이상 의사결정에 유용한 정보가 될 수 없다.

14. 유동비율은 7월중에 가장 높을 것으로 생각된다. 이때에는 유동자산과 유동부채 총액이 모두 최저수준에 이르게 되지만, 유동자산의 감소는 유동부채의 감소보다 상대적으로 적을 것이다. 왜냐하면 현금, 재고자산 등의 유동자산은 다가올 영업활동에 대비하여 일정수준은 보유하고 있어야 하기 때문이다. 따라서 7월중에는 유동부채에 대한 유동자산의 비율이 더 높아지게 된다.

기업이 회계연도의 마감을 7월 31일로 하는 것이 좋겠다. 이때 재고자산과 매출채권이 최저수준이 되어 이러한 자산을 평가하는 데 오류가 발생할 확률이 낮아지기 때문이다. 예를 들면, 재고실사업무가 감소되어 보다 정확한 실사가 될 수 있다. 따라서 순이익이 보다 정확하게 산정될 수 있게 된다.

15. 재고자산회전율 및 매출채권회전율과 순이익 간에는 직접적인 상관관계가 없다. 재고자산회전율 및 매출채권회전율이 높다는 것은 자본이 효율적으로 이용되고 있다는 것을 의미하기는 하지만, 이로 인해서 반드시 높은 순이익이 창출될 것이라고 기대할 수는 없다.

매출액의 증가 때문에 재고자산회전율이 높아질 수 있다. 그러나 매출이 수익성이 없다면 순이익은 오히려 감소할 수 있다. 또한, 매출액 자체가 감소했으나 재고수준의 감소율이 그보다 높다면 재고자산회전율은 높아질 수 있다. 수익성이 없이 매출액수준이 높아졌을 경우에는 매출채권회전율에도 불구하고 순이익이 낮아질 수 있다. 또한 신용조건이 너무 엄격하여 매출액과 매출채권을 동시에 감소시킬 수 있다. 매출채권이 신용매출보다 더 빠른 속도로 감소할 경우에는 매출채권회전율이 높아질 것이다.

연습문제

15-1 추세비율의 계산

	20×1년	20×2년	20×3년	20×4년	20×5년
매 출 액	100%	120%	124%	152%	176%
매출원가	100%	124%	132%	165%	205%

매출액 추세는 매년 바람직스러운 방향으로 나아가고 있다. 그러나 매출원가의 증가를 고려한다면 그렇게 바람직스러운 현상은 아닌 것 같다. 왜냐하면 매출원가의 상승률이 매출액의 상승률보다 크기 때문이다. 이러한 사실은 매출총이익률이 감소하고 있다는 것을 나타내며, 매출액의 증가가 판매가격을 낮춤으로써 이루어졌을 가능성이 높다. 또 다른 원인으로는 기업의 구매정책이 상대적으로 비효율적이었을 가능성이 있다. 매출원가가 이러한 추세를 보이게 된 원인을 규명할 필요가 있다.

15-2 비교손익계산서와 공통형손익계산서의 작성 및 목적

1.

비교손익계산서

광복(주) 12월 31일로 끝나는 1년간 (단위 : 원)

	20×1년	20×2년	증가(감소)	변동률
매 출 액	₩750,000	₩920,000	₩170,000	22.7%
매 출 원 가	465,000	588,800	123,800	26.6
매출총이익	₩285,000	₩331,200	₩46,200	16.2
영 업 비 용 :				
판 매 비	₩157,500	₩174,800	₩17,300	11.0
관 리 비	82,500	92,000	9,500	11.5
총영업비용	₩240,000	₩266,800	₩26,800	11.2
영 업 이 익	₩45,000	₩64,400	₩19,400	43.1
법인세비용	9,000	14,000	5,000	55.5
당기순이익	₩36,000	₩50,400	₩14,400	40.0

2.

공통형손익계산서

광복(주) 12월 31일로 끝나는 1년간

	20×1년	20×2년
매 출 액	100%	100%
매 출 원 가	62	64
매출총이익	38.0%	36.0%
영 업 비 용 :		
판 매 비	21.0%	19.0%
관 리 비	11.0	10.0
총영업비용	32.0%	29.0%
영 업 이 익	6.0%	7.0%
법인세비용	1.2	1.5
당기순이익	4.8%	5.5%

3. 매출액이 22.7% 증가했으나 매출원가도 26.6%나 증가했다. 따라서 공통형손익계산서에서 보듯이 매출총이익률은 38%에서 36%로 감소되었다. 기업의 판매가격이 매출원가의 증가와 보조를 맞추지 못한 것 같다. 바람직스러운 점은 매출액이 22.7%나 증가했음에도 불구하고 판매비는 11%만 증가했고 관리비는 11.5%만 증가했다. 이처럼 비용이 상대적으로 적게 증가함으로써 기업의 영업이익이 전년도에는 매출액의 6%이었으나 금년도에는 7%로 증가되었다.

15-3 재무비율의 계산(Ⅰ)

(1) 유동비율 : 2.04(= ₩326,000 / ₩160,000)

(2) 당좌비율 : 0.73(= ₩116,000 / ₩160,000)

(3) 운전자본 : ₩166,000(= ₩326,000 − ₩160,000)

(4) 부채비율 : 0.667(= ₩300,000 / ₩450,000)

(5) 매출채권회전율 : 12회(= ₩1,080,000 / ₩90,000)

(6) 재고자산회전율 : 3.78회(= ₩756,000 / ₩200,000)

15-4 매출채권회전율과 재고자산회전율

1. 매출채권회전율 :

$$\frac{\text{매출액}}{\text{매출채권}} = \frac{₩490{,}000}{₩70{,}000} = 7\text{회}$$

2. 재고자산회전율 :

$$\frac{\text{매출원가}}{\text{평균재고자산}} = \frac{₩300{,}000}{(₩75{,}000 + ₩125{,}000) / 2} = 3\text{회}$$

15-5 주당순이익, 주가수익비율과 배당수익률

1. 기본주당순이익(EPS) $= \dfrac{\text{순이익} - \text{우선주배당금}}{\text{보통주식수}}$

$$= \frac{₩1{,}900{,}000 - ₩100{,}000}{1{,}000\text{주}} = ₩1{,}800 / \text{주}$$

2. 주가수익비율(PER) $= \dfrac{\text{주당시가}}{\text{EPS}} = \dfrac{₩15{,}300}{₩1{,}800} = 8.5$

3. 배당수익률 $= \dfrac{\text{주당배당액}}{\text{주당시장가격}} = \dfrac{₩275 \times 4}{₩15{,}300} = 7.19\%$

15-6 주당순이익

	1. 은행차입	2. 주식발행
법인세비용차감전순이익	₩120,000	₩120,000
추가이익(18%×₩300,000)	54,000	54,000
추가이자비용(12%×₩300,000)	(36,000)	–
조정된 법인세비용차감전순이익	₩138,000	₩174,000
법인세비용(40%)	(55,200)	(69,600)
당기순이익	₩82,800	₩104,400
유통주식수	1,200주	1,500주
주당순이익(EPS)	₩69/주	₩69.6/주

15-7 재무비율의 계산(Ⅱ)

당기순이익	₩237,600
법인세비용	+158,400
법인세비용차감전순이익(₩237,600/0.6)	₩396,000
가산 : 사채이자비용(₩600,000×0.12)	+ 72,000
사채이자비용 및 법인세비용차감전순이익	₩468,000

(1) 총자본이익률 : ₩468,000 / [(₩2,400,000+₩3,000,000) / 2]=17.33%

(2) 자기자본이익률 : ₩237,600 / [(₩1,500,000+₩1,900,000) / 2]=13.98%

(3) 매출액순이익률 : ₩237,600 / ₩5,940,000=4%

(4) 이자보상비율 : ₩468,000 / ₩72,000=6.5회

(5) 부채비율 : ₩1,100,000 / ₩1,900,000=57.89%

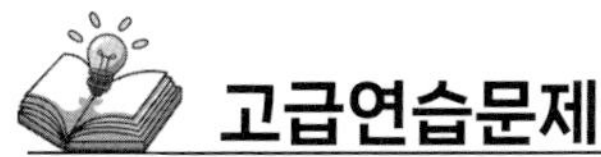

고급연습문제

15-8 공통형손익계산서 : 차이의 해석

1. 공통형손익계산서

	설악(주)	산업평균
매 출 액	100%	100%
매 출 원 가	49	57
매출총이익	51%	43%
판매비와관리비 :		
판 매 비	21	16
관 리 비	17	20
법인세비용차감전순이익	13%	7%
법인세비용	6	3
당기순이익	7%	4%

2. 설악(주)의 영업성과는 산업평균에 비하여 상당히 양호함을 보여준다. 매출액에 대한 백분율로 표시했을 때 설악(주)의 영업이익과 당기순이익은 산업평균의 거의 두 배에 달한다. 설악(주)가 성공적인 결과를 보이게 된 것은 상대적으로 높은 매출총이익률을 달성할 수 있었던 것이 주된 원인이라고 생각된다. 설악(주)의 매출총이익률(51%)이 높을 수 있었던 것은 제품의 매출가격을 높게 책정할 수 있거나 제조원가를 낮추는 생산의 효율성 등과 같은 요소들이 복합적으로 작용한 결과라고 생각된다. 매출액에 대한 백분율로 표시했을 때 설악(주)의 판매비는 산업평균(16%)에 비해 5%가 높은 21%이지만 이렇게 높은 판매비의 발생사실로부터 설악(주)가 자사제품의 매출가격을 높게 책정할 수 있었던 능력을 설명할 수 있을 것이다. 설악(주)의 매출총이익률이 산업평균에 비해 7%나 높기 때문에 산업평균을 상회한 판매비의 지출은 성공적인 마케팅전략의 일환일 수 있다. 설악(주)의 관리비는 산업평균에 비해 훨씬 낮다. 이러한 사실로 미루어 설악(주)가 비용을 효율적으로 통제하고 있음을 알 수 있다.

15-9 비율분석 : 두 기업의 평가

1.

	태양(주)	목성(주)
(1) 운전자본 :		
₩51,000 + ₩75,000 + ₩84,000 − ₩105,000 =	₩105,000	
₩20,000 + ₩70,000 + ₩160,000 − ₩100,000 =		₩150,000
(2) 유동비율 :		
(₩51,000 + ₩75,000 + ₩84,000) / ₩105,000	2	
(₩20,000 + ₩70,000 + ₩160,000) / ₩100,000		2.5
(3) 당좌비율 :		
(₩51,000 + ₩75,000) / ₩105,000	1.2	
(₩20,000 + ₩70,000) / ₩100,000		0.9
(4) 재고자산회전율 :		
₩504,000 / ₩84,000	6회	
₩480,000 / ₩160,000		3회
재고자산 평균보유기간 :		
365일 / 6회	61일	
365일 / 3회		122일
(5) 매출채권회전율 :		
₩675,000 / ₩75,000	9회	
₩560,000 / ₩70,000		8회
매출채권 평균회수기간 :		
365일 / 9회	41일	
365일 / 8회		46일

2. 목성(주)의 운전자본과 유동비율의 절대수치는 크지만 운전자본의 상대적인 질에 있어서는 태양(주)의 경우가 양호하다. 운전자본의 질은 운전자본을 구성하는 유동자산의 성격과 이 유동자산을 현금화하는 데에 소요되는 기간의 장단에 따라 결정된다. 태양(주)의 유동자산총액의 절반 이상이 현금과 매출채권으로 구성되어 있다. 반면에 목성(주)의 운전자본은 재고자산이 많은 부분을 차지하고 있어 유동성이 상대적으로 떨어진다고 볼 수 있다. 각 기업의 당좌비율을 살펴보면 태양(주)의 경우에는 유동부채를 초과하는 당좌자산을 보유하고 있는 반면에 목성(주)는 그렇지 못하다는 사실을 알 수 있다.

한편 태양(주)의 경우는 목성(주)보다 재고자산을 더 빠른 기간 내에 매각하고 매출채권의 회수도 신속히 이루어진다. 즉, 태양(주)의 경우 평균적으로 재고자산의 매각에 소요되는 기간이 61일이지만, 목성(주)는 122일이 소요된다. 따라서 태양(주)의 유동자산은 목성(주)보다 현금화 속도가 빠르다. 만일 30일 이내 지급조건의 외상으로 ₩20,000 상당의 상품을 판매하려 한다면 목성(주)보다는 태양(주)에 판매하는 것을 선호하게 된다. 왜냐하면 태양(주)는 지급기일이 도래했을 때 상품대금을 결제할 수 있는 잠재력이 훨씬 크다고 생각되기 때문이다.

15-10 비율분석 : 자금의 차입계획

1. (1) 재고자산회전율

$$\frac{\text{매출원가}}{\text{평균재고자산}} = \frac{₩480,000}{₩120,000} = 4\text{회}$$

(2) 매출채권회전율

$$\frac{\text{매출액}}{\text{평균매출원가}} = \frac{₩800,000}{₩80,000} = 10\text{회}$$

(3) 총영업비용

매 출 액			₩800,000
매 출 원 가			(480,000)
매출총이익			₩320,000
차감 :	이 자 비 용	₩6,000	
	법인세비용	8,000	
	순 이 익	36,000	(50,000)
총영업비용			₩270,000

(4) 매출총이익률

$$\frac{\text{매출총이익}}{\text{매출액}} = \frac{₩320,000}{₩800,000} = 40\%$$

(5) 자기자본이익률

$$\frac{\text{순이익}}{\text{자기자본}} = \frac{₩36,000}{₩400,000} = 9\%$$

(6) 총자본이익률

매 출 액	₩800,000
매 출 원 가	480,000
매출총이익	₩320,000
영 업 비 용	270,000
영 업 이 익	₩50,000
평균총자산	₩500,000
총자본이익률	10% (= ₩50,000 / ₩500,000)

2. 주주의 관점에서 보면 장기부채의 차입은 바람직스럽지 못하다. 왜냐하면 채권자들에게 지급되는 12%의 이자는 총자본이익률 10%보다 크기 때문이다. 기업이 지급이자율 수준의 총자본이익률을 올릴 수 없기 때문에 부채를 차입하게 되면 오히려 자기자본이익률은 감소할 것이다.

15-11 재무비율을 이용한 재무항목의 추정

손익계산서

우리별(주) 20×1년 1월 1일부터 20×1년 12월 31일까지 (단위 : 원)

순매출액	₩150,000 (3)
매출원가	105,000 (5)
매출총이익	₩45,000 (4)
영업비용	23,000 (7)
영업이익	₩22,000 (6)
사채이자비용	2,000 (6)
법인세비용차감전순이익	₩20,000 (1)
법인세비용	8,000 (2)
당기순이익	₩12,000

재무상태표

우리별(주) 20×1년 12월 31일 현재 (단위 : 원)

〈자 산〉		〈부 채〉	
현 금	₩8,200 (12)	유동부채	₩16,000 (11)
매출채권(순액)	11,000 (9)	10% 사채	20,000 (10)
재고자산	40,000 (8)	부채총계	₩36,000
비 품(순액)	60,800 (13)	〈자 본〉	
		자 본 금	₩50,000 (14)
		이익잉여금	34,000
자산총계	₩120,000	부채와 자본총계	₩120,000

[계산근거]

(1) 법인세비용차감전순이익 = 순이익 / (1 − 법인세율) = ₩12,000 / 0.6 = ₩20,000

(2) 법인세비용 = 법인세비용차감전순이익 × 법인세율 = ₩20,000 × 0.4 = ₩8,000

(3) 순매출액 = 순이익 / 매출액순이익률 = ₩12,000 / 0.08 = ₩150,000

(4) 매출총이익 = 순매출액 × 매출총이익률 = ₩150,000 × 0.3 = ₩45,000

(5) 매출원가＝순매출액－매출총이익＝₩150,000－₩45,000＝₩105,000

(6) 영업이익＝총자본이익률×평균총자산

＝0.2×[(₩100,000＋₩120,000) / 2]＝₩22,000

사채이자비용＝영업이익－법인세비용차감전이익

＝₩22,000－₩20,000＝₩2,000

(7) 영업비용＝매출총이익－영업이익

＝₩45,000－₩22,000＝₩23,000

(8) 평균재고자산＝매출원가 / 재고자산회전율

₩105,000 / 3＝₩35,000

(평균재고자산×2)－기초재고자산＝기말재고자산

(₩35,000×2)－₩30,000＝₩40,000

(9) (순매출액×매출채권 평균회수기간) / 365일＝매출채권

(₩150,000×29.2) / 365＝₩12,000

매출채권－대손충당금＝순매출채권

₩12,000－₩1,000＝₩11,000

(10) 이자비용 / 이자율＝사채

₩2,000 / 0.10＝₩20,000

(11) 부채구성비율×총자산＝총부채

0.3×₩120,000＝₩36,000

총부채－사채＝유동부채

₩36,000－₩20,000＝₩16,000

(12) 당좌비율×유동부채＝현금＋매출채권(순액)

1.2×₩16,000＝₩19,200

[현금＋매출채권(순액)]－매출채권(순액)＝현금

₩19,200－₩11,000＝₩8,200

(13) 총자산－현금－매출채권(순액)－재고자산＝비품(순액)

₩120,000－₩8,200－₩11,000－₩40,000＝₩60,800

(14) (1－부채구성비율)×총자산＝자기자본

0.7×₩120,000＝₩84,000

자기자본－이익잉여금＝보통주자본금

₩84,000－₩34,000＝₩50,000

15-12 한정된 정보와 재무비율을 이용하여 재무제표를 작성

재무상태표

부실(주) 20×1년 12월 31일 현재 (단위 : 원)

〈자 산〉			〈부 채〉	
유 동 자 산 :			유 동 부 채	₩250,000 (5)
현 금		₩130,000 (8)	사 채(8%)	350,000 (4)
매 출 채 권 (순액)		120,000 (7)	부채총계	₩600,000 (3)
재 고 자 산		250,000 (6)	〈자 본〉	
유동자산 계		₩500,000	보 통 주	₩300,000
비유동자산 :			(주당액면 ₩5,000)	
기 계 장 치	₩580,000		이익잉여금	100,000
감가상각누계액	(80,000)	500,000	자본총계	₩400,000
자산총계		₩1,000,000	부채와 자본총계	₩1,000,000

손익계산서

20×1년 1월 1일부터

부실(주) 20×1년 12월 31일까지 (단위 : 원)

매 출 액	₩1,280,000 (2)
매 출 원 가	960,000
매출총이익	₩320,000
영 업 비 용	192,000
영 업 이 익	₩128,000
이 자 비 용	28,000
법인세비용차감전순이익	₩100,000 (1)
법인세비용(40%)	40,000 (1)
당기순이익	₩60,000

[계산근거]

(1) 당기순이익은 법인세비용차감전순이익의 60%이므로 법인세비용차감전순이익은 ₩100,000(=₩60,000 / 0.6)이고, 법인세비용은 ₩40,000(=₩100,000−₩60,000)이 된다.

(2) 순매출액을 X라 하면

0.1X−₩28,000=₩100,000

X=₩1,280,000

(3) 부채구성비율=부채 / (자기자본+부채)

0.6=부채 / (₩400,000+부채)

따라서, 부채=₩600,000

(4) ₩28,000 / 0.08=₩350,000

(5) ₩600,000−₩350,000=₩250,000

(6) 기말재고자산을 X라 하면

₩960,000 / [(₩150,000+X) / 2]=4.8

X=₩250,000

(7) 기말매출채권 잔액을 X라 하면

₩1,280,000 / [(₩80,000+X) / 2]=12.8

X=₩120,000

(8) 유동비율이 2 : 1이므로 유동부채는 ₩250,000으로 (5)와 일치한다. 당좌비율이 1 : 1이므로 당좌자산은 ₩250,000이고, 이에 따라서 현금은 ₩130,000으로 계산된다.

15-13 재무비율과 윤리적 판단

1. 회계담당이사가 이사회에 제출한 재무정보는 회사에 그다지 유리한 정보가 많지 않다. 회사가 외형적으로는 매출액 성장률이 지속적으로 고속성장하고 있고 매출액 대비 판매관리비도 꾸준히 절감하고 있지만 불리한 정보도 상당수 포함되어 있다. 재고자산회전율은 계속해서 하락하여 효율적인 재고관리가 의문시되고, 매출채권회전율도 계속 하락하고 있어 현금회수정책도 다시 재검토해야 할 것으로 보인다. 게다가 전체적으로는 총자산회전율도 감소하고 있어 자산에 대한 효율적 사용이 이루어지지 못하고 있음을 암시하고 있으며 총자산이익률 및 자기자본이익률이 지속적으로 감소하고 있어 외형적 성장에 비해 수익률은 감소하고 있음을 나타내고 있다. 따라서 회사의 최고경영자는 불리한 정보는 숨겨둔 채 회사에 유리한 재무비율만 발표한 것으로 보인다.

2. 회사가 비록 외형적으로는 성장한 듯이 보이지만 수익률이 하락했다는 것은 분명 회사의 최고 경영자에게도 불리한 점일 것이다. 그러나 경영자의 사회적 책임과 투자자 및 채권자에 대한 책임을 생각한다면 진실한 회사의 성과를 공개해야 할 것이다. 진실한 회사의 성과를 공개해야 그것이 채권자 및 투자자들에게 유용한 정보가 될 것이며 이는 곧 사회 전체적인 부의 최적배분에 도움을 줄 것이다.

사례연구 1 대출을 위한 신용평가목적의 재무제표분석

	20×1년	20×2년
(1) 유동비율 :		
₩364,000 / ₩177,000 =	2.06	
₩485,000 / ₩262,000 =		1.85
(2) 당좌비율 :		
₩144,000 / ₩177,000 =	0.81	
₩190,000 / ₩262,000 =		0.73
(3) 매출채권 평균회수기간 :		
$\frac{₩110,000 + ₩5,000}{₩820,000} \times 365 =$	51.2일	
$\frac{₩148,000 + ₩8,000}{₩1,000,000} \times 365 =$		56.9일
(4) 재고자산회전율(기말재고에 대한) :		
₩820,000 / ₩210,000 =	3.90회	
₩1,000,000 / ₩280,000 =		3.57회
(5) 자기자본비율 :		
₩282,000 / ₩579,000 =	48.70%	
₩323,000 / ₩735,000 =		43.95%
(6) 총자본이익률(ROA) :		
$\frac{₩28,000 + ₩15,000 + ₩6,400}{(₩579,000 + ₩480,000) / 2} =$	9.33%	
$\frac{₩32,000 + ₩18,000 + ₩8,000}{(₩735,000 + ₩579,000) / 2} =$		8.83%

(7) 자기자본이익률(ROE) :

$$\frac{₩28,000}{(₩282,000 + ₩230,000) / 2} = \quad 10.94\%$$

$$\frac{₩32,000}{(₩323,000 + ₩282,000) / 2} = \quad 10.58\%$$

(8) 매출액순이익률(return on sales) :

₩28,000 / ₩820,000 = 3.4%

₩32,000 / ₩1,000,000 = 3.2%

〈대출여부결정〉

광명(주) 현재의 재무상태는 유동비율이 2.06에서 1.85로, 당좌비율이 0.81에서 0.73으로 떨어짐과 아울러 현저하게 악화되고 있다. 당좌비율의 하락은 회사가 재고자산에 대하여 과대투자한 것을 나타내 주며 이러한 사실은 동종산업의 평균재고자산회전율이 4.8회인 데 비하여 광명(주)의 그것은 3.57회에 불과한 점에서 확인할 수 있다. 단, 지난해에 비하여 매출액은 현저하게 증가했는데, 이러한 증가의 원인은 방만한 신용채권회수정책에서 기인했음을 알 수 있다. 왜냐하면 동종산업의 매출채권회수기간이 46일이었음에 비하여 광명(주)의 그것은 56.9일이었기 때문이다.

수익성비율들(총자본이익률, 자기자본이익률, 매출액순이익률)은 동종산업 평균비율보다 낮으며, 오직 자기자본이익률만이 동종산업 평균비율에 근접하고 있다.

은행은 대출을 하기 전에 다음과 같은 것들을 요구하려 할 것이다.

첫째, 주주에 대한 배당을 중지하며(당기중 50%의 배당률을 나타냈으며, 그 금액은 ₩16,000이었다),

둘째, 재고자산을 줄이고,

셋째, 신용매출채권 회수정책을 엄격하게 유지해야 한다.

이러한 것들이 수행될 경우에는 현재의 재무상태는 개선될 것이며, 재무비율이 향상되고 현금할인혜택도 받을 수 있게 될 것이다. 그러나 현재의 재무상태가 호전되기 전까지는 은행은 ₩40,000,000을 대출해 주지 않으려 할 것이다.

사례연구 2 사채등급의 평가

1. (1) 이자보상률 $= \dfrac{\text{영업이익}}{\text{이자비용}}$:

이자를 지급할 수 있는 수익력을 측정한다. 이 비율이 높을수록 부채의 이자지급능력이 높고 장기부채의 상환능력이 높다.

(2) 총자산이익률 $= \dfrac{\text{영업이익}}{\text{평균총자본}}$:

경영자가 총자본을 얼마나 효율적으로 사용하는지를 측정하므로, 이 비율이 높을수록 장기적으로 장기부채의 상환능력이 높다.

(3) 부채비율 $= \dfrac{\text{총부채}}{\text{자기자본}}$:

자기자본에 대한 부채비율인데 이 비율이 높을수록 부채의 상환능력이 낮아진다.

(4) 현금흐름 / 총부채 :

기업의 순이익은 현금흐름과 관계가 있으나 순이익과 현금흐름은 차이가 날 수 있다. 따라서 부채의 상환능력 측정은 순이익과 더불어 현금흐름의 측면에서도 고려되어야 한다. 이 비율이 높을수록 부채의 상환능력이 높다.

(5) 유동부채 / 총부채 :

총부채 중에서 1년 이내에 상환해야 하는 부채비중이다. 이 비중이 높을수록 부채상환을 위해서 당기에 현금이 지출되는 비중이 크기 때문에 부채상환능력이 낮아진다.

2. (1) 영업비용의 감소 :

이자보상률과 총자산이익률, (현금흐름 / 총부채) 비율은 향상되나 부채비율과 (유동부채 / 총부채) 비율은 영향을 받지 않는다.

(2) 투자계획의 취소 :

새로운 투자가 수익성이 높은 것이라면 이자보상률, 총자산이익률이 증가할 수 있는 기회가 없어지게 된다. 그러나 투자안의 성과가 불확실하거나 많은 현금지출을 요구하는 투자안인 경우에는 추가적으로 외부에서 자금을 차입해야 하므로 부채비율이 높아지게 될 것이다. 따라서 투자계획의 취소는 그 투자안의 성격에 따라서 각 비율에 미치는 영향이 달라진다.

(3) 현금배당의 취소 :

현금배당의 취소는 (현금흐름/총부채) 비율을 증가시켜서 부채의 상환능력을 높이게 될 것이다. 특히 기업이 현금이 부족한 상태에서 무리한 현금배당을 시도하면 추가적으로 자금을 차입하게 되어 부채비율이 증가할 수 있다. 기업의 경영성과가 좋지 않거나 현금상태가 좋지 않은 경우 현금배당의 유보는 부채의 지급능력향상에 큰 보탬이 된다.

(4) 비생산적인 생산라인의 처분 :

부채지급능력이 크게 향상된다. 우선 비생산적인 생산라인에서 발생하는 비용이 감소하므로 이자보상률과 총자산이익률이 증가하고, 생산라인의 처분으로 현금이 유입되어 (현금흐름/총부채) 비율이 향상된다.

최 관 한국과학기술원 경영과학과(경영공학석사) | Syracuse 대학교(경영학박사) | 한국회계기준위원회 위원 | 한국회계학회장 역임 | 공인회계사
현, 성균관대학교 경영대학 명예교수

저서 및 논문 K-IFRS 중급재무회계(신영사, 2023) | "지난 20년 우리나라 회계보고의 투명성에 어떠한 변화가 있었는가?" | "시장의 불확실성 하에서 기업의 보수적 회계처리와 투자자의 반응" | COVID-19 위기와 회계정보의 가치관련성

백 원 선 Temple 대학교(경영학박사)
현, 성균관대학교 경영대학 명예교수

저서 및 논문 회계연구 실증모형(신영사, 2019) | "Heritage-based value of corporate brand: Antecedents and effects on the firm's financial value" | "차별적 손익인식 적시성 모형의 호재/악재 집단 분류변수와 편의" | "이익의 질과 영향요인의 산업별 추세"

최 영 수 한국과학기술원 경영과학과(경영공학석사) | Lancaster 대학교(회계/재무학박사)
현, 성균관대학교 경영대학 교수

저서 및 논문 회계와 사회(신영사, 2023) | IFRS 경영분석과 가치평가(신영사, 2015) | Residual income-based equity valuation(LAMBERT Academic Publishing, 2010) | "Local versus foreign analysts' forecast accuracy: Does herding matter?" | "일반적 표시와 공시에 대한 IASB의 공개초안과 영업이익"

제12판 수정판 **IFRS 회계원리해답**

2009년 2월 15일 제 1 판 1쇄 발행
2025년 1월 20일 제12판 1쇄 발행
2026년 2월 10일 제12판 수정판 발행

저 자 최 관 · 백원선 · 최영수
발 행 인 권 영 섭
발 행 처 (주)신 영 사
경기도 파주시 심학산로 12(출판문화단지)
등 록 : 1988. 5. 2 / 제406-1988-000020호
전 화 : 031-946-2894(代)
F A X : 031-946-0799
e-mail : sys28945@naver.com
홈페이지 : http://www.shinyoungsa.co.kr

저자협의 인지생략

정가 **14,000**원 ISBN 978-89-5501-911-7